基于经济高质量发展的
产业结构升级研究

韩永辉◎著

Research on the Upgrading of
Industrial Structure based on
High-quality Economic Development

人 民 出 版 社

策划编辑：郑海燕
封面设计：林芝玉
责任校对：周晓东

图书在版编目（CIP）数据

基于经济高质量发展的产业结构升级研究/韩永辉 著. —北京：
　人民出版社,2021.2
ISBN 978－7－01－022960－7

Ⅰ.①基…　Ⅱ.①韩…　Ⅲ.①产业结构升级-研究-中国　Ⅳ.①F269.24

中国版本图书馆 CIP 数据核字（2020）第 255359 号

基于经济高质量发展的产业结构升级研究

JIYU JINGJI GAOZHILIANG FAZHAN DE CHANYE JIEGOU SHENGJI YANJIU

韩永辉　著

人民出版社 出版发行
（100706　北京市东城区隆福寺街 99 号）

中煤（北京）印务有限公司印刷　新华书店经销

2021 年 2 月第 1 版　2021 年 2 月北京第 1 次印刷
开本：710 毫米×1000 毫米 1/16　印张：17.5
字数：265 千字

ISBN 978－7－01－022960－7　定价：75.00 元

邮购地址 100706　北京市东城区隆福寺街 99 号
人民东方图书销售中心　电话（010）65250042　65289539

序 一

2020年是非比寻常的一年，以突如其来的新冠肺炎疫情为开局，其正迅速而深刻地改变着世界政治经济格局，放眼未来，世界百年未有之大变局仍将加快演进，经济全球化进入新调整阶段，呈现新趋势、新特征，为中国经济发展的外部环境增添许多不确定性因素。如果说中国自改革开放四十多年来的经济迅猛发展在一定程度上得益于外部开放型经济环境的红利溢出，中国经济在当下外部环境剧烈变化的情形下，是否有足够自信和实力实现从"高速增长"向"经济高质量"转型升级，一直是经济学界关注的焦点，也是值得深思的问题。

韩永辉瞄准中国经济高质量发展这一命题，从转变经济发展方式，树立生态经济理念，注重经济与社会、生态的协同发展，实现循环经济、绿色经济和生态经济等角度，破解"高速"向"高质量"转变的题中要义，并从经济高质量发展、产业结构升级、生态环境保护三大相互交融的视角出发，运用谨慎的计量方法，剖析中国经济高质量发展的现状，并就其面临的难题、痛点建言献策。读罢此书，有两点感受颇深。

其一，该书的视角和研究思路新颖。全书依托现代计量经济学方法，深入剖析中国产业结构优化升级的高质量增长效应和生态效应及其驱动机制。尤其是在生态效应方面，作者从本地效应和区际互动双重视角，采用广义动态空间面板模型，研究产业结构合理化和高级化对生态环境影响的空间效应与时间效应。同时，该书还针对当前学界对产业政策以理论分析和定性研究为主、定量研究薄弱的不足，创新性地利用与产业相关的地方性法规和规章对产业政策进行定量识别，结合中国省域面板数据，实证检验产业政策和有效市场在产业结构合理化和高级化中的驱动机理，并分析了政策力量与市场力量的协同效应以及政府效率在产业政策影响机制中的作用。

由此可见,作者常年深耕中国经济研究领域,积累沉淀,把脉问题症结所在,以期对症下药找出解决问题之道。

其二,该书在"产业结构优化升级"研究领域具有较高的理论和应用价值。该书深入研究产业结构优化升级的高质量增长效应和生态效应中的内在关联机理,并从这种关系中寻找促进经济发展方式转变的产业结构调整方向和产业政策取向,具有重要的理论价值和应用价值。根据作者研究发现,中国省(自治区、直辖市)生态效率存在显著为正的空间外溢效应以及显著为负的时间滞后效应,产业结构高级化既能提高本省(自治区、直辖市)的生态效率,也对其他省(自治区、直辖市)具有效率外溢效应。这些发现为出台更加合理协调的产业政策和环境治理政策提供了具体化的实证基础。这既在理论上丰富了现有的中国区域产业的经济和生态治理模式理论,为中国经济高质量发展和产业生态化战略转型提供一个反馈视角和实证数据支撑,也对有效制定中国产业转型政策,发展生态经济,实施经济高质量发展提供了理论和现实支撑。

在当下形势愈加复杂的情况下,该书不仅有助于让读者更全面地找准中国经济高质量发展的脉络,深入厘清中国当下产业结构优化升级与高质量发展之间的机理关系,而且为更加理性地看待中国"结构性减速"、增强新一轮改革开放的紧迫性以及"四个自信"、凝聚改革发展的共识和力量提供了良好的学术抓手。

邹建华教授

中山大学岭南学院教授、
中国世界经济学会常务理事、中国日本经济学会常务理事、
广东国际经济学会常务副会长、国务院特殊津贴专家

序 二

探究产业结构升级向来是经济学界长期研究的目标,随着中国经济的快速发展,如何结合中国国情,为探索产业结构优化升级提供新的研究视角以及用产业结构升级阐释中国经济发展奇迹,是学术界长期思考的主题。其主要原因是,自中国改革开放四十多年以来,中国经济增长速度从年均10%逐步下降至6%左右,这一数据变动背后是"硬着陆""软着陆"之争,标志着"经济高速增长"转向"高质量发展",引起全社会的广泛关注和议论。韩永辉博士的这部专著,为研究产业结构升级与中国经济高质量发展增添了新的研究成果。

该书作为一本用计量经济学模型来研究产业结构优化升级的书籍,为读者提供了一个非常清晰的模型分析思路,能有效启发读者在研究中国经济高质量发展上的模型选择和变量选择方面,如何针对具体问题进行综合考量,提高模型的全面性和科学性。该书在实证研究层面有许多出彩之处,值得参考借鉴。

第一,创新性地构建测度生态文明发展评价的指标体系,并进行科学严谨的实证分析,弥补了目前在该领域主要以定性分析为主或算法过于简单的定量分析的不足。作者在构建科学的生态文明发展评价指标体系的基础上,采用全局主成分分析法(GPCA),全面测算出中国省域生态文明水平的动态发展趋势、指数排名及变化,进而采用 K 均值聚类方法,对中国省域生态文明水平进行了梯度划分和空间格局衍化分析。在对产业结构高级化指数和合理化指数进行改良的基础上,对中国整体和东部、中部、西部区域的合理化和高度化水平进行统计性描述,利用核密度估计分析法和马尔可夫转移概率矩阵法,细致地刻画出中国省域产业结构优化升级的空间格局及其动态演进过程。书中测度指标体系的设计反映了作者在计量经济学运用上扎实的基本功,用独特的视角构建多维度的指数体系,通过选择有效的解释变量,大幅提高模型的拟合优度。

第二,为解决中国环境数据的时间维度小、传统数据包络分析模型(Data Envelopment Analysis,DEA)小样本有偏而且不能进行统计检验等问题,创新性地使用省域生态效率表征生态发展水平,尝试基于Bootstrap-DEA模型对中国省域生态效率进行测算。同时,在可获取的文献范围内,通过数值模拟自助法生成大量模拟样本值,修正DEA效率估计的偏误,并得出效率值对应的置信区间,进而剖析省域生态效率变动趋势和省域间差异。

第三,为解决线性参数模型的多重共线性和不能刻画动态变化的问题,该书基于省域数据,构建非参数面板均值估计模型,对中国产业结构优化与经济增长的动态关系进行实证分析,并与参数模型估计的结果进行对比。使用非参数逐点估计和描画中国产业结构合理化和高度化的产出弹性随产业结构调整、资本积累和劳动投入的增加而动态变化的过程,判断中国整体以及各省(自治区、直辖市)在"结构性加速"向"结构性减速"动态发展进程中所处的阶段。

诚然,该书为读者展现的不仅是对产业结构优化升级的分析,更在计量经济学的分析方法层面具有边际贡献,值得读后再三思考。

江飞涛研究员

中国社会科学院工业经济研究所产业融合研究室副主任、
中央统战部党外知识分子建言献策组工业组成员

序　三

　　环境保护与经济增长的协调,已成为中国经济高质量发展的核心命题之一。经济高质量发展的最终目标是推动我国经济发展方式的转变,建立现代化经济体系。从产业层面理解,是指产业布局优化、结构合理,不断实现转型升级,并显著提升产业发展的效益。可见,经济高质量发展与环境保护共融的关键在于产业结构的优化升级。该书基于这个逻辑关系,为考察中国转变产业发展方式和优化产业结构对生态环境的影响及其机制,并作出相应的可行性对策分析提供独特的分析和见解。

　　该研究成果对于中国解决当前实体经济产能过剩、能源浪费严重、环境污染隐患凸显,面临产业转型和增长动力转换的难题具有重要的现实意义,也是实现中国建设生态文明目标,推动经济高质量发展的有效探索。

　　该书通过对已有文献的详细梳理归纳,找准现有研究的前沿及其突破口,通过借鉴国际经验,结合国情实际,较深入地剖析了世界主要国家或地区在产业生态化转型中的先进经验和成功模式,然后从高质量发展的内涵和分析框架出发,构建系统科学、准确全面的高质量发展水平测度体系,依托全局主成分分析模型(GPCA),深入分析中国与各省(自治区、直辖市)高质量发展的总体基本特征、动态变化趋势以及空间区域分异特征,为中国推动高质量发展,深化供给侧结构性改革,加快建立现代化经济体系提供数据支持和实证借鉴。该书也重点剖析了产业政策和市场化对产业结构合理化和高度化的高质量发展驱动机理,得出政策力量与市场力量的共融更能推动产业结构优化升级的结论,进而提出对中国经济高质量发展和产业生态化转型的战略启示。在政策建议方面,难能可贵的是,作者能紧扣实证分析的结果,结合中国实践提出既具有一定的高度和深度,又具有较强可操作性的建议。

全书读来逻辑缜密、思路清晰,尤其是该书在重点章节设计简要回顾,作者用提纲挈领和简要的语言对所讨论的问题进行总结和升华,使读者能快速了解内容的同时,易于找到深入理解中国高质量发展与产业结构升级机理之间的关系。

余泳泽教授

南京财经大学国际经贸学院副院长、教育部学术新人、

江苏高校"青蓝工程"学科带头人、江苏省社科优青

目　　录

前　言

改革开放以来,中国经济高速增长,2019 年中国的 GDP 总量接近 100 万亿元,稳居世界第二大经济体。在如此高速的经济增长下,经济发展的质量也备受关注。经过 70 多年的发展,中国成功从低收入国家迈入中等偏上收入国家行列。事实上,70 多年来,尤其是改革开放以来,中国经济结构调整始终贯穿于经济发展中,经济结构持续优化升级,经济发展的全面性、协调性和可持续性不断增强,中国经济迎来了高质量发展阶段。

当前,反全球化思潮兴起,中美经贸摩擦加剧,新冠肺炎疫情的冲击使全球陷入新一轮经济危机;中国经济进入新常态,国内经济不确定性增强。全球新一轮科技革命正在重塑全球分工格局,中国经济发展结构、消费结构、生产方式都出现显著的变化,发展不平衡不充分的问题仍然突出。新形势下,要推动中国经济高质量发展,不仅需要稳定经济增长,加快新旧动能转换,形成经济发展新业态、新动能,推进产业结构优化升级,推动经济发展结构协调发展。同时要强化产业政策功能作用,推动经济内生增长,贯彻"绿水青山就是金山银山"的发展理念,建立绿色生态经济发展体系,提高经济发展质量和效益。

在此背景下,本书研究的主要任务是基于高质量发展理念,深入研究产业结构优化升级的高质量增长效应和生态效应中的内在关联机理,进而从这种关系中寻找促进经济发展方式转变的产业结构调整方向和产业政策取向,不断推动中国产业结构的优化升级,加快构建市场竞争力强、可持续的现代产业体系,实现经济高质量发展。

本书特别感谢国家自然科学基金资助项目(72073037、71873041、71603060)、广东外语外贸大学科研创新团队项目"一带一路"与全球经济治理产业战略研究(TD1801)、2019 年度全国统计科学研究项目

（2019LY88）、广东省软科学研究计划项目（2019A101002100）、广东省哲学社会科学规划专项项目（GD20SQ01）对研究开展的资助。

本书写作过程中，参考了国内外相关研究文献，以及工信部、发改委、国家统计局最新资料，在此一并感谢。本书力求做到逻辑架构清晰、内容丰富全面，具有启发性，由于笔者理论基础、实务经验以及研究水平的限制，本书难免存在诸多不足，诸如经济高质量发展理论、产业结构升级具体抓手等方面尚显浅薄，囿于篇幅所限，未能尽善尽美，望业界前辈、同仁及读者批评指正。

导　论

　　四十多年的改革开放,是一幅波澜壮丽的画卷,中国年均近 10% 的高速经济增长率,举世罕见,被誉为"中国增长奇迹"。中国工业化进程带来的产业结构转型红利被认为是成就"中国增长奇迹"的关键因素(刘伟等,2008;林毅夫,2011)。产业结构是指各产业的构成以及各产业之间的联系和比例关系,中国从落后的农业国发展成为"世界工厂"和全球第二大经济体,是产业结构不断优化与升级的结果,生产要素在不同部门的重新转移配置和合理有机协调、在同一部门的技术进步和效率升级保证了中国经济过去四十多年的持续高速增长。然而,中国经济的增速已从最高的 15.1% 下降至 2019 年的 6.1%,为近四十多年以来的最低值①,引发了学界对中国经济增速放缓的普遍忧虑。经过四十多年年均近 10% 的高速增长之后,中国能否继续保持超过 7% 甚至 10% 的年均经济增速? 审视全球数百年的经济发展史可发现,与中国同样经历过高速增长的经济实体为数不少,对发达国家和新兴工业化国家而言,其经济发展也曾经历了先高速增长后减缓增长的轨迹。最近有学者提出,中国即将进入经济增长"结构性减速"阶段的命题(Eichengreen 等,2012;袁富华,2012;中国经济增长前沿课题组,2012;吕健,2012)。中国是否真的步入了"结构性减速"阶段? 中国区域经济差异巨大,各省(自治区、直辖市)之间是否存在结构变迁增长效应的阶段差异? 应如何深挖产业结构转型红利,在产业经济增速趋缓的"新常态"下为中国经济高质量发展提供持续的动力源泉? 回答上述问题,需要用数理方法科学严谨地剖析中国产业结构优化升级的经济增长效应及其动态演进的

---

　　① 中国经济增长季度增速最高值 15.1% 出现在 1993 年第一季度。需要补充的是,由于受到 1998 年亚洲金融危机和 2008 年国际经济危机的外部冲击,中国经济增速在其间曾两次单期探底(1998 年第二季度的 7.2% 和 2009 年第一季度的 6.6%),此处不予考虑。

路径。

另外,不可忽略的是,与中国经济高速增长相伴随的是,因要素资源倾斜投入和生产技术落后粗放所导致的环境污染和生态破坏。中国奇迹有浓厚的二元经济色彩,在过去很长一段时间,中国经济是以农业补贴工业而取得的,以农业为主的第一产业 GDP 份额从 20 世纪 50 年代的 50% 以上不断下降到 2019 年的 7.1%,年均增速只有 4.42% 左右,大大低于其他产业的水平。相反,工业 GDP 份额从解放初期的 17.6% 持续跃升至 2019 年的 39%,年均增长高达 12.6%。改革开放期间,中国工业 GDP 份额仅约为 40.1%,但其能源消耗却占了全国的 67.89%,二氧化碳排放量占了全国的 83.08%,能耗和二氧化碳排放更有剧烈增长的趋势。虽然中国工业生产能力和生产规模得以快速扩张,但粗放型的产业经济增长方式却使中国生态环境问题越发突出,资源能源过度消耗、环境污染隐患凸显(金碚,2011)。无可厚非,在工业化的初级阶段,中国作为后发经济体,以高投资、高能耗、高排放和高污染的粗放型发展模式,换取工业和经济的高速增长,具有时代阶段性和战略必要性。但当生态成为稀缺,其价值就会体现。现在生态问题越发突出,中国面临产业转型和增长动力转换,基于高质量发展视角研究中国产业结构优化升级,探索中国产业结构优化升级的高质量发展生态影响效应及其机制,在实体经济产能过剩、能源浪费严重、环境污染隐患凸显的背景下具有重要的现实意义,也是实现中国建设生态文明目标,推动经济高质量发展的关键步骤。从未来看,中国的工业化和城市化进程不会停止,能源和污染密集型的钢铁、水泥和化工等行业在可预见的将来仍会发挥不可替代的基础作用。因此,基于经济高质量发展视角考察中国转变产业发展方式和优化产业结构对生态环境的影响并作出相应的可行对策亦显得十分必要和紧迫。

中国已经踏入中等收入国家行列,正迈向高收入国家行列,工业化和城市化是其关键动力与途径。环境保护与经济增长的协调,已成为中国发展的核心命题之一。2014 年中央经济工作会议特别提出,中国环境承载能力已达到或接近上限,将环境和资源问题上升到国家发展战略层面,形成绿色低碳循环发展新方式是经济发展“新常态”的要求。2019 年中央经济工作会议提出,要深化改革开放,推动经济高质量发展。实际上,高质量发展与环境保护共融的关键在于产业的耦合协调与技术创新,在发展中国家则更为具体地体现为产业结构的优化升级。党的十七大报告、十八大报告和十九大报告也连续提出要"形成节约能源资源和保护生态环境的产业结构"。理论上,生态效率与产业结构密切相关,经济增长的资源集约和环境友好程度取决于构成经济总体的各个产业的集约程度和产业结构特征。可惜的是,现有文献尚未专门针对该问题作出深入探讨。由此,深入研究产业结构优化升级的高质量增长效应和生态效应中的内在关联机理,进而从这种关系中寻找促进经济发展方式转变的产业结构调整方向和产业政策取向,也具有重要的理论和应用价值。

经济高质量发展要依赖产业结构优化升级,生态环境治理同样要依赖产业结构优化升级。基于高质量发展理念,不断推动中国产业结构的优化升级,才是"APEC 蓝"之问的最佳答案,这也是本书研究的任务。

本书旨在"稳增长、促改革、调结构、惠民生"的政策大背景下,基于高质量发展视角,依托现代计量经济学方法,深入剖析中国产业结构优化升级的高质量增长效应和生态效应以及驱动机制。主要创新性的边际工作有:(1)针对国内高质量发展、产业结构优化升级和生态文明评估方法理论框架匮乏、评价指标散乱的现状,尝试对中国高质量发展、产业结构优化升级和生态环境发展水平进行定量分析,研究它们的时间与空间演进特征。具体包括:采用产业结构合理化和高度化表征产业结构优化升级的状况,相较第二、第三产业比例或产业结构绝对值变动等指标,能更好地反映产业结构优化升级的内涵和本质。通过核密度估计分析法(Kernel Density Estimation)和马尔可夫转移概率矩阵法(Markov Analysis)描绘中国产业结构的高度化和合理化过程,能更为细致地刻画出其空间格局及动态演进过程。采用基于自抽样数据包络分析方法(Bootstrap-DEA)的省域生态效率测度模型以及基于全局主成分分析法(GPCA)的高质量发展指标体系模型和生态文明指标体系模型定量描绘中国省域高质量发展水平和生态环境发展水平,相较单一的排放指标,这两个指数能更全面和准确地反映高质量发展和生态环境的全方位影响以及高质量发展建设的内涵。(2)着重回答"中国产业结构优化升级是高质量的吗"这一问题,也即研究中国产业结构优化升级的高质量增长效应和生态效应。高质量增长效应重在研判中国经济"结构性减速"来临的可能性和存在性以及各省(自治区、直辖市)所处的阶段;生态效应则着重从本地效应和区际互动双重视角分析产业结构优化升级对省(自治区、直辖市)生态效率影响的驱动机理和作用效果。高质量增长效应方面采用非参数面板模型均值估计和逐点估计方法,重点剖析中国经济近年出现的"结构性加速"向"结构性减速"问题,判断中国整体以及各省(自治区、直辖市)在"结构性加速"向"结构性减速"动态发展进程中所处的阶段。生态效应方面以区域互动的视角,采用广义动态空间面板模型捕捉产业结构合理化和高度化对生态环境影响的空间效应与时间效应。这种效应不但包含对本省(自治区、直辖市)域的影响,还包含对其他省(自治区、直辖市)的影响;既在理论上丰富现有的中国区域产业经济生态治理模式理论,也在实践层面为以产业结构优化升级推动高质量发展建设提供政策方面的参考。(3)重点剖析产业政策和市场化对产业结构合理化和高度化的高质量发展驱动机理,提出政策力量与市场力量的共融更能推动产业结构优化升级;产业政策不但是必要的,而且是有可能的,但此种可能性是有条件的,即决定于产业政策制定和施行主体——政府的效率高低。在创新性地对产业政策变量进行定量识别的基础上,依托省级面板数据实证检验产业政策和有效市场在产业结构优化升级中的高质量发展驱动作用,考察了政策力量与市场力量的协同效应以及政府效率在产业政策影响机制中的作用。这是对"新结构经济学"框架的理论拓展和实证补充,具有一定的学术价值,同时也对的放矢地制定中国产业转型政策、发展生态经济、实施经济高质量发展提供了理论和现实支撑。

本书章节内容做如下安排:

导论部分重点阐述本书的研究背景、研究切入点、研究意义以及本书的整体思路和内容,为全书提纲挈领。

第一章是理论综述和国别经验借鉴。主要采用文献分析法进行研究。理论综述部分重点对高质量发展理论和产业转型、产业结构优化升级的定量研究、产业结构优化调整对高质量经济增长和环境保护的影响机制等方面的文献进行综述与评价。通过对已有文献的详细梳理归纳,找准现有研究的前沿及其突破口,为下文实证分析部分提供理论依据。国别经验借鉴部分则基于高质量发展的视角,较深入地剖析了美国、欧洲、日本等发达国家、韩国、新加坡等新兴工业化经济体和巴西、印度等金砖国家在产业生态化转型中的先进经验和成功模式。通过借鉴国际经验，结合国情实际，尝试提出对中国经济高质量发展和产业生态化转型有益的战略启示。

第二章是基于经济高质量发展的产业结构升级思想渊源与实践历程。本章系统梳理总结了改革开放以来，推动经济高质量发展和产业结构升级的思想渊源、战略布局、政策文件以及总体实施概括，为汇总中国推动基于经济高质量发展的产业结构优化升级成果经验和启示提供了有益的借鉴。

第三章是对中国高质量发展的定量研究。本章从高质量发展的内涵和分析框架出发，构建系统科学、准确全面的高质量发展水平测度体系，依托全局主成分分析模型（GPCA），深入分析中国各省（自治区、直辖市）高质量发展的总体基本特征、动态变化趋势以及空间区域分异特征，为中国推动高质量发展，深化供给侧结构性改革，加快建立现代化经济体系提供数据支持和实证借鉴。

第四章是中国产业结构优化升级的定量研究。本章把中国的产业结构优化升级效应区分为产业结构合理化和高度化，并予以测算。在对产业结构高度化指数和合理化指数进行改良的基础上，利用核密度估计分析法（Kernel Density Estimation）和马尔可夫转移概率矩阵法（Markov Analysis），力图最为细致地刻画出中国省域产业结构优化升级的空间格局及其动态演进过程。

第五章和第六章是对中国生态发展水平的定量研究。第五章使用省域生态效率表征生态发展水平，为解决中国环境数据的时间维度小、传统数据包络分析模型（Data Envelopment Analysis，DEA）小样本有偏而且不能进行统计检验等问题，尝试基于 Bootstrap-DEA 模型对中国省域生态效率进行测算。

第六章在构建科学合理和操作性强的生态文明发展评价指标体系的基础上，采用全局主成分分析法（GPCA），试图全面地测算出中国省域生态文明水平的动态发展趋势、指数排名及变化，进而采用 K 均值聚类方法，对中国省域生态文明水平进行了梯度划分和空间格局衍化分析。

第七章是中国产业结构优化的高质量增长效应研究。为解决线性参数模型的多重共线性和不能刻画动态变化的问题，首先基于省域数据，构建非参数面板均值估计模型，对中国产业结构优化与经济增长的动态关系进行实证分析,并与参数模型估计的结果进行对比。进而,使用非参数逐点估计描绘中国产业结构合理化和高度化的产出弹性随产业结构调整、资本积累和劳动投入的增加而动态变化的过程,判断中国整体以及各省(自治区、直辖市)在"结构性加速"向"结构性减速"动态发展进程中所处的阶段。最后针对"结构性减速"的新形势,相应提出经济高质量发展的政策建议。

第八章是中国产业结构优化升级的生态效应研究。本章引入区域互动特征,采用广义动态空间面板模型,从产业结构合理化和高度化两个维度,从本地效应和区际互动双重视角,重点探索产业结构优化升级对省(自治区、直辖市)生态效率影响的驱动机理和作用效果。试图回答,中国各省(自治区、直辖市)的产业结构优化升级,是改善还是恶化了自身和其他省(自治区、直辖市)的生态环境水平?该过程是相互模仿还是背离?以期为中国经济高质量发展和产业生态化战略转型提供一个反馈视角和实证数据支撑。

第九章是中国产业结构优化升级的驱动因素研究。本章首先基于数据挖掘的创新思路,对中国省级层面各年颁布的产业政策进行手工收集和定量识别,解决了产业政策效应实证评估中的定量难题。这既是"大数据时代"对经济研究的要求,也是本书一项工作量较大的任务,更为后文实证分析提供了数据基础。其次,系统地分析了产业结构调整的政策机制和市场机制,提出产业发展战略应超越"市场还是政府"的狭隘争辩,既要发挥市场配置资源的作用,也要发挥政府对产业政策的调控作用。再次,还针对"新结构经济学"对全知全能政府的假定,提出应考虑政府的异质性特征,理论分析了产业政策有效作用还决定于其制定和施行主体政府的效率高低。最后,依托中国省级面板数据,实证检验产业政策和有效市场在产业结构合理化和高度化中的驱动机理,并考察了政策力量与市场力量的协同效应以及政府效率在产业政策影响机制中的作用。

第十章是基于经济高质量发展的产业结构升级的政策路径建议。

第十一章是全书的研究总结和进一步研究展望。

第一章 高质量发展与产业结构
升级的研究基础

本章作为经济高质量发展与产业结构升级的研究基础,主要从研究进展和经验借鉴两个方面切入,为下文的研究提供理论和经验基础。本章主要采用文献分析法进行研究。研究进展部分重点对高质量发展思想内涵、产业结构优化升级的含义及其定量分析进展、产业结构优化调整对经济增长和生态环境保护的影响机制等文献进行综述与评价。经验借鉴部分重点基于高质量发展的产业结构转型视角,较深入地剖析了发达国家、新兴工业化经济体和金砖国家在产业生态化转型中的先进经验和成功模式,通过借鉴国际经验,结合国情实际,为中国经济高质量发展和产业转型改革提供有益的借鉴建议。

第一节 经济高质量发展与产业
结构升级的研究进展

20世纪80年代中后期引进西方产业经济学后,学者对产业结构优化升级问题进行了四十余年的研究,取得了大量的成果。从可搜集到的文献看,策论性、理论性、定性分析成果占大部分,对产业结构优化升级的增长效应的研究也相当丰富,但对产业结构优化升级的测度量化和产业结构化升级的生态环境效应的研究较为薄弱。

一、高质量发展思想的内涵和延续

高质量发展思路从可持续发展思想延续而成,但基于不同领域的具体研究,高质量发展的内涵和定义是多样的,学界更多地强调从经济持续增长和生态环境保护两个维度来定义。例如,世界银行(World Bank)(2000)认为评估各国是否为高质量发展的关键仍是看其 GDP 能否持续增长。林毅夫(Lin,2004)则认为,产业的技术进步是判断经济是否可持续的重要指标。巴比尔(Barbier,1987)、皮尔斯等(Pearce 等,2013)学者认为,高质量发展就是在保持自然资源和生态环境质量的前提下,最大限度地促进经济发展的净利益增加,而且这种对当代人福利的增加并不会造成后代人福利的减少。高质量发展通过不断采用更清洁、更高效的科技和工艺手段,使生产尽可能地减少化石能源等自然资源的消耗,同时要控制环境污染,改善环境质量,尽可能达到"零排放",还要注重保护生态系统和生物多样性,让人类发展不能超越地球的承载能力范围。建设生态文明的理念是对高质量发展思想的继承和发扬,与人类生存环境紧密相关。面对经济新常态化,资源约束加剧、生态环境恶化的严峻形势,坚持生态文明理念,走可持续发展道路在中国经济工作建设中占据了更加突出的地位。什么是生态文明?怎么建设生态文明?党的十八大报告做了完整而准确的回答。概括而言,生态文明就是经济高质量发展,资源节约并有效利用,环境友好低碳可循环的一种社会状态。生态文明的核心思想是人与自然和谐发展,协调生态环境保护和经济持续增长是生态文明建设的关键环节(白杨等,2011)。一些理论研究和政策实践已表明,产业结构的持续优化升级,构建绿色的现代产业发展新体系,是实现高质量发展和生态文明建设的必由之路。格罗斯曼和克鲁格(Grossman 和 Krueger,1995)提出一个国家环境污染程度的变化过程也是产业结构变迁的过程,产业结构的合理配置,是提升地区环境效率的内在要求,更是实现地区经济与环境协调发展的必要前提。布洛克和塔洛(Brock 和 Talor,2005)认为,通过产业结构升级,使要素从资源消耗型产业转移出来,促进生产过程和节能减排过程中的技术进步,方可实现高质量发展。部分学者从产业转型角度对高质量发展进行定义,认为集约发展型方式有利于推动经济可持续发展(Irmen,2005;Zheng 等,2009)。2005 年,时任中共浙江省委书记习近平同志在浙江省安吉县首次提出"绿水青山就是金山银山"这一关系文明兴衰、人民福祉的发展理念。① 实践也证明,环境问题的

---

① 习近平:《推动我国生态文明建设迈上新台阶》,人民网,2019 年 1 月 31 日。

产生和加剧,与传统的经济产业发展模式和发展战略密切相关,环境污染的根源恰恰来自工业文明自身的缺陷。20世纪下半叶以来,日趋严重的生态环境问题正是近代以来工业文明对人类生存环境加大破坏的结果,变革传统的产业发展方式,对产业结构调整优化,改变单靠事后性、补救性的治理模式,生态环境问题才可能得到根本解决①。

二、产业结构优化升级的理论内涵

对产业结构优化升级内涵的研究,以中国学者居多。较早关于产业结构升级的理论主要聚焦于合理化和高级化两个视角(周振华,1992)。其后,学者们展开了广泛讨论。李红梅(2000)认为,要实现产业结构优化升级意味着产业的资本和技术密集度提高。张立厚等(2000)提出产业结构的优化升级是在资源、经济发展水平、科技能力、人口素质等约束下,实现经济整体效益最优化和生产要素的合理配置,使各产业协调持续发展。黄继忠(2002)提出产业结构高效化理论,认为产业结构的优化升级是指在产业技术的条件约束下,低效产业比例下降和高效产业比例上升的过程。虽然,关于产业结构优化升级内涵的观点百家争鸣,但学界普遍接受了以产业结构合理化和高度化作为产业结构优化升级的内涵框架的观点,并以此为基础对各领域方向展开了研究,例如,刘伟等(2008)、李博和胡进(2008)、邹建华(2009)、薛白(2009)、干春晖等(2011)、田新民和韩端(2012)等。

产业结构合理化是指产业之间的协调聚合程度,强调以要素资源在各产业部门间的合理配置为基础。它意味着产业间的良好协调,也即产业间相互作用所产生的一种大于各产业各自能力简单加总的整体协同能力,常用产业之间比例关系的均衡度和关联度来表示。在产业结构的衍化过程中,产业之间,尤其是三次产业之间,大致有一个比例关系的区间,超出此区间边界将造成产业结构恶化,不少学者把这种比例失调的产业结构不合理现象表示为"产业结构失衡"。应当指出的是,产业间生产率的绝对均衡只是一种理想状态,产业结构合理化并不意味着完全达到这种绝对均衡的状态,而是向这种均衡状态的趋近。由于产业结构各部门的重要程度不同,在

---

① 房宏婷:《转变经济发展方式与建设生态文明》,人民网,2012年12月7日。

动态进程中,必然会出现一些产业的加速增长和另一些产业的减速增长,产业部门之间的增速差异是正常现象,只有超越了一定界限的结构失衡才是真正的产业结构不合理。

产业结构高度化则指产业结构发展水平从较低水平向高级水平演进的过程,这种产业结构变迁是与产业发展的历史逻辑和一般规律相符合的。它强调以产业新技术的发明和应用为基础,意味着创新机制的发挥和劳动生产效率的提高,其对国民收入的长期增长起着决定性的作用,是一个根本的产业战略性问题。结构高度化的表现包括:从第一产业主导向第二、第三产业依次逐级转换的演进;从劳动密集型产业主导向资金密集型、技术知识密集型产业转换的演进;从初级产品制造产业主导向中间产品、最终产品制造产业转换的演进。

三、产业结构优化升级的测度

国外文献对产业结构水平的测算,主要得益于"结构经济学"学派的贡献。其方法大致可归纳为三种类型:一是"标准结构"判别法,假定存在一个"标准结构",并用各国数据与这个"标准结构"进行比较而得出自身的产业结构发展水平,如库兹涅茨(Kuznets,1941、1966、1971)、钱钠里等(Chenery 等,1970)、赛尔奎因和钱纳里(Syrquin 和 Chenery,1989)等。郭克莎(1999)将其归整为"库兹涅茨模式""钱埃西模式"[①]"赛钱模式"三种产业结构变动一般趋势标准,并对中国处于哪一个阶段作出了综合判断。二是相对比较判别方法,即若要评价一国产业结构水平需先选取另一国的产业结构系统为参考系。这种方法又可细分为两种类型:其一是相似判别法,即测算两国产业结构的相似度,以两者"接近程度"衡量产业结构水平;其二是距离判别法,即测量两国产业结构间的差距,以两者"离差程度"评判产业结构水平(周昌林和魏建良,2007)。三是经济发展阶段判别法,该方法根据经验数据和理论分析将经济的发展历程划分为数个阶段,通过比较一国的经济指标特征判断其所处的经济阶段以及相应的产业结构发展水平。较早的如霍夫曼(Hoffmann,1931)工业化阶段理论、罗斯托夫(Rostow,

---

① "钱埃西模式"为钱纳里、埃尔金顿和西姆斯模式。

1951、1959)经济成长阶段理论,而最有代表性的为切纳利等(Chenery 等,1975)经济发展路径理论。

随着"新自由主义思想""理性预期思想"等的第二波经济发展思潮的兴起,"结构经济学"学派的相关研究逐渐式微。但出于后发国家产业实践和政策指导的需要,国内研究产业结构的文献开始逐步涌现,对产业结构水平的测算研究也有了阶段性的成果。以下从合理化和高度化两个角度进行归类评析。

产业结构合理化。关于产业结构合理化,由于学者见解的不同而仍未能在测算方法上取得一致。产业机构合理化目前可归纳为产业结构协调说、产业结构功能说、产业结构动态均衡说和产业资源配置说四种观点。然而,不同的理论有各自的测算依据和原则,而且大多只是概念性的粗略刻画,缺乏实用性,使学界在测度一个区域的产业结构合理化水平时难以高效准确地操作,部分基于投入产出技术的定量研究又大多只局限在区域上,难以推广。例如,尹燕霞和耿嘉川(2000)、陈立文等(2001)、黄君宝(2006)、张保华(2006)分别研究了山东省、河北省、泛珠三角区域、山西省的产业合理化问题;李博和胡进(2008)利用 1997 年、2002 年和 2005 年投入产出表测度了中国产业结构的合理化程度,他们认为产业结构的最合理状态就是总投入结构与技术经济结构重合的情况,因而可用总投入结构与技术经济结构的离差测量产业结构合理化;薛白(2009)基于投入产出的动态平衡理论,拓展大道定理,将产业结构合理化定量为标准结构度、生产方式合理化程度、就业—产业结构协同系数、产业需求满足程度;干春晖等(2011)借鉴泰尔熵理论,构建产业结构合理化的泰尔度量指数。总体而言,产业结构合理化的测度仍然缺乏一套兼顾科学性、客观性和完整性,并易于推广的衡量指标体系。

产业结构高度化。关于高度化的测算,早期学者的研究较多是参考国外相关成果,使用经济发展阶段判别法,通过构建一套针对中国的产业结构优化判别标准来进行划分,例如江小涓(1996)、吕政(2000)等。相较而言,后期学者的研究则因为技术手段的不同而显得较为零散。潘文卿和陈水源(1994)认为,产业结构高度化就是各产业的技术水平和结构关联度的提高,进而创造了衡量高度化水平的结构关联技术矩阵。白雪梅和赵松山

（1995）使用改良范数方法（增加权数修正范数并且将映射由多值改为单值）测算产业结构的高度化。苏东水（2000）认为，可用第二产业和第三产业比重、知识技术密集型产业比重指标来表示结构高度化。宋锦剑（2000）则构建了一套多指标的产业结构高度化测算体系，囊括了三次产业比例、工业霍夫曼比、主导产业部门比、技术知识密集型企业占比、各产业部门内技术水平、环保产业占比、产业更替周期等指标。陈静和叶文振（2003）使用因子计量分析法将产业的高科技含量、集约度、深加工化程度等多个指标综合为一个评价系数来衡量产业结构水平。范艳丽等（2008）使用 D 函数数学模型测算产业结构高度。李博和胡进（2008）认为，产业结构高度化水平由产业整体技术结构所决定，并用 1997 年、2002 年和 2005 年中国投入产出表进行了测度。薛白（2009）基于投入产出的动态平衡理论，拓展了大道定理，将产业结构高度化定量为生产要素贡献度、结构优化效益、产业创新能力、生产方式转变能力、资源要素损耗程度。刘伟等（2008）、张辉和黄泽华（2009）以各产业部门的产值占比和劳动生产率的乘积作为结构高度的度量指标。干春晖等（2011）基于"经济服务化"的趋势事实，使用第三产业产值与第二产业产值之比代表产业结构高度化水平。

上述研究中，国外的测算体系较为系统，但要求有几十年甚至跨世纪并且口径一致的高质量统计数据作为支撑，这正是国内研究所欠缺的。国内学者的测算体系虽在指标选择上较为简单，短期内是适合中国国情的，但仍存在指标权重选择上主观性强或仅仅用产业产值占比等简单指标来表示产业结构水平的问题。现有文献较少能精细到地区，大多数数据仍停留在2007 年之前，不能反映国际金融危机和美国次贷危机以来产业发展的新变化。大部分文献也只是单独研究产业结构的合理化或高度化，若不同时对两者进行研究比较，将对全面了解产业结构优化升级的内涵和进展带来困难。

四、产业结构优化升级的经济增长效应

对产业结构优化升级的产出效应（经济增长效应）的研究最早可追溯到刘易斯（Lewis，1954）的二元经济古典模型，它同时也是麦迪森（Maddison，1987）增长核算模型的核心观点。以切纳利（Chenery）为代表的

结构主义学派认为,经济是非均衡的,资源配置不可能长期处在均衡有效状态,在发展中国家更普遍如此。结构学派在新古典学派的经济增长框架上添加了产业结构因素,认为产业经济的非均衡必然伴随着劳动力与资本在各产业部门的边际收益差异,产业结构变动使要素从低效率部门向高效率部门转移,通过要素资源在部门之间的再分配而提升全社会生产效率,以促进经济增长。库兹涅茨(Kuznets,1949)创造性地提出,经济体的生产方式决定其产业结构,提议对国民收入的研究应该从产业结构角度予以分析。库兹涅茨(Kuznets,1957)基于50个国家的经验数据,发现产业经济向制造业部门的结构转换伴随人均国民收入的增长,再次表明从产业结构角度研究经济增长的必要性。切纳利(Chenery,1960)基于51个国家样本发现,对一国经济规模的贡献,农业和服务业影响较小,制造业的增长效应最大,提出工业化能促使资源得到最优配置,是经济增长的决定要素。随后的学者大多跟随切纳利的研究,采用国别经验数据,从不同角度剖析经济增长的产业结构变迁模式,例如上野(Ueno,1972)、萨克斯(Sacks,1972)、格雷戈里和格里芬(Gregory和Griffin,1974)、比森和温斯坦(Beason和Weinstein,1996)等。

同样,随着新自由主义思潮在20世纪80年代的兴起,国外对产业结构变迁的经济增长效应的研究逐步减少。然而,由于制度和政策等因素,在改革开放之初,中国不同部门之间的效率非均衡现象普遍存在,通过促进产业结构优化升级来实现产业间生产效率的再平衡,进而促进经济增长,有重要的现实需要和战略意义。从谷歌学术系统的搜索结果也可发现,80年代中后期起,中国学者逐渐成为研究产业结构变迁的经济增长效应的主力军,下面从他们的研究手段和切入视角进行归类综述。

掣肘于经验数据的缺乏,早期文献主要从理论阐述或借用数学模型来进行研究。从中国知网数据库所能搜索到的资料看,厉以宁(1988)是中国最早研究产业结构和经济增长关系的学者,他认为中国其时正处在产业结构非均衡状态的初始点上,只有进行有效的产业结构调整,经济增长才能重回平衡增长路径。曹新(1996)较早对"旧结构主义"观点提出质疑,认为以资源倾斜为手段,优先发展重工业的产业结构超前型发展模式是不可行的,也难以实现结构高度化。其更强调,通过以"协调"为核心理念的产业结构合理化调整,推动经济长期增长。胡振华和周永文(1997)构造模型反映产业结构变动通过五个渠道影响经济增长,分别是三次产业比例、各次产业内部比例、劳动力结构、科学技术进步、产业组织结构。蒲勇健(1997)将产业结构定义为各种最终产品总产值与国民生产总值之比,以内生增长理论为基础,考虑资源和环境约束,构建了一个人均收入(消费)可持续增长的理论模型,发现可持续增长与产业结构具有必然联系,通过对产业结构的"集约型"和"粗放型"予以数量刻画,求出满足经济持续增长的"集约度"下限。罗国勋(2000)从就业结构变动的视角切入,提出就业结构变动、产业结构调整通过资源重新配置来推动经济增长。杨万江(2001)建立产业结构调整动态模型、资源—产品模型、连锁效应模型等数理模型,论证了产业结构升级通过产品需求收入弹性和产业生产率提升而实现,其本质是涨落原理中的"微涨落"到"巨涨落"的演进从而促进经济增长并形成新的稳态产业模式。薛白(2009)认为,产业结构优化体现在产业内部配置方式变革和产业之间生产函数的结构性调整,拓展了大道定理,从产业结构合理化和高级化角度表述经济增长方式的转变机理,提出产业结构优化与经济增长方式转变之间的相互促进是经济增长阶段性动态演变的原因,经济增长方式能否成功转型取决于政府诱导性结构变迁手段和市场内生性的结构变迁动力。

随着统计工作的逐步完善,国内学者开始更多地依托经验数据,主要采用实证研究方法对产业结构优化升级的经济增长效应进行检验和探索。尽管所采用的具体技术手段各异,但他们均作出了有益的贡献。

"标准结构"判别法。以国外产业结构标准为鉴,结合中国统计数据,研究产业结构与经济增长的关系,是学界初期较常采用的手段。例如,郭克莎(1999)提出,中国经济之症结不是总量问题而是结构问题,通过对比产业结构变动和经济增长一般趋势的三种模式("库兹涅茨模式""钱埃西模式""赛钱模式"),发现中国产业结构发展存在偏差,而且它是经济增长的重要制约因素。吕铁和周叔莲(1999)依托大量数据图表进行了产业结构的国际比较,剖析产业结构与经济增长的关系,提出中国产业结构仍未能适应经济发展方式转型的要求,产业结构问题不仅存在于三大产业间,更主要的是来自各产业内部,尤其是工业内部,在未来,工业结构优化升级将成为促进经济增长的重要推动力量。

投入产出法。使用投入产出技术检验产业结构与经济增长关系的文献也有不少。例如，陈敢(1992)利用投入产出表测算各产业部门对经济增长的带动度和感应度，发现带动度较高的产业部门是制造业、纺织业和建筑业，感应度较高的则是原材料、农业和能源工业。钟学义和王丽(1997)基于产业关联的思路，用投入产出法推导产业结构变动向量和经济增长率的函数关系，验证了产业结构变动的经济增长效应。宋辉和李强(2003)基于中国投入产出表，定量验证了科学技术因素在产业结构升级的增长效应中发挥了重要的作用。需要指出的是，由于投入产出表的数据来源相隔五年才会统计一次，使相关实证研究大多只能局限在截面，难以捕捉产业结构优化升级经济增长效应的时间动态特征，这一直被部分学者所诟病。

计量经济分析法。随着计量经济分析技术的进步，其逐渐成为中国学者研究产业结构与经济增长之间关系的主流工具。最初，较常使用的是普通线性回归方法。例如，刘伟和李绍荣(2002)以各产业产值占总产值之比来定义产业结构升级，使用线性回归法实证检验中国经济增长主要由第三产业所拉动，但第三产业的结构扩张又降低了第一、第二产业对经济增长的规模正效应，只有继续提高第一、第二产业效率才能保证经济长期稳定增长。胡晓鹏(2003)使用静态和动态联动的回归分析法，验证了产业结构与经济增长之间的作用机制是累积型和双向循环型的。时间序列和面板数据分析等高级计量方法的应用和普及，使学者们对产业结构优化升级经济增长效应的研究更可信和严谨，也得到了不少新发现。例如，使用时间序列方法的有：纪玉山和吴勇民(2006)利用协整理论和格兰杰因果关系检验研究1978—2003年中国经济增长和产业结构之间的关系，发现产业结构演进(第三产业占GDP比重)是经济增长的原因而不是相反，验证了配第—克拉克定理的正确性。冯江茹和范新英(2012)基于变参数模型，运用协整方法实证检验三次产业对经济增长的作用效应，发现虽然近年第三产业的绝对产值和占比均增长较快，但其对经济增长的拉动作用仍落后于第二产业。王宇和蒋彧(2011)使用贝叶斯结构突变模型，发现1992—2010年中国经济增长经历了一次六阶段的"U"型中长周期和一次三阶段"V"型短周期，虽第二、第三产业的关联性正不断加强，但三次产业的经济增长率效应之间存在较大的差异，第二产业对中国经济增长的周期性波动起决定性影响。

使用面板数据实证是近五年研究的主要方法。黄茂兴和李军军(2009)基于 1991—2007 年中国 31 个省(自治区、直辖市)的面板数据,实证分析了技术选择、产业结构升级(第二产业产值比重和就业比重)与经济增长间的内在联系,发现正确的技术选择和合理的资本深化能促进产业结构升级,进而提高劳动生产率,实现经济快速增长。王展祥(2010)使用三次产业产值与就业份额衡量产业结构水平,实证检验了劳动力转移推动了产业结构演进和经济增长的"结构主义"发展理论在中国同样适用。他认为,由于农业相对劳动生产率的倒"U"型曲线并不明显,说明中国的产业结构升级严重滞后于经济增长。干春晖等(2011)构建了产业结构变迁与经济增长的面板计量模型,结果发现中国产业结构合理化和高级化都显著地促进了经济增长,但有明显的阶段性特征;其中,结构合理化作用效应的稳定性较强,有助于抑制经济波动,高级化则有较大的不确定性,是经济波动的重要来源。

综上可知,研究产业结构优化升级经济增长效应的文献已浩瀚如海,学者们的观点也是百家争鸣。但是,目前中国无论是产业结构优化升级,还是经济持续发展都处在关键的"大转型"时期。基于已有理论,使用更严谨和精细的方法剖析两者所存在的作用关系,归纳其中的机理规律并作出准确的预判,具有一定的理论意义与实际需要。这恰恰也正是中国从"结构性加速"向"结构性减速"过渡的发展阶段中拟定相关决策的经验基础和数据支撑。

五、产业结构优化升级的生态环境效应

有关产业结构调整、发展方式转型和经济高质量发展等研究主要是基于传统的资本和劳动要素展开分析,很少考虑到能源资源和生态环境因素,忽略了资源约束和环境污染对产业增长的影响。高质量发展思想正是在 20 世纪 70 年代以来能源危机和环境灾害频发的大背景下发展起来的。随着人们逐步认识到经济持续发展、能源资源节约、生态环境保护的重要性,相关研究也开始涌现。

产业结构和生态环境的关系,是产业经济学和环境经济学领域的重要议题。相关研究源于格罗斯曼和克鲁格(Grossman 和 Krueger,1991)、科普兰和泰勒(Copeland 和 Taylor,2004)等提出的国际贸易对环境三大效应之

一的结构效应(Composition Effect),也即产业结构变迁对地区生态环境所造成的影响。随后,学者们陆续对产业结构的生态环境效应开展了不少有益的探索研究。

国外研究主要从两个角度展开:其一,基于要素投入密集程度的产业分类视角,强调产业从劳动密集型到资本密集型的转变对环境的影响,常以资本劳动之比衡量经济体的结构状况,考察其环境污染效应。如安特韦勒等(Antweiler 等,2001)基于国别经验数据,发现结构效应对环境污染排放的影响较弱;科尔和埃利奥特(Cole 和 Elliott,2003)再次验证了结构效应对环境污染排放影响很小的结论,但他们进一步发现,结构变迁对环境污染的影响程度会因污染物指标选择的不同而得出相异的结论;何洁和王华(He 和 Wang,2012)基于 74 个城市样本数据,实证发现要素投入密集程度的结构变动会提高粉尘和二氧化硫排放,但降低氮氧化物排放,并显著改变污染——收入环境库兹涅茨曲线的形态。其二,学者更多着眼于产业门类的比例结构,常以工业(或制造业)占 GDP 比重或者工业内部清洁和污染产业的比重变化来反映产业结构变迁,进而考察其环境污染效应。奥蒂(Auty,1997)的研究表明,产业结构对某地区的水污染、空气污染和固废污染的分布起决定性作用。雅尼克等(Jänicke 等,1997)和科尔(Cole,2000)把制造业分为污染产业与清洁产业,以污染产业向清洁产业调整视为工业产业结构变化,虽他们所定义的污染产业有所区别,但均得出了产业结构调整有利于降低单位 GDP 污染物强度的结论。丁达(Dinda,2004)验证了产业结构向知识技术密集型工业和服务业转型有助于污染水平下降和生态环境好转。布鲁克和泰勒(Brock 和 Taylor,2005)提出产业结构升级把要素资源从污染产业转移出来,有利于生产效率提高和节能减排的技术进步,达到环境保护的目标。兰等(Lan 等,2012)通过投入产出表数据分析发现,产业内的技术进步比产业结构比例的组合优化具有更强的二氧化碳减排作用。上述文献尽管角度不同,但新近的文献倾向于发现产业结构升级,特别是生产效率和技术水平的提升,更可能带来生态环境状况的改善。

遗憾的是,中国国内分析产业变动对生态环境影响的文献往往是研究经济行为的环境效应所附带的产物(包群和彭水军,2006;蔡昉等,2008),较少有专门分析产业结构变动的生态环境效应,更未考虑到产业结构合理化和高度化对生态环境状况的作用机制。目前,所能获取的专门研究中国产业结构和生态环境关系的数篇文献所得出结论的争议也比较大。例如,韩峰和王琢卓(2010)认为,三次产业产值和就业的结构变迁对生态环境质量的提升有显著负向作用,且负向冲击在加强;逯元堂等(2011)、杨冬梅等(2014)认为,第三产业比重提高的产业结构升级虽能改善生态环境污染的状况,但作用并不显著;胡飞(2011)认为,第三产业比重提高的产业结构升级对中部和东部省(自治区、直辖市)污染减排的作用比较有限;黄慎等(2014)则认为,三次产业产值比重的结构调整显著有利于工业"三废"的减排;李姝(2011)认为,第三产业比重提高的产业结构升级对废气污染有显著遏制作用,但恶化了水污染;黄亮雄等(2012)认为,产业比例绝对值的结构调整减少了本省的单位 GDP 二氧化碳排放量,但增加了对其他省(自治区、直辖市)的单位 GDP 二氧化碳排放量。

综观国内外文献,由于研究对象定义、思路和方法设计不同,分析产业结构的生态环境效应的研究未取得一致的结论。深稽博考,可发现仍存在以下不足之处。

第一,现有文献对衡量生态环境水平指标的选择比较单一,一般采用污染排放指标,但污染指标选择的不同导致了各异的结论,如逯元堂等(2011)选择污染物 COD 排放量,李姝(2011)选择工业废气和工业废水排放量,黄亮雄等(2012)选用单位 GDP 二氧化碳排放量,黄慎等(2014)选择工业"三废"人均排放总量。然而,衡量一个地区生态环境或者生态文明的状况,并非污染排放单一方面所能反映的,需要综合兼顾考虑资源能源消耗、污染物排放等多个方面。

第二,现有研究大多仅仅分析产业结构的变动(如第二、第三产业比重)对生态环境的影响,如李姝(2011)、韩峰和王琢卓(2010)、黄亮雄等(2012)等,未深入产业结构优化升级的本质内涵。产业结构的比值变动只能反映产业结构调整的幅度,不能反映产业结构调整的质量和方向,而这恰恰正是当前中国产业转型所更为重要的方面。清洁和污染产业的比重变化虽反映了产业结构调整的方向,但未能全面刻画产业结构的优化升级,且人为地对产业进行分类具有较强的主观性,不同学者的不同划分方法也使实证结果的可信性和稳健性降低,如雅尼克等(Jänicke 等,1997)定义的污染产业就有别于科尔(2000)。产业结构调整是一个复杂过程,需从幅度、质量、方向等多个维度进行测度,如有学者指出产业结构优化升级应从合理化和产业结构高度化两个维度进行探讨(周振华,1992)。

第三,前人研究并未抓住中国环境状况及产业结构变动均有区域相互影响的特点,忽视了地域之间的相互作用机制。这种相互影响(区域互动)涵括三方面:首先,由于季风、水流等自然现象的存在以及环境问题具有的外部性,使本地区的生态环境状况会受到周边地区的影响,生态效率相关指标有较强的空间相关性,即空间效应;其次,区域互动还表现在,区域的某项行为不但对自身产生影响,还会对其他地区造成影响,比如在本书的分析中,地区产业结构优化升级能促进生态效率提高,但地区产业结构的调整往往也随着地区之间的产业转移,使产业结构优化对生态效率的影响效应也有一定的空间联动特征;最后,在中国"政治集权,经济分权"的治理模式下,众多区域性经济问题都植根于区域间的相互影响,地方政府的策略性行为导致了地区间的区域互动(李永友和沈坤荣,2008)。地方政府拥有改变当地产业结构和生态环境质量的空间与权力,产业结构调整和生态文明建设的政策实施也离不开地方政府的执行。所以,探讨产业结构的生态效应机制不能不考虑省(自治区、直辖市)之间的相互影响机制。

鉴于上述理由,本书第五章采用自抽样数据包络分析方法(Bootstrap-DEA)构建的省域生态效率指数,引入区域互动特征,采用广义动态空间面板模型,从产业结构合理化和高度化两个维度,分析中国产业结构优化升级对各省生态效率提高的作用效果和驱动机理。本书以区域互动的视角,通过重点探索产业结构优化升级的生态效应的影响与驱动机制,以期为中国的产业生态化战略转型提供一个反馈的视角和实证数据支撑。

第二节　经济高质量发展的国内外发展经验借鉴

高质量发展观既是科学发展观和生态文明建设的核心要旨,也是一种具有前瞻性的产业经济发展模式。化石能源时代伴随而至的环境污染、气候变暖、生态恶化等负效应日趋严重,世界各个国家和地区采取了大量调整产业结构、引导产业生态化转型的措施以践行高质量发展理念,其中可供学习和借鉴之处也颇多。本节较深入地剖析了发达国家、新兴工业化经济体和其他金砖国家通过产业结构转型实现高质量发展的先进经验和成功模式。进而借鉴国际经验，基于中国区域差异等国情实际，辩证地提出可借鉴的政策路径。

一、发达国家经验

发达国家最早进入工业文明时代，也最早遇到了生态环境危机的挑战，这些国家在产业生态化转型的长期实践中积累了较多可供借鉴的经验。

（一）欧盟

1.政府的有力指引和积极推行

欧盟是全球产业生态化实践的倡导者和领跑者，这离不开欧盟各国政府的有力指引和积极推行。例如，成员国英国是世界首个提倡"低碳经济"（Low-Carbon Economy，LCE）的国家，能源与气候变化部（DECC）、气候变化委员会（CCC）等生态职能部门和贸易产业部、财政部等传统政府职能机构的密切配合、相互协作，创新性地提出了"碳中和""碳基金""碳标签"等有利于产业生态化的举措。传统大陆法系国家法国则较为重视以产业政策和法律条文形式管理产业生态化转型事务，如政策制定方面专门成立可持续发展部际委员会（CIDD）负责起草和协调政府的可持续发展产业政策，政策执行方面则成立生态、能源、可持续发展和城乡规划部负责管理和施行产业转型和高质量发展相关事务。德国则在太阳能、风能、可再生技术等技术领域处在欧盟和世界最先进水平。这在很大程度上得益于德国政府出台的一系列旨在促进产业生态化转型的中长期规划方案的有效施行（如《德国高技术战略》《综合能源和气候计划》《德国可再生能源行动计划》等），采用以节能减排为核心目标的财税措施，重点对建筑节能、太阳能光伏、智能电网、电动汽车等重点产业领域提供政策优惠和资金补贴。归结而言，欧盟政府始终坚持产业发展的环境可持续性，根源于他们坚信在环保上付出的短期成本将为其带去长期的产业竞争优势（孙彦红，2012）。

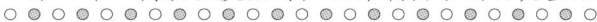

2. 生态高质量发展理念植根于公民心中

欧盟无论是家庭还是企业的社会微观个体,在能效提升、水资源节约、废物减排和循环利用等方面均表现优异,这离不开各国对公民高质量发展意识培育的重视。如德国对公民的环保主人翁意识培养从娃娃抓起,有从小学、中学再到大学的完整的环保教育体系,也经常召开各种环保讲座,普及环保新知识。法国为培养居民低碳生活意识,首先发起"无车日"活动,鼓励使用公共交通或者其他绿色出行工具,如今"无车日"已成功推广至世界各地,可见欧盟重视公民生态环保意识培育的理念已为世界所认同。

(二)美国

1. 重视高新科技研发以推进产业生态化

美国在信息时代曾利用"星战"计划、"信息高速公路"计划等战略创造巨大的科技优势,为其科技创新能力长期位居世界第一奠定基础。在产业生态化转型方面,美国同样把高新科技研发放在核心位置。一方面,美国重视节能技术、清洁能源技术、废物循环利用等高新科技在传统产业改造进程中的作用。以汽车业为例,美国通过大量研发资金的投入促进汽车技术改造,推动汽车工业生态化转型,以稳固美国汽车产业在世界的龙头地位,如最近风靡全球的"特斯拉"汽车就是其中的代表,通过高新技术与汽车的有机结合,实现兼顾生态环保和实用的目标。另一方面,美国积极推进新能源、生物技术产业、信息技术产业等生态环保产业的研发创新。其中,又以私人部门和中小企业为研发的主导力量,美国政府则主要通过绿色政府采购、优惠贷款和基金、税收减免等间接性措施,扶持企业的绿色技术研发。

2. 坚持市场机制在产业生态化进程中的基础地位

美国坚持市场机制在产业生态化进程中的基础地位。美国是最为推崇自由主义经济思想的国家之一,始终坚持企业的市场主体地位,重视市场竞争,反对直接干预企业,认为最优产业政策只需为私人部门创造公平有序的经营环境条件。例如,通过政府咨询和信息公开等措施合理引导企业投资生态环保产业;建立芝加哥气候交易所,开创《中西地区温室气体行动计划(RGGI)》等三个区域性温室气体排放交易机制以促进产业的低碳减排;通过电力市场化等改革促进联邦能源资源的高效配置(尹海涛,2013);等等。

（三）日本

1.完善的产业政策和法律制度体系保障

完善的政策和法律体系是日本产业生态化转型的最重要保障。日本产业生态化制度体系不但内容全面而且分类详细，囊括了工业制造、交通、建筑、居民生活等各个领域。如国家层面的纲领性规划方案有《日本战略性能源计划》《新经济成长战略》《低碳社会行动计划》等，财税政策有《税收激励计划》《节能和循环利用支持法》等，推动工业、商业和居民部门节能增效的《能源节约法》等。日本的政策法规不但制定最早并且能适时修订更新。例如，石油危机之后日本清醒地认识到自身能源安全的脆弱性，最早于1979年颁布了著名的《能源节约法》以促进本国的能源节约和能源效率提高；又如1990年修订《电力公司法》则使其成为全球最早提出光伏产业战略政策的国家。日本注重对产业政策法规的调整和改进，以适应社会发展变化的需要，如《能源节约法》就先后在1983年、1998年和2008年等年份进行了6次调整和修订，《能源节约法》的有效施行，使日本在电器能效、能源强度和碳排强度降低等方面成绩斐然。

2.生态产业园区的有效探索

日本地狭人稠，为此，日本政府在经济发展进程中十分注重生态环境的保护，推崇把保护环境和产业发展目标结合起来以调整产业结构的政策思路。生态工业园（Eco-industrial Park，EIP）在日本的普及就是该理念在园区层级上的成功实践。全球最早的生态工业园出现在丹麦卡伦堡（Kalunborg），但生态工业园建设作为产业发展的新模式而普及发展则始于日本的有效探索，其中日本北九州生态工业园更成为各国学习的典范。日本生态工业园建设的有效模式可概括为以地方自治为主、政府和企业协作形成"产学官民"的运作体系（董立延和李娜，2009）。在该模式下，生态工业园区通过发展循环经济，最终实现"零污染"目标。其具体举措主要包括：生态工业园依托本地区产业优势和特点对工业生产企业进行招商；引进综合环境联合企业对园区生产企业的排污控污、资源循环利用进行调度，促成生产企业间的相互合作，使它们共同高效地分享园区内各种资源；通过建立技术研究区或研究城，为园区内企业的环保和再生利用提供学术支持；政府在园区建设过程中则主要负责在基础设施、规划指引、财政补贴、政策性融资和税收优惠等方面提供便利。

二、新兴工业化经济体经验

新兴工业化经济体,是指已完成城市化和工业化任务、经济水平已赶上发达国家的发展中国家和地区,主要包括新加坡、韩国、中国香港和中国台湾。这些国家和地区由于具有后起发展、土地面积狭小等特点,对中国城市或省域维度的产业生态化转型有较大借鉴意义。

(一)新加坡

新加坡奉行外向型经济发展模式,国际资本流动对其经济社会发展起了重要作用,在产业转型方面也不例外。20世纪80年代,新加坡通过对外投资"走出去",向周边国家如马来西亚、印度尼西亚等转移本地的劳动密集型和资源密集型企业;与此同时,新加坡确立了"信息化、自动化、机械化"的发展方针,重视美、欧、日技术密集型和环境友好型产业外商投资的"引进来",依靠外资承载技术和科技的优势,提高了产品的绿色技术含量,使本地产业更节能高效和低碳环保。新加坡经过这"一来一回"的资本国际流动,实现了"腾笼换鸟",有力地推动了产业结构升级和产业生态化转型。

(二)韩国

韩国是产业转型升级的成功典范,不到半个世纪,便从全球最贫穷的农业国,发展成为现代化的工业经济体之一。与新加坡不同,韩国并没有通过引进外商直接投资以建立自身的现代工业体系(在韩国产业经济发展最快的全斗焕和卢泰愚时期,甚至对大部分工业领域的外商直接投资实施了严格限制和禁止措施),而是通过一系列倾斜性的产业政策,鼓励企业开发自己的先进科技,促进本土产业的发展成长。在产业生态化转型的进程中,韩国政府主导的倾斜性产业政策同样发挥了关键作用。例如,针对产业结构过度依赖石油等化石能源的现状,以及大力开发智能电网,以适应风能、光能等清洁能源产业的转型需要:韩国政府制定了《大韩民国2030年智能电网计划》,形成政府主导的智能电网建设"三步走"战略规划(王雪等,2010);韩国政府也为新能源的发电设备、零部件生产、设备运营企业提供长期低利率融资,以及每年数千亿韩元的新能源战略性技术开发项目拨款等;韩国还是亚洲最早实施战略购电补偿法的国度,政府给光伏发电系统的安装人提供长达 15 年的每度 0.56—0.6 欧元的固定购电补贴。

(三)中国香港

中国香港特区在绿色交通转型方面取得了巨大的成就,是即将进入后工业化社会和高水平城市化阶段的城市学习的榜样。中国香港地狭人稠,700 万人口生活在仅 1100 平方千米的区域,但中国香港通过发达的地铁系统和公交系统,成功地解决了道路的拥堵问题。也正是基于中国香港安全可靠且便捷高效的绿色交通系统,使中国香港每天 90% 的市民选择公共交通,千人汽车保有量仅为 56 辆,运输系统的人均二氧化碳排放量远远低于其他发达国家和地区,被《福布斯》杂志评为全球最佳运输系统。中国香港绿色交通的成功启示可归结为四大策略:(1)把城市规划与交通线路有机融合,打下绿色交通前期基础;(2)政府作为绿色交通的管理者,通过有效的交通管理机制,提升道路运输效率;(3)鼓励市民使用绿色交通方式,形成绿色出行习惯的软实力;(4)广泛推行交通工具的环保节能技术和应用,减少运输系统的终端污染。

(四)中国台湾

中国台湾地形以山地和丘陵为主,土壤肥力一般,本无天然的农业种植优势,但在农业的生态转型上表现突出,已成为生态农业的标杆。生态农业是指以生态学原理为基础,借助先进科学技术进行集约化管理的农业经营模式,其核心内涵是农业发展与资源能源节约以及生态环境保护的有机协调(Worthington,1981)。中国台湾的经验主要有:(1)突出农业科技的核心作用,通过促进农业科技水平和生产技术的进步,以及农业"产学研"的紧密结合,实现农业的绿色生产转型。例如,通过设立"中华永续农业协会""台湾有机农业发展协会(TFOA)""台湾中华农业科技协会"等组织,促进绿色高效肥料饲料等低碳环保农业技术的研发和推广(杨治斌等,2014)。(2)推行农产品安全卫生记录制度和认证验证标章制度,实现农业的绿色销售转型。通过对农产品从生产、包装、运输、销售的全过程跟踪记录并实行绿色认证制度(单玉丽,2013),推进了中国台湾农产品的绿色销售渠道构建和绿色品牌建设,最终形成了生态农业的兴盛局面。(3)推广休闲农业,促进传统农业和旅游业的产业融合。早在 1970 年中国台湾就出现了水果采摘或茶园品茶等初级形式的休闲农业经营,随着休闲农业相关的产业政策和管理法规的相继完善①,形成了"花园牧场、绿色景区"的生态农业发展创新模式。2013 年中国台湾休闲农业更是吸引了超过 2000 万人次的游客,创造了高达 110 亿新台币的产值。休闲农业的成功探索,不但有利于游客的生态环保意识培育,也有利于农牧业家庭的创收,实现了农业的产业升级。

三、其他金砖国家经验

金砖国家(BRICS)作为新千年后涌现的世界经济新势力,在生态化转型上也不甘落后。总体而言,由于各国在人口数量、能源资源禀赋、经济发展水平和科技水平等国情存在差异,其在产业生态化转型上也各有重点和特色。

(一)俄罗斯

俄罗斯资源丰富,是世界上煤、石油、天然气等资源的主要出口国,但能源使用效率低、高碳能源结构等问题掣肘着俄罗斯经济的高质量发展。然而,尤其是对资源型城市和省而言,俄罗斯近年在调整能源消费结构、提高能源利用效率等方面的经验是值得借鉴的。为避免产业经济发展遇上"荷兰病"等"资源富足陷阱",俄罗斯采取的产业生态化转型改革措施主要有:(1)政府采用行政或法律手段将产业的节能减排事项上升至国家战略的高度,先后颁布《俄罗斯 2035 年前能源发展战略》《节约能源和提高能源利用效率法》等政策法规,提出能源产业要从"资源—原料"模式转型为"资源—创新"模式(刘乾,2014),并要求 2020 年单位 GDP 能耗强度比 2007 年降低40%。(2)大力发展节能环保和清洁生产等高新技术。例如,创建斯科尔科沃科技园,吸引数百家国际节能环保企业入驻,使其成为全俄罗斯产业低碳转型的技术大脑。通过对煤炭、石油等传统能源产业技术进行升级改造,俄罗斯有效地提高了石化产品质量,降低了污染排放指标。(3)利用天然资源优势,推进水电、风电、地热能、核能等清洁能源开发,通过调整能源结

---

① 如中国台湾 1983 年《发展观光农业示范计划》、1990 年《发展休闲农业计划》、1992 年《休闲农业区设置管理办法》和《休闲农业政章》等。

构,以摆脱对化石能源的过度依赖。如俄罗斯目前装机容量超 10 万亿瓦的水电站就多达 85 个,全俄水电运行总装机容量达 49.7 吉瓦,并有望于 2020 年达到 60 吉瓦;风力发电方面,俄罗斯规模以上风力发电设施项目就有近 50 个,风电总装机容量已超过 5000 兆瓦(贾林娟,2013)。

(二)巴西

巴西是金砖国家中推动产业生态转型的先锋,也是当前全球生物能源产业发展的典范。巴西位居热带,常年高温多雨,土壤肥沃。早于 20 世纪 70 年代,该国便开始依托其农业优势发展绿色能源产业,至今已形成以乙醇燃料和生物柴油为主要内容的生物能源完整产业链。巴西生物能源产业的成功则源自其相关行政政策和信贷政策的有力施行。为推广生物燃料,巴西采用了比较强势的行政手段。例如,巴西法规规定加油站只能供应含 20%—25%乙醇的汽油和纯乙醇两种燃料、人口超过 1500 人的城镇加油站必须安装乙醇油泵等(李忠东,2009)。巴西还通过颁布"国家生物柴油生产与利用计划(PNPB)"等法令,要求全国销售的柴油中必须添加 7%以上的生物柴油,以促进生物柴油产业发展。信贷政策方面,巴西一方面通过其政策性银行(国家经济社会开发银行)的专项信贷资金为生物能源企业提供融资支;另一方面也通过联邦政府提供各种信贷优惠政策,鼓励中小农场主种植包括甘蔗(提炼乙醇的主要原料)、向日葵、油棕榈、大豆等农作物,以提高生物能源原料供应能力。得益于生物能源产业的成功开拓,巴西成为世界清洁能源占比最高的国家,其可再生能源占比高达 46.4%,而 OECD 国家平均水平仅为 5.2%,美国仅为 7%。

(三)印度

印度在产业生态化上起步晚,但不甘人后,力图利用其服务业优势推动产业生态转型。相比农业和工业,服务业不但吸收劳动力的潜力和弹性最大,还是绿色产业,具备资源低消耗、环境低污染和高附加值等特征。文化创意产业便是印度经济服务化转型的典型案例,如印度电影城"宝莱坞"年营业额就达数十亿美元,年产超过 1000 部电影,3 倍于美国"好莱坞"(梁君和杨霞,2011)。印度文化创意产业的成功,一方面源于印度政府行之有效的政策和法律的引导与激励。如在法律层面,印度将促进文化发展的条款纳入了宪法;在政策层面,印度的"五年计划"更有专门的章节规划文化创意产业,保证从中央到地方的各级文化管理部门都有充足的财政经费以促进文化创意产业发展。另一方面,印度重视市场经济规律,引入竞争机理,造就了文化创意产业的繁荣。如印度通过开放境外和民营资本进入国内影视市场,打破了原国家广播电视传媒的垄断;印度通过实现报业企业的全私有化,保证了报道的独立性和客观性。

(四)南非

南非 2010 年加入金砖国家,近年致力于产业生态化转型,是绿色环保领域的国际新势力。南非是全球生物物种数量排名第三的国家,依托其生物多样性及有广阔自然保护区资源的优势,南非致力于生物技术产业的培育,已成为非洲"生物技术中心"(赵清华,2008)。生物技术产业的成功突围,对南非的粮食种植、医药健康、能源环保等产业的发展有重要的战略意义和突出贡献。南非促进生物技术产业发展的举措主要有:(1)建立生物技术区域创新中心,发挥产业集聚效应,如通过建立开普敦生物技术中心、东海岸生物技术中心和南非国家生物技术合作发展中心等知名的生物技术研发平台,有效地促进了南非生物科技研发和技术转化。(2)重视生物技术知识产权保护和成果转化,如医药生物技术方面的抗艾滋病临床疫苗研制和专利成果保护;工业环保生物技术中的细菌采矿术的推广应用,使黄金提取效率从 70% 提升到近 100%;在植物生物技术方面的转基因培育的成功推广,既增加了作物产量又减少了虫害。(3)积极开展广泛的环境技术国际合作,如南非先后主办了 2002 年约翰内斯堡可持续发展全球峰会、2011 年南非德班世界气候大会等重要的国际会议,寻求盟友在生态持续发展、气候变化防御和生物物种保护等方面的技术合作。

四、经验借鉴和战略启示

在借鉴国内外产业生态转型先进经验的基础上,应逐步建立并完善符合中国国情的产业转型管理体系,促进产业结构优化升级,改变过去"高消耗""高污染"的增长模式,通过全面深化改革和经济发展方式转型,践行高质量发展理念,实现经济发展和环境保护双重目标,达到人和自然和谐发展的生态文明状态。

(一)立足城市和省(自治区、直辖市)的异质性,统筹区域产业协同生态化转型

由国别经验可知,产业生态转型的路径虽千式百样,但唯独不变的是,只有适应了本国资源禀赋等特质的路径选择,方可殊途同归。中国幅员辽阔,无论是在经济水平、城市化进程、产业发展阶段,还是在资源人口禀赋、生态环境状况、气候地理条件等方面,各城市和省(自治区、直辖市)的差异都比较大。这就要求,一方面要尊重各城市和省份的异质性特征,各地应制定有针对性和有所侧重的产业生态化政策措施;另一方面也要统筹区域间产业生态转型,加强跨地区产业发展合作,促进各地区生态协同发展。如产业生态效率较发达的城市或省(自治区、直辖市)应发挥生态转型的示范效应和扩散效应,加强与落后地区在产业转移和生态环保方面的扶持和帮助,以实现区域生态共赢。

(二)营造良好的产业转型制度和法律环境

从国别经验也可发现,制度和法律的指引和规范作用对于建设生态可持续型产业结构具有基础性意义。既有利于指示和引导地方政府、企业、居民选择对环境友好的生产、生活方式,也有利于推动传统产业向生态化产业新模式的转型。但中国政策机制和法规体系还未能完全满足产业生态战略转型的需要,存在较多制约科学发展的体制障碍,直接拖延了生态友好的产业升级进程。为此,应重视促进产业转型的制度建设和制度创新。在国家层面,应以生态文明理念统摄各项法律和政策法规,并加强生态法律法规的修订和执行工作;制定关于产业生态化转型的国家战略,将产业生态化转型战略内生于新型工业化和新型城镇化的实践,建设资源节约、环境友好、低碳导向的高质量发展的生态文明产业体系。在地区层面,要依据各省(自治区、直辖市)产业结构发展的进程和特点,因势利导,针对性地制定与其相适应的地方性产业政策和环境法规规章,推动各地区生态建设的制度化和规范化。

(三)注重自主创新和技术进步,抢占新兴产业的国际竞争高地

从各国经验同样可发现,各国均注重产业结构内生的自主创新和技术进步,把战略性新兴产业放在突出的位置。事实上,新兴产业由于具有科技

含量高、集聚度高、环保节能等特点，不仅是推动经济长期稳健增长的核心动力，也是实现产业环境友好和节能减排的重要路径，领衔产业发展的未来方向和趋势。为此，应积极促进各地产业结构的高度化，着力推动产业信息化和高新技术化，使各地高污染、高能耗、高排放的低端产业优化升级为"零污染"、"低能耗"、"零排放"的高端产业，实现生态效率持续提高的目标。另外，也要完善新兴产业发展战略，抢占新兴产业的国际竞争高地。如综合利用生态产业园区建设、产业集聚规划等各种手段，为先进制造业和高端服务业等新兴产业的培育创造空间，发挥集聚效应以促进其集群成长，最终实现环境与产业协调发展。

（四）强化产业生态转型的人力资源支撑和融资渠道保障

人力资源支撑和融资渠道通畅，也是各国实现产业生态转型的重要保障。人力资源方面，目前国内劳动力资源虽丰富，但能适应产业生态创新的人才却十分紧缺，存在较大供需矛盾和失衡，这可能将成为未来产业转型的"瓶颈"。因此有必要加强高科技、环境友好产业的人力资源开发和培育，建立从事低碳能源和技术等专业的人才激励机制，推进产业生态化应用的产学研结合，最终形成可支撑科技创新和产业高质量发展的人力保障。融资渠道方面，由于发达国家产业生态化起步早、投入大，已有效形成了一定的规模经济和先占优势，中国若要实现产业转型的"生态追及"目标，应更多维度地拓展生态友好型产业的融资渠道，以资金换时间。如通过财政拨款、税收优惠、科研专项经费等多种形式增加对低碳科技产业的财政扶持；创建生态环保政策性银行，建立"绿色信贷体系"；成立节能减排环保基金，发行"生态基金"产品；鼓励"绿色生态型"金融产品创新，试验"绿色金融衍生产品"以支持低碳节能产业发展。

第二章　高质量发展产业结构升级的
思想渊源与实践历程

第一节　基于经济高质量发展的
产业结构升级思想渊源

一、中国经济高质量发展的思想渊源

从经济的高速增长到经济的高质量发展是一个量变到质变的过程。要实现经济高质量发展,首先需要经济发展,而在马克思主义政治经济学中,经济发展问题就是发展生产力问题。马克思和恩格斯曾经指出:"无产阶级将利用自己的政治统治,一步一步地夺取资产阶级的全部资本,把一切生产工具集中在国家即组织或为统治阶级的无产阶级手里,并尽可能地增加生产力的总量。"[①]1992年,邓小平同志在南方谈话中提出,发展是"硬道理",只要发展过程中注重效益和质量,搞外向型经济,便可以放心地去发展,对有条件发展的地方要加快发展的步伐,对能发展的地方尽量去发展,如果不发展就等于止步不前或者后退。[②]邓小平之后,江泽民、胡锦涛和习近平总书记都明确提出这样一个科学论断,即"发展是党执政兴国的第一要务",此科学论断对发展的速度有所要求的同时也强调发展的质量。1995年,党的十四届五中全会对经济增长方式提出了从粗放型到集约型转变的要求。2003年,党的十六届三中全会则进一步地提出全面、协调、可持续的发展观。2007年,党的十七大报告将转变经济增长方式改为转变经济

---

① 《马克思恩格斯选集》第1卷,人民出版社2009年版,第272页。
② 中共中央文献研究室:《习近平关于社会主义经济建设论述摘编》,中央文献出版社2017年版,第8页。

发展方式。2015年,党的十八届五中全会上,新发展理念被习近平总书记提出,即创新、协调、绿色、开放和共享。新发展理念为如何实现高质量发展提供了依据,规定了高质量发展的核心内容。2017年中央经济工作会议提出,新时代下,中国经济发展一个基本的特征便是高质量发展,进入高质量发展阶段是新时代中国经济发展的基本特征,确定发展的思路、制定经济政策、实施宏观调控的根本要求是推动高质量发展。2018年国务院政府工作报告上,"高质量发展"一词被正式提出,报告指出,高质量发展的实现,需对"五位一体"总体布局进行统筹推进、对"四个全面"战略布局进行协调推进,并且坚持以供给侧结构性改革为主线,对各项工作,如稳增长、促改革、调结构、惠民生、防风险等,实现统筹推进。2019年7月,习近平总书记在内蒙古考察并指导开展"不忘初心、牢记使命"主题教育时指出:"国内转变经济发展方式、优化经济结构、推动高质量发展已经进入了攻坚克难的关键阶段,打好三大攻坚战尚需付出艰难和巨大的努力。"①对于如何推进高质量发展,习近平总书记指出,深化供给侧结构性改革,需跨越一些常规性和非常规性关口,实体经济是高质量发展着力点,国有企业是依靠力量,民营经济是重要主体,改革创新是强大动能,对外开放是推动高质量发展的外部条件,加强生态环境保护建设是高质量发展的生态要求,对各行各业发展都有新要求。②

二、中国产业结构升级的思想渊源

中国产业结构升级思想的形成受多方面的影响。从"十五"计划中关于产业结构升级的措施中可以看出,马克思产业结构升级思想是中国产业结构调整的重要理论基础。③ 毛泽东同志在中国社会主义革命和建设的过程中,高度重视产业结构的积极作用。在经济发展的过程中,农业、轻工业、重工业之间的结构关系至关重要,关系到国民经济发展的速度和质量。在《论十大关系》中,毛泽东对农业、轻工业、重工业关系做了较为系统的论述。④ 毛泽东同志关于农业、轻工业、重工业的相互关系的看法是随着社会

---

① 《2019年,习近平这样谈高质量发展》,新华网,2019年12月11日。
② 《关键是做好自己的事情! 习近平这样论述高质量发展》,求是网,2019年7月29日。
③ 姜泽华:《马克思的产业结构升级思想》,《当代经济研究》2002年第1期。
④ 严清华:《毛泽东的产业结构思想》,《毛泽东思想论坛》1996年第2期。

主义建设实践的发展而不断发展的。①

指导中国产业结构升级的思想主要是邓小平同志的产业结构理论。其中存在于"十五"计划的中国产业结构升级的思想渊源来自邓小平同志的产业结构思想体系。② 同时,邓小平产业结构思想对"十一"时期产业结构升级也具有指导意义。③

自1978年改革开放以来,以邓小平同志为核心的党的第二代中央领导集体认识到产业结构调整具有重要性和紧迫性,对中国产业结构优化和升级的各方面进行了阐述,如战略重点、方向以及各产业之间的关系等,并明确指明从深化经济体制改革、发展科学和政府政策等方面加快产业结构优化和升级,这不仅充实丰富了中国产业结构理论,也对中国产业结构理论的发展作出了贡献,从而令中国的产业结构思想变得更为完整、系统和科学。

邓小平同志对产业结构调整和优化的意义进行了阐述。国民经济要保持正常稳定发展,产业结构的调整和优化是前提。正如邓小平同志所说:"我们过去长期搞计划,有一个很大的缺点,就是没有安排好各种比例关系。农业和工业比例失调,农林牧副渔之间和轻重工业之间比例失调,煤电油运和其他工业比例失调,'骨头'和'肉'(就是工业和住宅建设、交通市政建设、商业服务业建设)比例失调,积累和消费比例失调。"这都会对国民经济持续快速健康发展造成严重的影响。④ 产业结构调整会促进科学的进步,而科学的进步会对产业结构优化升级产生巨大的推动作用,会反过来要求产业结构进行调整,两者之间是相互作用的关系。此外,邓小平同志还高度重视农业的基础地位、强调基础工业建设的重要性和发展的适当超前性、注重产业间的协调与相互作用等。⑤

---

① 刘光杰:《论农轻重及其比例关系——重读〈论十大关系〉》,《江汉论坛》1979年第2期。
② 王晓丽、姜泽华:《邓小平的产业结构思想与中国产业结构升级》,《中央社会主义学院学报》2006年第2期。
③ 姜泽华:《邓小平产业结构思想的现实意义》,《华侨大学学报》(哲学社会科学版)2007年第4期。
④ 《邓小平文选》第二卷,人民出版社1994年版,第214、147、355、87—88、361、250、28、90页。
⑤ 王晓丽、姜泽华:《邓小平的产业结构思想与中国产业结构升级》,《中央社会主义学院学报》2006年第2期。

在中国"十五"时期,邓小平产业结构思想体系是产业结构升级的指南,"十五"时期的战略目标如优先发展信息业,推动农业、工业、服务业结构优化升级,不断加强基础工业和设施建设等都体现了邓小平产业结构思想。而"十五"计划中的推动科技进步、推动改革开放、注重国家政策引导作用等战略措施则是邓小平产业结构思想的具体运用。①

中国经济进入"新常态"以来,产业发展面临一系列问题,习近平总书记对此作出了一系列丰富而深刻的论述。习近平总书记指出:"产业结构优化升级是提高我国经济综合竞争力的关键举措,要加快改造提升传统产业,深入推进信息化与工业化深度融合,着力培育战略性新兴产业,大力发展服务业特别是现代服务业,积极培育新业态和新商业模式,构建现代产业发展新体系。"②同时,习近平总书记也指出:"随着互联网信息时代的来临,传统产业的格局也在发生改变。"③中国应着力提升传统产业,大力发展新兴战略产业,以此推动产业结构的优化升级。

第二节　基于经济高质量发展的
产业结构升级实践历程

一、基于经济高质量发展的产业结构升级的政策演变

(一)统筹推进"五位一体"总体布局和"四个全面"战略布局

随着中国经济发展步入多元复合转型的重要战略机遇期,经济社会面临诸多矛盾叠加、风险隐患加剧。因此,党中央着力对以下五大建设进行推进,包括政治、经济、文化、社会和生态文明。2012 年 11 月党的十八大将生态文明建设与经济建设、政治建设、文化建设、社会建设并列后形成"五位

---

①　王晓丽、姜泽华:《邓小平的产业结构思想与中国产业结构升级》,《中央社会主义学院学报》2006 年第 2 期。

②　习近平:《抓住机遇立足优势积极作为 系统谋划"十三五"经济社会发展》,中国共产党新闻网,2015 年 5 月 29 日。

③　《深化产业结构调整 构建现代产业发展新体系》,新华网,2017 年 7 月 6 日。

一体"，共同建设中国特色社会主义。"五位一体"总布局是马克思主义中国化的最新成果，其中包含着理论创新和实践创新，总布局对于建设中国特色社会主义具有重要意义。①

自1978年改革开放以来，从物质文明、精神文明"两个文明"建设，到"三位一体"，再到与"社会建设"形成"四位一体"，最终在"四位一体"的基础上加上生态文明建设形成了现在的"五位一体"，党对中国特色社会主义事业总布局的认识经历了一个从初步探索和逐步深化到趋于完善的过程。② 在改革开放初始阶段，邓小平同志敏锐地捕捉到精神文明和物质文明的重要性。1982年党的十二大提出推进"两个文明"建设的要求，并指出继续发展社会主义民主是社会主义精神文明和物质文明的保证和支持。"三位一体"总布局逐渐形成的标志是在1986年党的十二届六中全会上，会上通过的《中共中央关于社会主义精神文明建设指导方针的决议》指出，经济建设是中国社会主义现代化建设总体布局的中心，需坚定不移地对政治和经济实行体制改革，使这几方面互相促进和配合。1989年党的十三届四中全会上，则提出中国特色社会主义政治文明要在物质文明和精神文明的基础上建设。而在1991年，建设有中国特色的社会主义经济、政治和文化这样的三个概念则被作为第三代中央领导集体核心的江泽民同志首次提出，江泽民同志对这三个概念、对"富强、文明、民主"的基本目标做了进一步的说明和阐释。"三位一体"总布局在党的十四大被拓展，"政治文明"首次作为科学命题被提出，则是在党的十六大报告上，进而标志着正式形成"三位一体"总布局。党的十六大之后，作为党中央总书记的胡锦涛将社会主义现代化奋斗目标在原有的基础上加入了"和谐"二字，拓展为"富强民主文明和谐"。中国特色社会主义总布局从"三位一体"正式成为"四位一体"是在2005年的省部级主要领导干部专题研讨班上，胡锦涛同志首次提出将构建社会主义和谐社会归属于"社会建设"，与其余三个建设并列。而预示着"五位一体"形成的事件是2008年9月胡锦涛在全党深入学习科学实践发展观动员大会暨省部级主要领导干部专题研讨班上将生态建设加入

---

① 范鹏：《统筹推进"五位一体"总体布局》，人民出版社2017年版，第34—37页。
② 红旗东方编辑部：《伟大事业的总体布局："五位一体"学习读本》，红旗出版社2017年版，第10—12页。

其余四个建设中。"四位一体"正式成为"五位一体"则是在 2012 年党的十八大上,报告指出,建设中国特色社会主义总布局、总依据、总任务分别是"五位一体"、社会主义初级阶段、实现社会主义现代化和中华民族伟大复兴。① "五位一体"总布局着眼于中国改革、发展、稳定的突出矛盾和深层次问题,紧扣现实,接轨未来,体现着科学发展和社会和谐的发展思想。至于"四个全面",其具体形成过程为:2012 年 11 月,党的十八大提出两个目标,分别是小康社会的全面建成以及改革开放的全面深化;2014 年 10 月,全面依法治国在党的十八届四中全会上被提出,同年同月,全面从严治党在党的群众路线总结大会上被提出。

中国经济进入"新常态"以来,"四个全面"战略布局被以习近平同志为核心的党中央提出,高度体现了马克思主义思想。② 由于中国国情特殊,在新中国成立初期,中国社会主义建设在新中国成立初期便出现了一系列较为重大的失误,这不仅严重影响中国的经济建设,也给中国人民造成了巨大的灾难。中国共产党则依据中国特殊的国情在改革开放之后探索出一条适合国情的中国特色社会主义道路,并取得了伟大的成就。

中国经济进入"新常态"以来,国情发生了巨大的变化,与改革开放初期相比,中国经济取得了极大的进步,经济总量排名世界第二,但贫富差距依然存在,离实现共同富裕尚有一段距离;在共产党内部有少部分党员经受不住"糖衣炮弹"的诱惑而堕落,这令中国共产党面临新的执政考验;改革开放虽将大部分需要和容易改革的地方进行了改革,但依然存在一些难以改革的部分阻碍经济社会的发展,仍需破除这些体制机制障碍;根据新的国情,新一代中央领导集体提出"四个全面"这一符合当代中国国情的战略构想,从四个角度,即对经济发展、社会建设、推进改革、党的建设提出了具体的解决方案。

(二)实施"中国制造 2025"和"互联网+"的政策行动

马克思很早就认识到了科学技术的重要作用,并提出科学技术是一种生产力的观点。马克思的《经济学手稿》指出:科学技术是"物化的智力",即机

---

① 韩云霄、王树荫:《论习近平新时代党的纪律建设思想的科学内涵》,《马克思主义理论学科研究》2018 年第 3 期。

② 魏礼群:《"四个全面":新布局、新境界》,人民出版社 2015 年版,第 20—26 页。

车、机器等不是自然的产物,而是经过人类加工和改造的工业产物。① 马克思对科学技术具有高度的评价,认为科学技术的进步是一个民族发展永续动力。② 马克思科学技术思想是中国特色社会主义科学技术思想的重要理论源泉。改革开放总设计师邓小平,在 1988 年全国科学大会上指出:"科学技术是第一生产力。"改革开放四十多年来,中国科学技术迅猛发展,为中国综合国力的提升作出了巨大贡献。中国逐渐在世界舞台占据一席之地,中国经济发展更多依靠提高产品品质以及科技含量,鼓励创新,提升产品水平。

然而,在当前发达国家实施"再工业化"、美国对中国商品加征关税、一些发展中国家加快布局的背景下,中国制造业面临"双向挤压"的严峻挑战,产业转型升级刻不容缓。2015 年全国两会《政府工作报告》首次提出"中国制造 2025"的宏大计划,并提出互联网与产业相融合,促进智能制造发展,加快建设制造强国。2015 年以来,中国陆续发布一系列相关政策支持制造业的智能制造发展,部分政策已产生积极作用。2016 年 11 月,以贯彻和落实《中华人民共和国国民经济和社会发展第十三个五年规划纲要》《中国制造 2025》为目的,并加快建设制造强国,推动信息化和工业化深度融合,工业和信息化部正式印发了《信息化和工业化融合发展规划(2016—2020 年)》。2017 年 11 月,为加快实施"中国制造 2025",鼓励和支持地方探索实体经济尤其是制造业转型升级的新路径、新模式,国务院办公厅发布《关于创建"中国制造 2025"国家级示范区的通知》。2018 年年底中央经济工作会议召开,会议指出,要推动制造业高质量发展,坚定不移建设制造强国,这为中国制造业发展指明了方向。在新时代的背景下,中国需从制造大国走向制造强国,以智能制造为"主攻方向"大力推动制造业高质量发展。"互联网+"方面,2015 年印发了《国务院关于积极推进"互联网+"行动的指导意见》,提出要在坚持开放共享、融合创新、变革转型、引领跨越、安全有序基本原则的基础上,以坚持改革创新和市场需求为导向,对中国互联网的规模优势和应用优势进行充分发挥,使互联网和经济社会各个领域进行深

---

① 《马克思恩格斯文集》第 8 卷,人民出版社 2009 年版,第 7—16 页。
② 兰玲、程恩富:《构建马克思主义广义政治经济学的思考》,《马克思主义研究》2018年第 7 期。

度融合。2016 年 5 月《国务院关于深化制造业与互联网融合发展的指导意见》被印发,主要内容为深化制造业与互联网融合发展,对"中国制造 2025"和"互联网+"行动进行协调推进,加快制造强国的建设步伐。医疗卫生方面,2018 年 4 月《国务院办公厅关于促进"互联网+医疗健康"发展的意见》被印发,主要内容为利用互联网技术提升医疗卫生现代化的管理水平,优化资源配置实现创新服务模式,提高服务效率从而降低服务成本,最终实现满足人民群众日益增长的医疗卫生健康需求的目标。教育方面,2019 年 2 月中共中央、国务院印发《中国教育现代化 2035》,在以"互联网+"为特征的教育信息化引领着教育现代化发展的基础上,变革教育理念、更新教育模式、重构教育体系。

(三)深入推进供给侧结构性改革的政策实践

马克思在《资本论》第二卷第三篇中,将社会总产品分为两大部类,第一部类是生产资料,且这类商品必须进入或至少能够进入生产消费,第二类是消费资料,且这类商品能够进入社会供个人消费。同时,这两大部类都包含各自的再进行细分的生产部门。① 为了令简单再生产能够正常地进行,第一部类向第二部类提供生产资料,第二部类向第一部类提供消费资料,且两者之间需要保持一个平衡的比例关系。为了保证扩大再生产能够正常地进行,第一部类向第二部类提供的生产资料需要和第二部类对其生产资料的需要之间维持一个平衡的比例关系,其中生产资料包括追加的生产资料;同时,第二部类向第一部类提供的消费资料需要和第一部类对消费资料的需要之间维持一个平衡的比例关系,其中消费资料包括新增劳动力对追加的消费资料和资本家的消费基金。总而言之,马克思关于社会总产品的再生产理论的核心,是两大部类之间需在一个平衡的比例关系下发展,即无论是简单再生产抑或是扩大再生产都需保持合理的平衡关系,从而实现两大部类生产出来的产品可以互相交换,最终实现市场出清。

同时,两大部类细分下去的各个部门以及生产出来的细分产品,都理应保持着合理的平衡的比例关系,这样才能令部门之间或者部门之间生产的产品都能够互相交换,从而实现社会再生产体系的正常运转。不然,如若这

---

① 《资本论》(纪念版)第二卷,人民出版社 2018 年版,第 438—446 页。

种平衡关系被打破,社会再生产体系将会失衡,从而导致资源的分配不当,甚至严重浪费。

中国经济进入"新常态"以来,经济增长持续放缓,结构性分化明显,从而不同部门间的比例关系出现失衡的现象。如产能过剩现象出现在钢铁、水泥、煤炭、石化及房地产等部门,重化工业等领域则表现出生产要素的滞留,从而导致整个经济的效率低下以及"去库存"压力巨大。与此相反,一些新兴产业和民生经济因无法获得足够生产要素配置而面临发展受限的状况。随着人民对消费品的质量要求越来越高,中国部分商品的质量已无法满足国内的需要,深究下去,造成此现象的原因便是中国不同部门间存在比例失衡的状况。

为适应这种变化,迫切需要实现经济高质量发展,推动产业结构升级,改善供给侧环境,优化供给侧机制。2015 年 11 月以研究经济结构性改革和城市工作为研究内容的中央财经领导小组第十一次会议在习近平总书记的主持下召开,习近平总书记在会上强调,推进经济结构性改革是贯彻落实党的十八届五中全会精神的一个重大举措。[①] 第一,要树立起创新、协调、绿色、开放、共享的发展理念并进行贯彻和落实。第二,要适应经济发展的新常态,坚持稳中求进、改革开放。第三,在政策执行上,宏观政策、产业政策、微观政策、改革政策分别要稳、准、活、实,最后以社会政策作为托底。第四,在战略层面打好持久战,而在战术层面打好歼灭战,在适度扩大总需求的同时,对供给侧结构性改革以及供给体系的质量和效率分别进行加强和提高,从而给经济带来源源不断的持续增长的动力,实现中国社会生产力水平的整体跃升。2016 年 1 月以研究供给侧结构性改革方案为内容的中央财经领导小组召开会议。习近平总书记在会上强调要对总需求进行适度扩大的同时,实现"三去一降一补",从生产领域出发,在加强优质供给的同时减少无效供给,进而扩大有效供给,使供给与需求能够互相匹配,最终便可实现供给结构适应性和灵活性的提高。2016 年 5 月以研究落实供给侧结构性改革、扩大中等收入群体工作为主要内容的中央财经领导小组第十三次会议在习近平总书记的主持下召开。习近平总书记在会上强调推进供给

---

① 习近平:《全面贯彻党的十八届五中全会精神　落实发展理念推进经济结构性改革》,人民网,2015 年 11 月 11 日。

侧结构性改革是在对世界经济形势和中国经济发展新常态进行综合研判的情况下作出的重大决策,各地区各部门要在思想和行动上,都要统一到党中央决策部署上来,对"三去一降一补"进行重点推进。在2017年10月党的十九大报告中,习近平总书记指出:"建设现代化经济体系,必须把发展经济的着力点放在实体经济上,把提高供给体系质量作为主攻方向,显著增强我国经济质量优势。"①2018年12月的中央经济工作会议认为,供给侧结构性是当前中国经济存在的主要矛盾,当前中国应继续坚持以供给侧结构性改革为主线,并在此基础上,继续对改革的方法进行探索。与此同时,通过运用市场手段以及行政手段,在"巩固、增强、提升、畅通"这八个字上下苦功。

推进供给侧结构性改革,是适应及引领中国经济"新常态"的重大创新和必然要求,是应对全球价值链重构下的产业竞争新形势的主动选择。改革开放以来,中国经济持续高速增长,但伴随人口红利的衰减、"中等收入陷阱"风险不断累积、贸易保护主义抬头等一系列内因外因的作用,中国经济面临巨大的下行压力,持续时间长,经济运行态势复杂,突出表现为供给侧对需求侧变化的适应性调整明显滞后。对于经济发展过程中的结构性和体制性的问题和矛盾,如产能过剩、工业品价格下降、实体企业赢利下降、财政收入增幅下降等,需通过供给侧结构性改革、提高供给质量予以破除。若要解决中国的中长期经济问题,结构性改革是根本。

(四)优化产业结构,推进经济高质量发展的政策实践

早在17世纪,英国古典经济学家威廉·配第(William Petty)便在其著作《政治算术》中提出农业、制造业、商业之间的收入水平是递进的关系,这种差异会导致劳动力从低收入产业向高收入产业转移。1940年,英国经济学家克拉克在配第的基础上得出劳动力的演进趋势,即随着经济发展和人均国民收入的提高,劳动力会从第一产业转移到第二产业,再从第二产业转移到第三产业。他们的研究结论被统称为"配第—克拉克定理"。

改革开放四十多年来,中国产业结构变化的趋势与上述定理不谋而合,中国实施了一系列的政策推动产业发展,如在处理市场和政府的关系、深化改革、扩大开放、创新驱动等方面都取得了显著的成效,中国产业规模不断

---

① 《习近平谈实体经济》,共产党员网,2017年12月20日。

壮大、体系不断完善、结构不断优化,在科技、人才、金融等要素资源上已经具有丰富的积累,产业发展到达了一个新的起点。2019 年政府工作报告中,李克强总理在对 2018 年的工作回顾中指出,服务业对经济增长的贡献率将近 60%,其中高技术产业和装备制造业的增速显著快于一般工业,体现了产业结构不断优化的趋势。

2017 年 10 月,"现代化经济体系"概念被首次提出,此概念的提出,不仅是当前中国经济从高速增长转至高质量发展的客观需要,也体现出习近平新时代中国特色社会主义思想已在中国经济建设实践具体地运用,具有重大的理论意义和实践价值。建设现代化经济体系需要各方面的努力,不是一朝一夕就能实现的,根据历史经验,建设现代化经济体系需要现代产业作为支撑,产业是经济的基础,产业壮大经济才能壮大,中国产业结构虽然已经得到了巨大的优化,但是产业结构依然不合理、价值链尚位于全球价值链较低水平、"农工服"三大产业间融合程度较弱等问题仍然存在,尚待改进。

习近平总书记关于现代产业体系的论述,最早是从对中国发展进程中积累起来的各种矛盾和问题的破解中入手的。[1] 2013 年 3 月,在十二届全国人大一次会议上习近平总书记提出,要深化对产业结构的调整,构建现代产业发展新体系,抓住化解产能过盛矛盾这一工作重点,使我国经济高质量发展提高质量、增加效益、增强后劲。[2] 2015 年 5 月,习近平总书记在华东 7 省(直辖市)党委主要负责同志座谈会上,指出提高经济发展质量和效益是转变经济发展方式的核心,当前经济的增长主要靠第二产业带动,要将此状况转变为第一、二、三产业协同带动,此论述点明了产业结构调整的方向。[3] 2016 年 1 月,习近平总书记在重庆调研时指出,当前制约中国经济发展的因素主要矛盾在于供给侧,解决此问题的重点在于化解产能过剩、产业优化重组、对战略性新兴产业和现代服务业进行发展等。[4] 2018 年 3 月,在

① 韩庆祥:《论习近平治国理政思想》,《中共福建省委党校学报》2016 年第 1 期。
② 习近平:《构建现代产业发展新体系》,中国共产党新闻网,2013 年 3 月 8 日。
③ 习近平:《促进经济增长要实现三个转变》,《人民日报》2015 年 5 月 29 日。
④ 本刊综合编辑:《习近平:促进产能过剩有效化解和产业优化重组 推动我国社会生产力水平实现整体跃升》,《中国科技产业》2016 年第 2 期。

十三届全国人大一次会议广东代表团审议会上,习近平总书记指出,应该更加重视实体经济的发展,把发展战略性新兴产业作为重中之重来构筑产业体系的新支柱,如生物医药、新材料、高端装备制造、数字经济、海洋经济、新一代信息技术、绿色低碳等新兴产业。在党的十九大报告中,习近平总书记指出:"建设现代化经济体系成为跨越关口的迫切需求和我国发展的战略目标。"①

(五)基于经济高质量发展的产业结构升级的政策回顾

改革开放四十多年来,中国产业结构政策大致可分为四个历史阶段,分别为改革开放初期(1978—1991 年)、全面改革时期(1992—2001 年)、深化改革时期(2002—2011 年)和全面深化改革时期(2012 年至今),不同的历史阶段中国对产业结构有不同的发展目标和不同的产业政策(见表 2-1)②。

表 2-1 改革开放以来中国产业结构政策阶段划分

历史阶段	产业结构存在的问题	政策目标	政策要点	政策成效
改革开放初期(1978—1991 年)	1986 年前:工业与农业、轻工业与重工业比例失衡	调整经济结构重大比例关系的严重失调	优先发展农业;重点扶持轻纺工业发展	轻重工业比例失调得到较大改善;轻纺工业成为传统优势产业
	1986 年后:基础工业与一般加工工业比例失衡			
全面改革时期(1992—2001 年)	三次产业之间的比例失衡;加工工业和基础产业之间比例失衡;加工工业内部低水平加工能力过度扩张,而高水平加工能力不足	重点加强产业结构调整,同时促进产业结构优化升级	加快发展农业、基础产业和第三产业;扶持发展机械电子、石油化工、汽车制造和建筑业四大支柱产业;发展高技术产业	第二、三产业占比上升;基础工业和基础设施瓶颈制约得到较大改善;电子及通信设备、电气机械及器材制造业快速发展,家电产业具备国际竞争力

① 《构建现代化经济体系建设》,新华网,2020 年 2 月 4 日。
② 张小筠、刘戒骄:《改革开放 40 年产业结构政策回顾与展望》,《改革》2018 年第 9 期,第 42—54 页。

历史阶段	产业结构存在的问题	政策目标	政策要点	政策成效
深化改革时期（2002—2011年）	第三产业尤其是服务业占比低；第二产业中重化工业占比过高而高技术和高加工业占比过低	2008年前：转变经济增长方式和促进工业技术升级	优先发展信息产业；发展高技术产业并改造提升传统产业；发展先进制造业和装备制造业；发展现代服务业；发展节能环保和循环经济产业；重点调控重化工业规模扩张，化解过剩产能	第三产业超越第二产业成为国民经济增长的主要动力；制造业规模迅速扩大并成为世界第一制造业大国；高技术和高加工产业发展迅速
		2008年后：保增长、扩内需、调结构	十大重点产业调整振兴；基础设施建设投资；扶持战略性新兴产业发展	
全面深化改革时期（2012年至今）	发展方式粗放引发的产业发展层次和质量低下，能源消耗与环境污染严重	建立结构优化、技术先进、清洁安全、附加值高、吸纳就业能力强的现代产业新体系	发展现代信息技术产业体系；发展生产性服务业和现代服务业；发展战略性新兴产业；推进产业发展向绿色低碳和循环利用方向转变；化解过剩产能	高新技术产业和战略新兴产业发展迅速，高铁、核电、4G移动通信、电商、特高压输变电等领域已处于"并跑""领跑"地位

改革开放初期（1978—1991年）的重点在于对经济结构进行调整，体现在产业领域则是重点对农轻重比例进行调整，此时的政策并未呈现出对经济高质量发展的追求。

全面改革时期（1992—2001年）则不仅关注对产业结构的调整，同时也开始将政策重点转向到产业结构优化升级。如1994年，《90年代国家产业政策纲要》被国务院颁布。依据《90年代国家产业政策纲要》，中国在这一时期先编制了专项政策《汽车工业产业政策》《电子工业产业政策》《建筑工业产业政策》,后又编制《水利产业政策》《中国能源产业政策》等专项政策助力产业迈向高端化。服务业方面如 1992 年发布的《中共中央、国务院关于加快发展第三产业的决定》正式将发展第三产业作为中国产业结构调整优化的重要方向之一,高技术产业方面如 2000 年发布的《鼓励软件产业和集成电路产业发展若干政策》提出通过税收优惠、信贷支持等方式引导国内外资金、人才等资源投向软件产业和集成电路产业并为其上市融资创造政策条件,促进信息产业发展并带动传统产业改造和产品升级换代,都体现了中国对产业结构升级的目标。

深化改革时期(2002—2011 年),此阶段产业结构政策以 2008 年国际金融危机为分界点,金融危机之前主要目标是促进工业技术升级和转变经济增长方式,金融危机后目标则主要为经济的稳定增长。金融危机前政策主要包括加快高科技产业的发展、积极发展节能环保和循环经济产业、大力发展第三产业等内容,金融危机后政策主要包括调结构、扩内需、保增长三方面内容。

全面深化改革时期(2012 年至今),从 2012 年开始,中国进入工业化后期,粗放型的经济增长已不适合中国国情,目前阶段需要从粗放型向集约型转变,实现高质量发展。此阶段的产业结构政策更加注重产业发展质量、强调产业向更高科技含量的方向发展、注重经济的高质量发展,体现出中国经济向高质量发展的影子。如 2012 年和 2015 年中国分别发布《"十二五"国家战略性新兴产业发展规划》《中国制造 2025》等,都对战略性新兴产业等高科技产业给予特殊的政策关注。

2017 年 10 月 18 日至 10 月 24 日中国共产党第十九次全国代表大会在北京召开,"高质量发展"一次被首次提出,这成为中国经济已经由高速增长阶段转向高质量发展阶段的标志,为了实现经济的高质量发展,在此之后中国发表了一系列政策文件,针对不同的经济领域陆续出台了关于产业结构升级的政策文件。从内容上看,主要有以下四个方面:

第一,强调创新驱动发展,促进产业结构升级。包括加强知识产权保护、促进中小企业创新发展、提高技术工人待遇、健全人才评价机制、优化科研管理、加强科学基础研究、深化服务贸易创新发展、推动创新创业高质量发展、建设产教融合型企业等(见表 2-2)。

表 2-2 推动创新驱动发展来促进产业结构升级的相关政策文件

时间	文件名	领域	与产业结构升级相关的核心内容
2018 年 1 月 31 日	《国务院关于全面加强基础科学研究的若干意见》	科研	完善基础研究布局、建设高水平研究基地、壮大基础研究人才队伍、提高基础研究国际化水平、优化基础研究发展机制和环境
2018 年 2 月 26 日	中共中央办公厅、国务院办公厅印发《关于分类推进人才评价机制改革的指导意见》	人才评价机制	对科技人才评价制度进行改革;对以科研诚信作为基础,以创新能力、质量、贡献和绩效作为导向的科技人才评价体系进行建立健全
2018 年 3 月 22 日	中共中央办公厅、国务院办公厅印发《关于提高技术工人待遇的意见》	技术工人	大力提高高技能领军人才待遇水平、提高技术工人收入水平、畅通技术工人成长成才通道
2018 年 6 月 8 日	《国务院关于同意深化服务贸易创新发展试点的批复》	服务贸易	深化服务贸易创新发展试点开放便利举措:对金融服务、电信服务、旅游服务、专业服务等进行开放试点;深化服务贸易创新发展试点任务及政策保障措施
2018 年 7 月 3 日	中共中央办公厅、国务院办公厅印发《关于深化项目评审、人才评价、机构评估改革的意见》	项目评审、人才评价、机构评估	对科研项目评审管理机制进行优化、对科技人才评价方式进行改进、对科研机构评估制度进行完善、对评估和科研诚信体系建设进行加强和监督
2018 年 7 月 24 日	《国务院关于优化科研管理提升科研绩效若干措施的通知》	科研	优化科研项目和经费管理、完善有利于创新的评价激励制度、强化科研项目绩效评价、完善分级责任担当机制、开展基于绩效、诚信和能力的科研管理改革试点

续表

时间	文件名	领域	与产业结构升级相关的核心内容
2018 年 9 月 26 日	《国务院关于推动创新创业高质量发展打造"双创"升级版的意见》	创业	着力促进创新创业环境升级、加快推动创新创业发展动力升级、持续推进创业带动就业能力升级、深入推动科技创新支撑能力升级、大力促进创新创业平台服务升级、进一步完善创新创业金融服务、加快构筑创新创业发展高地、切实打通政策落实"最后一公里"
2019 年 4 月 3 日	国家发展改革委、教育部关于印发《建设产教融合型企业实施办法(试行)》	企业	激发企业内生动力、深入参与产教融合,明确建设重点、给予政策激励
2019 年 4 月 7 日	中共中央办公厅、国务院办公厅印发《关于促进中小企业健康发展的指导意见》	中小企业	提升创新发展能力:支持推动中小企业转型升级、为中小企业提供信息化服务
2019 年 11 月 24 日	中共中央办公厅、国务院办公厅印发《关于强化知识产权保护的意见》	知识产权	加强知识产权保护:强化制度约束、加强社会监督共治、优化协作衔接机制、健全涉外沟通机制、加强基础条件建设、加大组织实施力度

资料来源:笔者根据中华人民共和国中央人民政府官网整理所得。

第二,强调区域发展协调性,推动重点区域促进产业结构升级。2017年11月国务院办公厅印发关于创建"中国制造2025"国家级示范区的通知,希望通过创建示范区来鼓励和支持地方探索实体经济尤其是制造业如何通过新的路径和模式进行转型升级(见表2-3)。

表 2-3　推动区域协调发展来促进产业结构升级的政策文件

时间	文件名	领域	核心内容
2017 年 11 月 23 日	《国务院办公厅关于创建"中国制造 2025"国家级示范区的通知》	示范区	加快实施"中国制造 2025",鼓励和支持地方探索实体经济尤其是制造业转型升级的新路径、新模式
2017 年 12 月 15 日	《国务院关于同意设立中韩产业园的批复》	产业园	同意江苏省、山东省、广东省人民政府与韩国共同建设中韩产业园的请示
2018 年 1 月 29 日	《国务院办公厅关于推进农业高新技术产业示范区建设发展的指导意见》	高新技术产业示范区	加快示范区建设和发展,提高农业的综合效益以及竞争力,大力加快农业农村现代化建设
2018 年 2 月 4 日	《中共中央、国务院关于实施乡村振兴战略的意见》	乡村振兴	提升农业发展质量,培育乡村发展新动能,推进乡村绿色发展
2018 年 6 月 15 日	《中共中央、国务院关于打赢脱贫攻坚战三年行动的指导意见》	农村	就完善顶层设计、强化政策措施、加强统筹协调、推动脱贫攻坚工作提出指导意见
2018 年 11 月 29 日	《中共中央、国务院关于建立更加有效的区域协调发展新机制的意见》	区域	促进区域协调发展向更高水平和更高质量迈进
2019 年 6 月 28 日	《国务院关于促进乡村产业振兴的指导意见》	乡村振兴	培育壮大乡村产业、促进产业融合发展、推进质量兴农绿色兴农、推动创新创业升级

资料来源:笔者根据中华人民共和国中央人民政府官网整理所得。

　　第三,强调具体产业调整转型升级,实现产业以更高的质量进行发展。包括对各个产业转型升级的要求,如体育、中医药、天然气、教育、农机装备等,并且在产业结构、布局、融合、监管、协同等方面提出了较为具体的措施(见表 2-4)。

表 2-4　推动产业转型升级的政策文件

时间	文件名	领域	核心内容
2017 年 12 月 4 日	《国务院办公厅关于推动国防科技工业军民融合深度发展的意见》	国防科技	进一步扩大军工开放,加强军民资源共享和协同创新,促进军民技术相互支撑、有效转化,支撑重点领域建设,推动军工服务国民经济发展,推进武器装备动员和核应急安全建设
2018 年 1 月 23 日	《国务院办公厅关于推进电子商务与快递物流协同发展的意见》	电子商务与快递物流	深入实施"互联网+流通"行动计划,提高电子商务与快递物流协同发展水平
2018 年 3 月 22 日	《国务院办公厅关于促进全域旅游发展的指导意见》	旅游	推进旅游业与其他产业融合发展,创新产品供给;加强旅游服务、基础配套、环境保护、系统营销、规划工作、政策支持
2018 年 4 月 28 日	《国务院办公厅关于促进"互联网+医疗健康"发展的意见》	互联网+医疗健康	健全"互联网+医疗健康"服务体系、完善"互联网+医疗健康"支撑体系、加强行业监管和安全保障
2018 年 8 月 3 日	《国务院办公厅关于改革完善医疗卫生行业综合监管制度的指导意见》	医疗卫生	明确监管主体和责任、加强全过程监管、创新监管机制、加强保障落实
2018 年 8 月 27 日	《国务院办公厅关于进一步调整优化结构提高教育经费使用效益的意见》	教育	完善教育经费投入机制、优化教育经费使用结构、科学管理使用教育经费
2018 年 8 月 28 日	《国务院办公厅关于印发深化医药卫生体制改革 2018 年下半年重点工作任务的通知》	医疗卫生	有序推进分级诊疗制度建设、建立健全现代医院管理制度、加快完善全民医保制度、大力推进药品供应保障制度建设、切实加强综合监管制度建设、建立优质高效的医疗卫生服务体系、统筹推进相关领域改革

时间	文件名	领域	核心内容
2018 年 9 月 5 日	《国务院关于促进天然气协调稳定发展的若干意见》	天然气	加强产供储销体系建设、深化天然气领域改革
2018 年 12 月 29 日	《国务院关于加快推进农业机械化和农机装备产业转型升级的指导意见》	农机装备	加快推动农机装备产业高质量发展、着力推进主要农作物生产全程机械化、大力推广先进适用农机装备与机械化技术
2019 年 5 月 7 日	《国务院办公厅转发交通运输部等部门关于加快道路货运行业转型升级促进高质量发展意见的通知》	道路货运	深化货运领域"放管服"改革、推动新旧动能接续转换、加快车辆装备升级改造、改善货运市场从业环境、提升货运市场治理能力
2019 年 9 月 14 日	国务院办公厅印发《关于稳定生猪生产促进转型升级的意见》	生猪	保供稳价拿出实招、排除障碍鼓励畜禽养殖、提升长期生猪供给能力
2019 年 9 月 17 日	《国务院办公厅关于促进全民健身和体育消费推动体育产业高质量发展的意见》	体育	深化"放管服"改革、完善产业政策、改善产业结构、优化产业布局、实施"体育+"行动，促进融合发展，夯实产业基础，提高服务水平
2019 年 10 月 26 日	《中共中央、国务院关于促进中医药传承创新发展的意见》	中医药	大力推动中药质量提升和产业高质量发展
2019 年 10 月 30 日	国家发展改革委修订发布了《产业结构调整指导目录（2019 年本）》	各个产业	能为各项政策的制定提供依据，如投资、信贷、土地、进出口等。由鼓励、限制和淘汰三类组成

资料来源：笔者根据中华人民共和国中央人民政府官网整理所得。

第四，强调投资、消费、贸易等领域高质量发展，促进产业结构升级。2018 年 9 月发布的《中共中央、国务院关于完善促进消费体制机制进一步激发居民消费潜力的若干意见》，目的是完善促进消费体制机制，进一步激发居民消费潜力。2019 年 11 月发布的《中共中央、国务院关于推进贸易高质量发展的指导意见》,旨在加快培育贸易竞争新优势(见表2-5)。

表2-5 推动消费、投资、贸易等领域高质量发展的政策文件

时间	文件名	领域	与产业结构升级相关的核心内容
2018年1月26日	《国务院关于加强质量认证体系建设促进全面质量管理的意见》	质量认证体系	培育发展检验检测认证服务业
2018年6月15日	《国务院关于积极有效利用外资推动经济高质量发展若干措施的通知》	投资	放宽市场准入:扩大金融业、服务业、农业、采矿业、制造业开放。推动国家级开发区创新提升。
2018年6月24日	《中共中央、国务院关于全面加强生态环境保护,坚决打好污染防治攻坚战的意见》	环境保护	对绿色发展方式以及生活方式加快形成和推进:大力发展节能和环境服务业
2018年7月9日	《关于扩大进口促进对外贸易平衡发展的意见》	贸易	优化进口结构促进生产消费升级:增加有助于转型发展的技术装备进口
2018年9月20日	《中共中央、国务院关于完善促进消费体制机制进一步激发居民消费潜力的若干意见》	消费	壮大消费新增长点、健全质量标准和信用体系、改善居民消费能力和预期
2018年10月11日	《国务院办公厅关于印发完善促进消费体制机制实施方案(2018—2020年)的通知》	消费	放宽旅游、文化、体育、健康、家政、教育培训等服务消费领域的市场准入,完善住房租赁、汽车消费、绿色消费、信息消费、商贸创新消费等事物消费结构升级的政策体系
2019年10月24日	全国人大常委会审议《国务院关于加快外贸转型升级推进贸易高质量发展工作情况的报告》	贸易	外贸升级需对症下药、增设跨境电商综试区

时间	文件名	领域	与产业结构升级相关的核心内容
2019 年 11 月 19 日	《中共中央、国务院关于推进贸易高质量发展的指导意见》	贸易	加快发展新兴产业和现代服务业、优化升级传统产业、提高产品质量

资料来源:笔者根据中华人民共和国中央人民政府官网整理所得。

从"五位一体"的总体布局与"四个全面"战略布局到"中国制造 2025"和"互联网+",再到供给侧结构性改革,是一个不断探索、深化认识的过程,基于经济高质量发展的产业结构升级,是中国产业结构升级的最优路径。新中国成立后,中国在从一个贫穷又落后的农业国,成长为一个世界性的先进工业大国的同时,产业结构也发生了惊人的改变。随着经济的日新月异,给产业高质量发展打下了扎实的基础,具体表现在:当前中国产业结构主要由服务业来引领,改变了以往由工业主导的状况;产业类型方面,主要以知识、资金、知识密集型为主,改变了以往以劳动密集型为主的状况;产业动能方面,主要依靠创新驱动,改变了以往依靠要素驱动的状况。1949—1978年,中国走优先发展重工业的道路,建立了较为完整的工业体系,产业结构主要以重工业为主。1979—2000 年,中国调整重轻工业关系,产业结构以轻工业为主。2001—2012 年,中国产业结构又回到以重工业为主导地位的状况,重工业比重经历了上一阶段的下降后,在此阶段比重由 51.3%提高到 71.4%的同时,重化工业的内部结构也得到了优化升级。2013 年至今,中国的产业结构呈现以服务业"领跑"的特征,根据新发展理念,以供给侧结构性改革为主线,促进经济高质量发展,产业结构升级取得显著成效。

二、中国推进基于高质量发展的产业结构升级实践特点

(一)实践目的

中国推进高质量发展的产业结构升级是为了实现质量变革。要实现质量变革,首先要将高质量发展作为第一要务,积极与国际标准对标,在国际标准制定体系中发出中国声音,全力推进各领域高质量发展,提供更优质的产品和更高端的服务,打造在国际上具有良好声誉的民族品牌,大力推进绿

色经济建设,将绿色发展理念融入生产与生活之中,坚持高质量发展,加快经济增长由"高速"向"高质量"转变。

中国推进高质量发展的产业结构升级是为了实现效率变革。企业能否在激烈的市场竞争中取得优势,很大程度上取决于企业的投入产出效率,如今实体行业的运营成本过高,资源环境压力较大,因此要着力于增强金融、物流等服务业对实体行业的支持力度,深化服务业结构改革,进一步优化实体产业的营商环境,从多方面降低企业生产成本,在实体产业与虚拟产业的发展间取得平衡是增强实体经济吸引力和竞争力、推进产业结构升级的关键。

中国推进高质量发展的产业结构升级是为了实现动力变革。推进产业结构升级的动力变革,将创新作为驱动经济发展的主要动力,成为建设高质量发展的现代化经济体系的关键任务。大力促进产业创新,把创新作为引领产业结构升级的主导力量,促进实现新旧动能转换,重视对知识产权的保护,激发企业家敢于拼搏、敢为人先的实业精神,同时加快推进教育体系与国际化接轨,培养一批知识丰富、技术过硬、品德高尚的高端复合型人才,为产业结构升级注入新的强劲动力。

中国推进高质量发展的产业结构升级是为了服务人民。人民是国家的主人,是组成一个国家最基本、最重要的个体单位,产业结构优化升级对国民经济发展及社会资源的合理分配有重要的推动作用。人民对绿水青山的盼望越来越强烈、对优质的服务需求越来越强烈。中国不断推进高质量发展的产业结构升级,让人民有更深层次的幸福感、荣誉感和自豪感。

(二)实践对象

中国已经进入经济发展的新时代,目前经济总体质量水平仍处于上升阶段,因此在高质量发展背景下的产业结构升级应关注供给侧结构性改革、增强技术创新能力、优化营商环境这三方面。关注供给侧结构性改革的原因在于:一是中国中低端的传统产业产能过剩,无效供给较多。产能过剩是中国过去粗放型经济增长遗留下来的问题,虽然近年来中国已着力于工业去产能化,并取得了一定的成效,但仍未能完全解决产能问题。中国企业总体平均设备利用率为68%,远低于国际上80%的平均水平,这表明中国的产能利用情况与国际相比仍有一定的差距,传统产业供给质量有待提高。

二是高新现代产业发展较为缓慢,高端产业实力不强。近年来,中国越来越重视高新现代产业的发展,大力推行"中国2025"计划、"大国重器"等着力于发展高新现代产业的计划。但与发达国家相比,中国高新现代产业相对弱小,大多数产品的核心部件只能依赖进口,企业高端研发能力不足,低端同质化竞争问题严重,难以在以创新为核心竞争力的市场竞争中存活。三是第三产业发展程度不高,产业内部结构存在失衡。随着中国产业结构的不断优化与升级,第三产业发展迅猛,经济体量不断扩大,2019年全国三次产业生产总值比重为7.1∶39.0∶53.9,证明中国经济产业结构升级取得了一定成效。但第三产业的发展潜力未被完全释放,产业内部结构仍存在不合理的现象,生产性服务业和社会性服务业在第三产业中所占比重较低,产业内龙头企业较少,缺乏企业的带动作用。关注技术创新能力的原因在于:一是当代企业家欠缺实业精神。近几年中国企业的逐利性太强,很少有企业能够脚踏实地创新、开发产品,反而房地产市场的异常火爆,使许多企业纷纷放弃了主营业务,转而投向房地产,在主营业务营收较差的情况下希望通过投资房地产赚钱,而其他没有放弃主营业务的企业通过设立房地产公司来进入房地产市场,加入炒房的行列。二是高端人才供给短缺。高端人才是高质量发展的根本保障,也是产业结构升级的重要推动力量,如今中国的高端人才培育状况持续向好,但仍存在许多问题,如人才与企业匹配度较低,人才结构单一集中于某一行业,难以满足企业的实际需要。同时中国各大高校与企业尚未形成完全对接,人才培养与人才使用间的匹配度不高,人才供给质量仍需提高。关注优化营商环境的原因在于:一是实体经济与虚拟经济结构失衡。实体经济一直是中国经济发展的中坚力量,但运营成本的不断提高使实体经济的经营环境不断恶化,而虚拟经济的情况与实体经济相反,近年来虚拟经济增长迅猛,金融业增加值占2015年国内生产总值的8.4%、2016年占8.3%、2017年占8.0%,连续三年位居世界第一。在实体经济衰退与虚拟经济兴盛的不平衡中,产业结构升级问题日益严峻。二是企业发展的整体环境不佳。当今中国经济发展的阻碍在于国际激烈的竞争环境和国内需求拉动乏力,近年来以美国为首的贸易保护主义抬头,欧美国家实施再工业化战略,世界上掀起新一轮的逆全球化浪潮,中美贸易摩擦使国际贸易局势紧张,中国经济发展处处受阻,

中国企业处在世界不稳定的浪潮中举步维艰,企业发展环境恶化、发展前景不明朗。

(三)实践手段

中国经济进入高质量发展新时代,对产业结构升级的要求越来越高,中国政府应深化供给侧结构性改革、加深与企业合作、利用政府在市场上独特的优势来保证经济的有序运行,企业作为构成中国经济发展的重要组成部分,应沿着高端化、绿色化、现代化等方向转型升级,强化与政府的联系,有效利用自身在市场中所起到的微观主体作用,通过政府与企业的紧密合作来推动产业结构升级。为了实现高质量发展下的产业结构升级,中国应从以下方面考虑:一是从供给方面进行实践,提高供给体系质量。将传统产业与高新技术相结合,加强传统产业的技术创新和管理优化,把处于价值链低端的产业转向价值链的高端位置,积极推动高新服务业与传统产业相融合,发展一套以信息化、智能化、高效化为主的产业运作体系,提升供给质量与效率,保持传统产业的发展活力。大力培育新兴产业、现代产业,坚持以高科技产业为主导,深入实施创新驱动发展战略,建立现代信息技术服务网络,加快产业间信息互联互通,让新兴、现代产业快速成长为中国全新的经济增长极,努力在新兴技术产业角逐中占领制高点。在培育新兴、现代产业的同时要重视生产性服务业的高质量发展,把研发设计、物流运输、金融服务、信息技术服务、环保节能服务、人力资源管理、电子商务、消费者体验服务、品牌建设等生产性服务业的高质量发展作为产业结构升级的重点,将生产性服务与传统产业、现代产业相结合,共同推进供给体系质量的提高。二是从政府方面进行实践,优化营商环境。坚持党对经济工作的领导,加快产业结构升级。降低制度性交易成本,推进政府"放管服"改革进程,缩减审批周期,规范审批服务,打造更加安全高效的市场环境。同时要加大高端人才供给,加快推进现代教育事业发展建设,将高端人才培育作为国家经济社会发展的重要环节,把"工匠精神"与人才培养相融合,为中国高质量发展做好后备保障。三是从企业方面进行实践,打造一批全新的创新企业。大力培养企业家实业精神,培育企业家创新素质,鼓励企业家奋勇拼搏、敢为人先,在激烈的市场竞争中探索企业发展新道路。强化企业自主创新能力,鼓励企业进行技术研发活动,增加科研人员在企业人员中的比重,不断加大研发经费投入,扩大企业研发中心的筹备与建设,大力引进高技术人才,建立高端人才培养基地,为产业结构升级、确立产业竞争优势提供技术支持。

(四)时间周期

高质量发展下的产业结构升级需要短期管理,如政府发挥宏观调控的作用,运用政策措施调整一般都是针对和解决市场中存在的短期问题。但是,市场中的问题层出不穷,短期解决了一个,又会有不少新的问题出现,所以政府的政策一直处在不断变化中。同时高质量发展下的产业结构升级也需要长期管理,它侧重的是高端人才的培育和制度的逐步完善。正是由于制度机制不是一日建成的,高端人才的培育也不是一日完成的,所以高质量发展下的产业结构升级将为经济中长期持续增长注入新动力。然而,中国产业结构升级仍面临着许多问题,如制造业大而不强、有效供给不足,产业升级成本逐渐升高,部分传统行业发展受国内市场约束,企业欠缺自主创新能力等。若在产业结构升级的过程中没能很好地解决这些问题,那么久而久之会催生出经济的失衡、错位,为中国经济的增长埋下隐患。基于中国经济发展现状,要实现产业结构升级应关注以下方面:一是政府要发挥宏观调控作用,提供政策和引导来支持产业结构升级。二是政府要优化体制建设,破除制度壁垒,营造良好的营商环境。三是要深化金融服务升级,充分利用金融体系在经济发展中的支持作用,同时要注意避免金融风险的产生。四是政府要以全球价值链上游位置为目标出台鼓励制造业发展政策,逐步减少中低端企业数量,加快高端企业的发展。五是企业要加强核心技术的研究与开发,提高科技成果转化为实用成果的效率,进一步提高企业的自主创新能力。可见,这一系列的改革建议能够为产业结构升级提供一定的现实基础,为以后的更有质量的经济增长创造条件,所以只有把政府与市场上的企业统筹起来,才能有效地实现中国高质量发展下产业结构升级的短期目标和长期目标。目前,政府已经出台了推进产业结构升级的相关政策。同时由企业自身发起的产业结构升级也在稳步推进,相信在实现短期目标与长期目标之后,中国高质量发展下的产业结构升级会取得显著的成效,产业生产将逐步适应当前新的市场需求,并在此过程中实现经济发展方式的转变,进而实现经济的长期向好发展。

三、中国推进基于经济高质量发展的产业结构升级总体成效

（一）现代农业结构趋于优化，产业化水平不断升级

消费者对安全优质农产品的多样化、个性化、高端化需求日益增长，但供应市场所能提供的产品严重不足。习近平总书记多次强调，推进农业高质量发展就是要深化农业供给侧结构性改革，农业供给侧结构性改革是实施乡村振兴战略的重要路径。中国在习近平总书记的指示下坚持质量第一、效益优先，扎实推进农业由生产产量绝对值增加向生产质量水平提高的转变，不断深化高质量发展的内涵，提高农业综合效益和竞争力，取得了显著的成效。

从粮食生产角度看，2019 年中国粮食总产量达 66384 万吨，充分确保了国家粮食需求，很大程度上解决了粮食紧缺问题。2019 年中国经济作物中，棉花产量 589 万吨、油料产量 3495 万吨、甘蔗产量 12204 万吨。2019 年木材产量 9028 万立方米，同比增长 2.5%。2019 年肉类总产量 7649 万吨、猪肉产量 4255 万吨、牛肉产量 667 万吨、羊肉产量 488 万吨、禽蛋产量 3309 万吨、牛奶产量达到 3201 万吨。2019 年水产品产量 6450 万吨，养殖水产品产量 5050 万吨、捕捞水产品 1400 万吨，新时代中国的农产品种类与数量得到极大的丰富，人民生活水平日益提高。

从产业内部结构来看，当前粮食种植业已不再处于中国农业结构中的主导地位，而呈现各类农产品种植业、林业、牧业、渔业均衡发展的态势。从农业生产区域布局来看，中国目前逐渐形成突出明确主体功能，不断优化各生产区域分布的生产布局，主产区优势逐渐突出。2013 年，种植业产值占农业总产值的 52.5%、畜牧业占 29.6%、林业占 4.2%、渔业占 9.9%。经过5 年的发展，中国农业结构逐步优化，由以粮为主的种植业持续保持在农业的重要地位，与林业、牧业、渔业形成主次分明的发展结构，2018 年农、林、牧、渔业的结构比例为 54.1∶4.8∶25.3∶10.7，农、林、牧、渔业结构逐步优化，高质量发展与产业结构升级成果显著。

从农业物质技术装备水平发展情况来看，中国在推动农业现代化、机械化的背景下推动高质量发展。中国在高质量发展的背景下不断革新农业生

产装备,广泛运用各类中大型农业机械,提高农业机械化程度,促使农业生产效率逐步提升。高端农业设备的使用让农业基础设施建设得到完善,从农田水利状况来看,中国适合耕种的面积随着水利条件的改善而不断增加,农田抵御自然灾害的能力显著增强。从农业科技发展方面看,高端机械装备的使用也加快了农业科技实践水平的提高,将机械设备运用在优良作物培育领域,让科研工作者加速作物的培育进程,逐步推进农业信息化进程,并将高端设备、高端技术与多个实践领域相结合,助力农业高质量发展。

从农业生产方式的动态变化来看,中国从新中国成立开始,不断对农业生产方式展开探索,旧时的家庭联产承包责任制到如今的机械化、规模化生产,中国在农业生产方式上作出了众多创新,农业生产力被逐步解放,特别是党的十九大以来,中国农业企业做大做强,涌现出了一批"龙头企业、专业大户、家庭农场、农民合作社"等新型农产品供给者。除此之外,农业与服务业进行深度融合,农产品生产、粗加工深加工、运输、冷链物流等环节的体系建设逐步完善,同时不断创新"农业+"模式,与旅游、科教、人文、养老等产业的合作加强,孕育出多种新型复合产业,从而通过丰富农业的经营方式提升发展质量。

(二)现代工业结构稳步向好,信息化程度不断加深

当前中国以高质量发展为抓手,坚持创新、协调、绿色、开放、共享的新发展理念,以供给侧结构性改革为重点,着眼于制造业高质量发展和现代化经济体系目标建设,不断加快工业结构升级,奋力推动工业经济高质量发展。

从发展质量方面看,第二产业的发展质量逐步提高。2013年以来,中国在世界上一直保持着第二大经济体量的地位,但此时整个世界的环境却错综复杂,逆全球化浪潮再次掀起,一些发达国家提出"再工业化"进程,发展中国家企图利用低廉的劳动力成本,将原本在中国的低端产业转移到自己国家中,以此为契机赶超中国。中国工业受到复杂的外部和内部环境影响,增速逐渐放缓,对生产总值的贡献率面临巨大的下行压力。面对制约中国工业发展的全新问题与全新挑战,党的十九大报告进一步提出要深化加强创新在工业发展中的地位和作用,发挥创新驱动作用,加速高新技术产业发展。2019年工业增加值317109亿元,同比增长5.7%,规模以上工业中,

化学原料和化学制品制造业增加值同比增长 4.7%,通用设备制造业增加值同比增长 4.3%,专用设备制造业增加值同比增长 6.9%,电气机械和器材制造业增加值同比增长 10.7%,计算机、通信和其他电子设备制造业增加值同比增长 9.3%。从以上数据可以看出,中国工业正逐步向高端化转变,产品技术含量逐步提高,创新逐渐成为驱动工业增长的全新动力。

从政策支持方面看,中国第二产业获得了众多的政策支持,并且每个政策都取得了显著的效果。提升工业经济效率的政策方面,中国在"十二五"时期出台了《中国制造 2025》《"十二五"国家战略性新兴产业发展规划》等政策,在"十三五"时期出台了《国家重点支持的高新技术领域》《工业绿色发展规划(2016—2020 年)》等政策。在政策的引导下,2019 年中国规模以上工业企业利润 61996 亿元。分部门来看,制造业利润总额 51904 亿元,电力、热力、燃气及水生产和供应业利润总额 4816 亿元,同比增长 15.4%,采矿业利润总额 5275 亿元,同比增长 1.7%,工业高质量发展取得显著成效。技术创新领域不断取得实质性突破。2009—2018 年,中国具有研发活动的规模以上工业企业数由 36387 家增加到 104820 家,占比由 8.5% 扩大到28.0%,2014—2018 年研发人员全时当量由 371.1 万人年提高至 438.1 万人年,研发经费支出与国内生产总值之比 2.03% 上升到 2.19%,规模以上工业企业专利申请量增长了 83.1%,科技论文发表数量由 157 万篇增加到 184 万篇,增长了 17.2%。

从最近的数据来看,中国工业生产结构稳步优化。2019 年中国规模以上工业增加值同比增长 5.7%,增速较 2018 年回落 0.5%,工业产品销售同比下降,证明需求走弱对中国工业生产仍存在制约。但工业生产仍然延续结构优化的特征,先进制造业生产增速依旧可观。2019 年中国高新技术制造业增长 9.3%,比规模以上工业快 3.6%,细分行业中,微型计算机设备、电子及通信设备制造业和集成电路制造业增速分别比规模以上工业快2.5%、3.6% 和 3.2%,高技术产业和战略新兴产业的增长维持在较高水平。

(三)现代服务业结构日益合理,经济带动能力持续强劲

中国当下的发展以质量为导向,持续推进各领域的发展质量提升,建设质量强国。2018 年 11 月发布的《中共中央、国务院关于推动高质量发展的意见》和 2019 年 10 月发布的《国家发展改革委、市场监管总局关于新时代服务业高质量发展的指导意见》成为推动服务业高质量发展的行动指南，针对制约服务业高质量发展的重点与难点提供解决方案，巩固高质量发展下已有的成效。

从服务业发展速度方面看，服务业现已成为拉动中国经济增长的全新引擎。自中国提出高质量发展要求以来，服务业蓬勃发展，战略定位逐渐清晰，国家支持政策不断完善，随后成长为促进经济增长的第一大产业。从产业发展与就业之间的动态关系来看，服务业的广度与深度不断扩大，所吸纳的就业人口越来越多。与第一产业相反，服务业就业比重持续提升。就增加值而言，中国第三产业在 2014—2019 年平均增长约 12%，2014 年第三产业增加值占国内生产总值的 48.0%，2019 年第三产业增加值占国内生产总值的 53.9%，经过 5 年的发展，第三产业成为带动国民经济增长的强力引擎。

从服务业结构变化方面看，2014—2019 年中国第三产业增加值总量不断增长、产业结构不断升级调整。金融业和房地产业取代了批发零售业和交通运输、仓储及邮政业，成为 2019 年第三产业中位居第一和第二的产业，改变了旧时第三产业的格局。与 2018 年相比，2019 年金融服务业增加值增长 7.2%，交通运输、仓储及邮政业增长 7.1%，批发和零售业增加值增长 5.7%，租赁和商务服务业增长 8.7%，住宿和餐饮业增加值增长 6.3%，房地产业增加值增长 3.0%，信息传输、软件和信息技术服务业增加值增长 18.7%。总体上看，中国第三产业的结构在不断优化和升级，逐渐适应国民经济的快速发展和人民日益提高的生活水平。

从服务业增长动能方面看，中国城市面积的不断扩张是推进服务业发展的重要力量，城市扩张的广度与深度决定服务业发展的速度。服务业的发展需要像城市一样广阔的空间，城市对服务业的需求也最密集，随着改革开放进程的不断推进，中国不断放宽人口户籍管理制度，促使城乡间劳动力要素流动加快，给服务业带来了巨大的发展空间。中国高质量发展背景下，中国城镇化率保持稳步增长，每年有大量的农村人口向城市转移，极大地促进了生活性服务业的快速发展。另外，在新型城镇化战略的推动下，中国经济增长以服务多样化和消费升级为"两轮"双轨并进、双重驱动，逐步加速高质量增长。

（四）传统产业创新发展，去产能化接近尾声

高质量发展下的产业结构升级需要淘汰落后产能,这也是过去两年中国经济运行的逻辑主线。2018 年美国商务部部长罗斯在解释其发动"贸易战"的理由时,也把产能过剩作为制裁中国钢铁等行业的重要借口。事实上,2016 年以来中国每年的去产能任务都超额完成。尽管如此,2018 年的政府工作报告提出要进一步压减钢铁产能 3000 万吨,退出煤炭产能 1.5 亿吨,超出市场预期。由此可见,中国产能过剩问题虽然没有被彻底解决,但已经取得了一定的成效,去产能任务依旧在进行中。

当前中国的产能利用率已回升到较高水平,产能过剩程度已经十分有限。从存量来看,供给侧结构改革使其以钢铁和煤炭为代表的存量产能趋于合理。2014—2018 年,中国累积退出钢铁产能 1.7 亿吨以上,其中 2017 年退出 0.65 亿吨钢铁产能、清理地条钢 1.4 亿吨,2018 年退出 0.5 亿吨钢铁产能。2014—2018 年累计退出煤炭产能 8 亿吨,其中 2017 年和 2018 年分别退出 2.9 亿吨和 2 亿吨左右。从增量来看,上期的投资需求对应着下期的新增产能供给。由于过去几年中国制造业投资的持续放缓,使得近期工业新增产能增速显著下行。工业企业的产能是由过去的制造业投资形成的,如果某期制造业投资增速有所降低,则经过一定时间的滞后,新增产能和总产能的增长都可能放缓。综上所述,现阶段中国的"去产能化"进程已基本结束,现阶段中国整体工业产能接近"零增长"甚至负增长,增速已降至历史低位,产能利用率也达到近五年的高位,即使难以完全出清,产能过剩压力也已十分有限。值得一提的是,这里指的是工业总体产能的情况,并不排除个别行业仍然存在产能过剩的现象。

（五）新兴产业结构逐步完善，加速新旧动能转化进程

战略性新兴产业推动起全新的科技革命和产业变革,是实现新旧动能转换、获取市场竞争优势的重要方面。2016 年 11 月中国推出《"十三五"国家战略性新兴产业发展规划》,战略性新兴产业成为社会经济发展的关键领域,现代化、智能化、规模化的新体系逐步建立完善,推动中国经济持续健康发展。

从增长速度方面看,其产值保持较高增速。中国战略性新兴产业规模增长迅猛,占规模以上工业比重逐年上升,近三十年来产值平均增速超过

20%。2019年战略性新兴产业发展势头良好，其增加值比2018年增长8.4%，高技术制造业与装备制造业同样得到重视，两者增加值分别比2018年增长8.8%和6.7%，占规模以上工业增加值的比重分别为14.4%和32.5%。一直以来，钢铁、机械、化工等传统工业是支撑起中国经济发展的重要支柱，但随着"战略性新兴产业"概念的提出及内涵的深化，工业发展进程中存在多种全新的机遇，工业结构体系面临时代性的变革，在这种背景下，新能源、高端装备制造、信息通信等产业逐渐取代传统产业，成为工业发展的新兴力量。

从科研投入与产出方面看，中国战略性新兴产业科研投入与产出稳步增长。中国战略性新兴产业科研投入逐年上升，2017年规模以上工业企业研发人员全时当量为273.6万人年，2018年规模以上工业企业研发人员全时当量为298.1万人年，同比增长9.0%。2017年规模以上工业企业有效发明专利数933990件，2018年规模以上工业企业有效发明专利数1094200件，同比增长17.2%。2017年规模以上工业企业研发项目经费支出11990.2亿元，2018年规模以上工业企业研发项目经费支出12333.5亿元，同比增长2.9%。大量持续的科研投入促使中国战略性新兴产业科研不断取得新突破。分行业来看，高端装备制造业的专利申请数位居第一，高新信息技术产业位于第二，两者成为推动战略性新兴产业发展的强劲引擎，其专利申请数加总在所有战略性新兴产业专利申请数占比超过50%，可见，高端装备制造业和高新技术产业在科技研发方面走在中国前列，战略性新兴产业内部结构呈现"两超带多强"的局面。

从产业政策方面看，支持战略性新兴产业发展的政策数量持续增加、涉及领域不断扩展。中国从2010年起出台的战略性新兴产业发展政策主要关注以下几方面：一是加强对战略性新兴产业的主体布局及细化功能划分，如2016年出台的《"十三五"国家战略性新兴产业发展规划》。二是拓宽战略性新兴产业融资途径，为其提供更大力度的金融支持，如2012年出台的《战略性新兴产业发展专项资金管理暂行办法》和2015年出台的《战略性新兴产业专项债券发行指引》。三是强化知识产权的保护，促进企业科技研发和技术升级，如要深度贯彻《关于加强战略性新兴产业知识产权工作的若干意见》。四是运用政策组合拳的方式，力促战略性新兴产业在外部

不确定性因素增加的环境下健康持续快速发展,如在 2020 年新冠肺炎疫情的影响下,中央及时出台对战略性新兴产业的支持政策,从资金、人才等方面给予综合扶持,为培育壮大战略性新兴产业集群提供政策保障。除此之外,更多的支持政策正在制定与完善,从近年来战略性新兴产业发展趋势来看,支持政策对其发展产生了极为重要的推动作用。

(六)生态文明体系日趋健全,绿色经济发展多元化

中国依照党的十八大以来生态文明建设的总体部署,生态保护和环境治理工作取得了巨大进展。党的十八大以来,以习近平同志为核心的党中央把"生态文明"纳入社会主义现代化"五位一体"总体布局中,并提出这是中华民族永续发展的"千年大计"。习近平总书记将其归结为"历史性、转折性、全局性"的变化,但同时也指出"生态环境质量持续好转、稳中向好趋势,但成效并不稳固"①。随着社会主义现代化建设进入新时期,中国生态文明建设也在发生深刻的变化。

一方面,生态文明体制机制逐步加快完善。2018 年至今,中国出台了一系列新的生态文明和绿色发展政策机制,为中国生态文明体制机制的建设夯实基础。一是环保督察长效机制建立。自 2016 年下半年起,中国共开展了 4 批中央环保督察,覆盖全国 31 省(自治区、直辖市),发现问题 8 万多件、追责相关负责人 18000 余人,为中国环保绿色发展作出卓越贡献。二是水污染防治法纳入"河长制"创新。"河长制"是中国推进河湖管理工作和保障国家用水安全制度化、法制化、高效化的一项创新,随着《水污染防治法》于 2018 年 1 月 1 日的开始实施,中国将完善对水污染防治的监督管理,加大对破坏水环境行为的惩处力度,强化企业的环保主体责任,不断提升水环境治理工作的能动性和推动力。三是环保税开征。2018 年 1 月 1 日起开征环保税,并于 4 月 1 日完成第一个征税周期,环保税的作用在于提高企业的排污成本,引导企业进行绿色生产。四是生态环境损害赔偿制度改革。2018 年 1 月 1 日起实施的《生态环境损害赔偿制度改革方案》有效破解了"企业污染、群众受害、政府买单"的困局,通过试行生态环境损害赔偿制

---

① 《习近平新时代中国特色社会主义思想学习纲要》,学习出版社、人民出版社 2019 年版,第 67 页。

度,为生态文明多元化发展打下基础。五是"排污许可证管理"+"排污权交易"机制成型。2017 年 8 月,环保部编制了《固定污染源排污许可分类管理名录》,对 82 个行业实行持证排污管理,并明确持证排污的最后时限。2018 年将进一步完成钢铁、有色金属冶炼、焦化、火电、造纸行业、石油炼制、化工、原料药、农药、氮肥、纺织印染、制革、电镀、平板玻璃、农副食品加工等行业的核发,预计到 2020 年将完成全部行业的核发,排污许可证制度和排污权交易全面成型。

另一方面,中国绿色经济发展逐步多元化。一是低碳能源体系建设取得了突破性进展。2018 年以来,可再生能源开发利用情况进一步优化,国家能源局在 2020 年 3 月 6 日公布的数据显示,截至 2019 年年底,中国可再生能源发电装机达到 7.94 亿千瓦,同比增长 9%,发电量达 2.04 万亿千瓦时,同比增加约 1761 亿千瓦时,可再生能源发电量占全部发电量比重为27.9%,同比上升 1.2%。此外,全国基本无弃水,而弃风、弃光率实现双降,平均弃风率 4%,同比下降 3 个百分点,弃光率 2%,同比下降 1 个百分点。由此可见,中国低碳能源体系的建设正稳步进行。二是新能源汽车销量保持增长。据原工业和信息化部部长苗圩表示,2019 年我国新能源汽车产销量超过 120 万辆,新能源汽车长期向好的发展态势没有改变。根据中国电动充电基础设施促进联盟相关数据,截至 2019 年年底,全国公共充电桩和私人充电桩总计保有量为 121.9 万台,同比增长 50.8%,反映出新能源汽车的发展所需的基础设施逐步完善。中国是全球规模最大、前景最广、潜力最强的新能源汽车市场,虽然新能源汽车补贴退坡会在短期内对中国市场造成不利影响,但是从长远来看,新能源汽车的普及符合社会前进方向、符合可持续发展理念,对中国的经济社会发展有积极的推动作用。三是绿色建筑面积逐年增加。截至 2018 年 4 月,中国经中国绿色建筑委员会认定为三星绿色建筑的建筑面积共有 5.2 万亿平方米,成为全球最大的绿色建筑市场之一。中国从 2008 年开始大力推广绿色建筑,从各城市的情况来看,在城镇新建筑中全面执行绿色建筑标准的省份包括北京、上海、山东、天津、重庆、浙江等。四是绿色金融体系建设逐步完善。2018 年以来中国绿色金融市场规模依旧保持增长,其中绿色信贷、绿色债券、绿色股票与基金、环境产权等绿色金融服务为中国绿色金融的发展增添了强劲动力,但总体增速出现收敛,同时基础制度体系的建设正在加快完善。这意味着中国绿色金融的发展模式正在从追求更快的发展速度,转向追求更高的发展质量。

四、中国推进基于经济高质量发展的产业结构升级成果总结

(一)深化贯彻新发展理念,持续发挥政府支持作用

中国经济社会进入高质量发展新时代,为解决当前国内面临的种种问题、优化资源配置、扩大市场需求、推进供给侧结构性改革、激发市场活力、关注环境保护,中国产业结构升级必须在高质量发展的大背景下进行,全力推进质量变革、效率变革、动力变革,深化供给侧结构性改革,化解过剩产能矛盾,促进产业协调发展,调整产业内部架构,完善市场监管体系,不断提高中国经济的综合实力和国际竞争力。

落实创新、协调、绿色、开放、共享的新发展理念,借鉴"十三五"时期产业政策所取得的成效,继续发挥政府在推动高质量发展下产业结构升级的作用。一是继续将产业政策作为宏观经济调控的重要部分。突出明确产业结构升级政策与高质量发展政策的首要地位,加强两者间的一致性与协调性,丰富产业政策涉及范围的深度与广度,采取多种产业政策并举的方式,为产业结构升级与高质量发展创造必要的外部条件。二是继续将产业政策作为推动结构优化的主要动力。供给侧结构性改革是促进高质量发展的重要手段,要运用多种方式调整供给侧结构性矛盾,化解供给侧产能过剩问题。三是精确把握当前环境的变化趋势,不断调整产业政策的实施方式。自 2013 年简政放权和 2015 年"放管服"改革的概念被首次提出后,中央政府逐渐下放行政职权,减少政府部门中多余冗杂的行政权,优化产业政策实施中的审批环节,缩短个人、企业办理业务的时间。加强政府部门监管职能的创新,促进监管体系与高新技术的相互融合,提高政府部门监管效率和质量。推动政府职能转变,减少政府对市场的干预程度,减少市场参与者的制度成本和行政成本,为更多释放市场整体活力、更多发挥市场作用营造有利的制度环境。

(二)推进农业发展现代化,结构升级绿色化

当前,中国经济社会发展进入了社会主义新时代,为了促进农业现代

化、智能化、信息化发展,应充分吸收农业发展进程中的经验与教训,找缺点、"补短板",持续推进农业高质量发展与农业产业结构升级。一是要将农业放在国民经济最根本的战略地位上,把绿色发展理念与农业产业结构升级相结合,顺应市场需求变化,大力发展特色生态农业,突出明确主体功能,不断优化各生产区域分布的生产布局,推动产地深加工,促进农业农村新业态的形成,培育高素质的农民生产队伍。二是要着力形成"互联网+农业"的创新经营方式,整合农业、服务业的产业优质资源,全面提升农业质量效益和竞争力,优化农业增长新模式的运作环境,建立健全相关保障机制、体系,加快推进农业现代化发展,改变传统农业生产方式,保障农产品有效供给、农民持续增收和农业高质量发展。三是从供给端解决农业发展面临的问题,调整优化农、林、牧、渔业比例,确保粮食和重要农作物的足量供给,将农业发展放在国家层面的首要战略位置,适应居民对优质高端农产品的需求。充分发挥各地区技术优势、区位优势、人文优势,培育一批现代化、规模化、服务化农业产业集群,为发展现代农业和促进农业与其他产业相互融合、农业区域统筹规划和农业各经营主体协调发展打下良好基础。

(三)合理调整工业结构体系,促进工业新加速发展

中国要紧紧把握 2035 年和 2049 年两个重要时间节点,紧抓高质量发展,推动工业体系调整优化,实现工业结构转型升级目标。一要大力推行"三去一降一补"任务,着力于"去库存、去产能、去杠杆"工作,通过市场化手段淘汰低端、无效的严重过剩产能,同时做好工业领域"补短板"工作,加强关键核心技术研发攻关,抢占高新技术高地。二要加快培育世界领先的工业产业集群,提升工业的综合实力和国际竞争力,提高中国工业在全球产业链中所处的地位。三要将新发展理念贯彻到工业发展过程之中,以"创新驱动、绿色发展"为战略导向,着力加速新旧动能转换,促进传统制造业的转型升级。

在推进工业高质量发展和产业结构升级的过程中,需要关注制造业在其中的地位与作用。一是随着中国服务业发展进程的不断深化,服务业占GDP 的比重会持续上升,但不能忽视制造业在中国经济发展中所起的作用,制造业要保持稳定而强劲的增长,加快科技研发与创新,争取在关键核心领域取得全新突破。除此之外,必须正确认识政府在制造业变革中所起

的作用,运用政府的力量促使制造业实现跨越式发展,帮助制造业脱离当前面临的困局,推动制造业走向国际价值链的中高端位置。二是要加快制造业与服务业相融合,形成"制造+服务"双轨并进的产业发展新思路,探索制造业与金融、物流、通信等产业的创新结合模式,形成制造业与服务业深度融合的全新发展格局。

（四）加速服务业现代化进程,建立合理的产业结构体系

服务业发展新阶段,"我们要激发全社会创造力和发展活力,努力实现更高质量、更有效率、更加公平、更可持续的发展",要"更高质量、更有效率"的发展,但不能忽视"更加公平、更可持续"的发展,因此在服务业接下来的发展进程中,中国应在注重增速的基础上更加注重质量,优化服务业内部结构,确保服务业实现均衡发展。

服务业作为近几年蓬勃发展的产业,已成为推动中国发展的全新经济增长极,在此过程中,政府政策的支持和市场需求的拉动起到重要的作用,由此形成了一系列值得借鉴参考的经验。一是在经济向高质量发展和产业结构升级推进的过程中,要发展适应居民消费升级和社会结构变化的生活性服务业,重点关注民生、教育、医疗等领域,全面提升人民生活质量,满足多样化需求。生产性服务业应适应其他产业的生产活动,重点加强与工业制造业的产业联系,全力促进产业结构优化升级,提升产业生产效率推动产业向数字化、信息化发展。二是坚持"房子是用来住的,不是用来炒的"理念,减少买房投机行为,通过市场、行政等手段稳定房价,消除房地产行业过热产生的泡沫,为房地产降温。

但在服务业快速发展的过程中,还需关注服务业内部结构发展不均衡问题。近年来,金融业与房地产业快速扩张,2013 年金融业占国内生产总值的比重为 6.9%,2019 年金融业占国内生产总值的比重上升到 7.8%,仅次于工业、批发与零售业,房地产业占国内生产总值的比重从 6.1%上升到 7%,呈现小幅稳步上升态势。表面上看,金融业与房地产业发展迅猛、逐渐成熟,2019 年金融业和房地产业占国内生产总值的比重达到 14.8%,已达到或高于大多数发达国家的水平,但中国的金融业和房地产业的增长并不是实实在在的发展,而是资金大肆炒作、脱实向虚、投机过度的结果,这其中的原因既有制造业产能过剩、实体经济市场活力不足,也有投资渠道欠缺使得居民储蓄资金流向单一,金融业和房地产业投资收益过高。这种结构状况和发展趋势,已经预示着泡沫的积聚和风险的增长,为中国经济的健康、高质量发展埋下隐患。

(五)继续推进传统产业去产能化,提高传统产业生产效率

中国经济发展进入了高质量发展新常态,同时,高质量发展是适应经济发展的主动选择。在这一大背景下,中国要立足大局、抓住根本,看清长期趋势、遵循经济规律,主动适应把握引领经济发展新常态。要牢固树立正确的政绩观,不单单以 GDP 论英雄,改变过去粗放型的经济增长模式,化解产能过剩矛盾,推进传统产业去产能以增强市场竞争力和高质量发展能力。

要实现工业高质量发展,首要任务是化解工业产能过剩矛盾。2016 年以来,中国重点推进钢铁行业和煤炭行业的"去产能"进程,在 2016 年、2017 年和 2018 年都超额完成了去产能目标,中国"去产能"取得了显著成效,据发展委表示,2018 年钢铁业产能利用率已恢复到合理区间,到 2018 年年末,中国已基本完成煤炭行业和钢铁行业的"去产能"任务,"十三五"工业产能高质量发展目标已基本实现,下一步要继续在提升供给质量上下功夫。

虽然中国目前的"去产能"任务取得显著成绩,但"去产能"只是供给侧结构性改革的其中一环,供给侧结构性改革是推动中国经济高质量发展的关键步骤,未来几年仍要充分发挥供给侧结构性改革对经济的引领作用。一是要将去产能化工作落到实处。现阶段的形势与 2000 年前后的情况差别较大,不能依靠国际经济复苏、国内需求拉动来完成工业去产能化目标。无论是外部需求还是国内需求,要恢复较快增长趋势的难度很大,要实现新的需求扩张所需条件苛刻,因此应从供给侧方面入手,稳步渐进式解决问题。二是去产能要靠市场,充分发挥市场主导作用,减少政府行政手段的干预,利用市场竞争的方式出清落后产能。三是要从生产的各个方面抑制产能增加,既要提高产能过剩行业的相关技术要求和运营成本,从源头上控制低端产能存量的增加,又要加强市场监管的规范程度,对产能增量变化实施严格管控。四是继续落实国企改革的相关要求,消灭"不作为、无作为"的国有企业,提升国有企业总体质量,建立健全低端落后产业淘汰机制,多管齐下处置各类国有"僵尸企业"。

（六）重点培育战略性新兴产业，抢占国际创新高地

战略性新兴产业是推动中国经济高质量发展的全新引擎和重要载体。在当前的时代背景下，中国应紧抓新一轮科技革命和产业变革的机遇，着重发展战略性新兴产业，加快新旧动能转化，提升各产业内部的自主创新能力，适应经济社会发展的需求变化，在新技术研究方面取得新突破、在新产品生产方面取得新进展。

推动战略性新兴产业的发展，一是要加快提升产业自主创新能力。中国战略性新兴产业要增强自身综合实力不断向中高端发展，根本出路是加快提高自主创新能力。中国作为世界最具发展潜力的国家之一，应当充分利用自身实力条件，发挥社会主义的制度优势，紧抓世界新旧格局更替的难得机遇，把握适应中国当下发展的时代特征，从多方面提升产业自主创新能力。二是要有效应对国际贸易摩擦。以美国为首的国际贸易保护主义抬头，全球又掀起新一轮反经济全球化的浪潮，战略性新兴产业在这种环境下的发展面临着许多不确定因素。因此，中国战略性新兴产业要将国际贸易格局纳入产业发展规划，深入研究相关贸易摩擦案例，探索最优的问题解决对策。三是要扩大国内市场，努力实现内需的增长。中国国内市场是世界上最庞大、最多元的消费市场，战略性新兴产业应把更多的目光聚焦在发展国内市场上，打造更多的优秀品牌，提升产品质量和服务水平，适当引导消费者更多地使用质量优秀的国产产品，同时通过创新和优质不断吸引政府扩大对国产战略性新兴产品的采购，培养产业的民族认可度，从根本上促进民族新兴产业的发展。四是要高度重视知识产权保护的相关问题。战略性新兴产业的发展以创新为主导，面临许多知识产权问题，当今欧美等发达国家更是通过强化知识产权战略，对中国实施持续、高强度的打压，极大地限制了中国高新技术的发展。因此，中国应从内部提升对知识产权问题的重视程度，结合目前国际上日益复杂的知识产权环境，加强对相关企业的知识普及工作，推进国内知识产权保护体系的完善，全面提升中国企业应对知识产权侵占问题的能力。

第三章 中国经济高质量发展的时空演变

推动实现高质量发展,建设现代化经济体系,是党在十九大期间贯彻新发展理念、全面深化建设社会主义现代化的总体部署和战略安排。随着中国经济发展进入增长速度换挡的新常态,2017年党的十九大报告提出,要推动高质量发展,加快建设现代化经济体系。2018年年底中央经济工作会议明确提出了把推动高质量发展作为重点工作任务。在此背景下,推动经济发展提质增效,研判如何迈向高质量发展新阶段已成为经济学家研究的焦点。因此,构建中国高质量发展的评价体系,对于科学认知新常态下中国经济高质量发展状况,提升中国高质量发展水平具有重要的现实意义。高质量发展水平测度体系的构建,关键是要把能反映高质量发展状况的指标体系成为推动中国经济社会高质量发展的重要构件,让其成为推动高质量发展进程中的"指南针"和"紧箍咒"。

那么,中国高质量发展的整体水平是否有所提升?中国省域高质量发展水平表现出怎样的基本特征和变化趋势,是否存在明显的区域差异?要回答这些问题,就需要由定性分析向定量分析转型,构建测度中国省域高质量发展水平的指标体系,进行科学严谨的实证分析。本书从高质量发展的内涵和分析框架出发,构建系统科学、准确全面的高质量发展水平测度体系,依托全局主成分分析模型(GPCA),深入分析2000—2017年中国与各省(自治区、直辖市)高质量发展的总体基本特征、动态变化趋势以及空间区域分异特征,为中国推动高质量发展,深化供给侧结构性改革,加快建立现代化经济体系提供数据支持和实证借鉴。

高质量发展的评价建立在对其内涵准确把握的基础上。由于高质量发展概念提出时间较短,鲜有文献对高质量发展进行界定,现有研究主要关注经济增长质量的内涵界定问题。早期研究主要从经济效率方面理解经济增长质量(沈利生和王恒,2005;康梅,2006)。而近年来,学界倾向于从更广义视角上进行定义,更注重经济增长质量的深度和广度(Barro,2002;刘树成,2007;魏婕和许璐,2015)。一方面,一些学者关注经济增长质量的深刻内涵,认为经济增长质量不仅要重视经济的增长,更要重视环境保护、政治文明的提升以及社会治理的改善,更加强调经济、政治、社会、文化、生态"五位一体"的全面发展(杨继生等,2013;金碚,2015;黄清煌和高明,2016;张梁梁和杨俊,2018)。另一方面,一部分学者注重从经济发展角度深入挖掘经济增长质量的影响因素,剖析经济增长质量的深刻内涵,更为强调经济结构、外资质量、资源利用效率、技术创新对经济增长质量产生的关键性作用(赵文军和于津平,2012;邹建华和韩永辉,2013;韦森,2013;韩永辉等,2016,龚刚等,2017)。然而,现有从广义角度对经济增长质量进行界定的文献大多仅仅把经济增长数量以外的各种因素都纳入经济增长质量的范围之中,未能诠释高质量发展的本质意义,因而高质量发展的内涵无法得以准确定义与测度。

党的十九大报告指出,中国经济正处在转变发展方式、优化经济结构、转换增长动力的攻关期。这清楚地指明了当前中国经济高质量发展的定位与方向。实际上,高速增长时期已然过去,发展方式转变、经济结构优化、增长动力转换可以集中概括为高质量发展(杨伟民,2018)。纵观现有文献,较多学者基于中国经济转型发展经验,从发展方式转变、经济结构优化、增长动力转换这三方面深入剖析推动中国经济高质量发展的影响机理。在发展方式转变方面,部分学者主要从要素生产效率、社会生活、城乡发展以及资源环境方面探讨发展方式转型和经济发展的关系(钞小静和任保平,2014;关信平,2017;白俊红和吕晓红,2017)。如肖尧等(2017)分析了劳动力成本和投资效率影响经济增长方式的内在机理,发现转变中国工业经济发展方式在于人力资源的积累与投资效率的提高。在经济结构优化方面,部分学者认为产业结构、外贸结构以及城乡收入结构的持续优化,可以带动促进整体经济结构高级化,实现经济高质量发展(陶新宇等,2017;周彬和周彩,2018;刘志勇等,2018)。在增长动力转换方面,部分学者从人力资源、现代金融、微观企业、科技创新方面分析动力变革对经济质量的影响机理,为促进经济高质量发展提供了更深层次的解释(刘海英等,2004;汤二子等,2013;随洪光等,2017)。例如,白俊红和王林东(2017)运用空间计量分析方法检验创新驱动对中国地区经济增长质量的影响,研究发现创新驱动能够显著促进全国和东部地区经济增长质量的提升,而对中西部地区的影响不显著。

本书的研究将立足于党的十九大报告中关于高质量发展的精神实质和丰富内涵,借鉴上述研究者关于经济质量衡量指标与影响因素,将高质量发展定义为与高质量发展内涵紧密相关的经济方面的内容,具体包括发展方式、经济结构和增长方式三个维度,由此在三个维度的范围之内进行高质量发展评价指标体系的构建,从而对中国高质量发展水平的时间变化与省域差异进行考察。

第一节 经济高质量发展测度方法

高质量发展是一系列因素的综合反映,涉及与高质量发展相关的政治、经济、民生、社会、生态环境等方方面面,这也就意味着高质量发展评价体系是由多维度多指标所构成的综合性评价指标。目前,较多研究通过综合的评价指标体系对经济增长质量状态进行量化测量,主要采用了相对指数法、层次分析法、熵值法和主成分分析法等定量方法,但是这四种方法存在较大测量偏差,难以达到测量结果无偏性和一致性。相对指数法忽略了各项指标之间的高相关性(宋冬林等,2014)。层次分析法的权重赋值以主观判断作为依据,其研究结果具有较大的有偏性和非一致性(吴鞲,2013)。而熵值法难以描述各项指标之间的相关关系(叶永刚等,2018)。与上述方法相比,主成分分析法可以依据数据与指标的特征进行客观权重赋值,可以避免评价体系测度中的指标高相关性问题以及权重结构的主观性问题。例如,钞小静和任保平(2011)采用主成分分析法测量了经济转型30年以来中国总体层面和区域层面的经济增长质量水平。又如李胭胭和鲁丰先(2016)采用主成分分析和空间分析等方法,对河南省18

个省辖市十年经济增长质量的时空格局进行分析。上述关于经济增长质量的研究借助虽然传统主成分分析方法进行分析,但是其处理方法是将每年的各省(自治区、直辖市)截面数据表进行多次重复的主成分分析,最后汇总得到各地区历年的测评结果。显然,由于基于各年不同的指标数据表有不一样的主超平面,传统的主成分分析方法不能确保体系测评结果的一致性和整体性,更不具有时间维度上的可比性。因而,传统的主成分分析法并不能同时刻画中国各省(自治区、直辖市)高质量发展水平的演化趋势和时空动态差异。

全局主成分分析法(GPCA)不仅能依据各个高质量发展维度和指标特征确定客观的权重结构,而且能够涵盖数据的个体差异和时间趋势,确保主成分分析结果在时间维度上的一致性和可比性。邦佐和埃莫西利亚(Bonzo 和 Hermosilla,2002)首次构建了概率连接函数和遗传算法的面板数据聚类分析方法。其后,全局主成分分析法被广泛地运用到经济研究的各个领域。如刘耀彬和谭术魁(2007)用此对中部地区的经济运行机制进行了定量分析,周江燕和白永秀(2014)用此测算中国省域城乡发展一体化水平,韩永辉等(2016)用此测度中国省域生态文明治理水平。目前,在笔者可得的范围内,尚未有文献将全局主成分分析模型应用到中国省域高质量发展评价中。基于此,本书尝试采用全局主成分分析模型,构建系统科学、准确全面、可操作性强的动态中国省域高质量发展评价指标体系,分析中国高质量发展的总体动态变化趋势和空间分异特征。

第二节　经济高质量发展评价
指标体系构建

为全面考察中国省域高质量发展水平状况,构建以下评价指标体系(见表3-1)。

表 3-1 中国经济高质量发展评价指标体系

方面指数	分项指标	基础指标	计量单位	属性	
				正	负
发展方式转变	要素生产效率	劳动生产率	%	√	
		资本生产率	%	√	
		TFP 增长率	%	√	
	城乡发展方式	二元对比系数	—		√
		二元反差系数	—		√
	居民生活方式	恩格尔系数	%		√
		每万人社区服务机构数量	个	√	
		每万人卫生机构数量	个	√	
	绿色低碳方式	二氧化碳排放量	亿吨		√
		二氧化硫排放量	万吨		√
		固体废弃物排放量	万吨		√
		废水排放量	万吨		√
经济结构优化	产业发展结构	产业结构高度化指数	—	√	
		产业结构合理化指数	—	√	
	收入分配结构	城乡收入差距泰尔指数	—		√
		初次分配收入占国民总收入的比值	%	√	
	产品出口结构	高新技术出口额占对外贸易总额的比值	%	√	
		服务贸易出口总额占对外贸易总额的比值	%	√	

方面指数	分项指标	基础指标	计量单位	属性	
				正	负
增长动力转换	人才引领	教育经费投入占比	%	√	
		研发人员全时当量	—	√	
		博士硕士人数占总人口的比值	%	√	
	金融支撑	金融深化指数	—	√	
		金融效率指数	—	√	
	企业活力	高技术制造业企业数量	所	√	
		新产品销售收入占总收入的比值	%	√	
		企业总资产利润率	%	√	
	创新驱动	科技研究机构数	所	√	
		研究经费支出	万元	√	
		专利批准量	个	√	

　　高质量发展的内涵强调转变发展方式、优化经济结构、转换增长动力。因此,本书对高质量发展评价指标体系从发展方式转变、经济结构优化、增长动力转换三个方面刻画。其中,发展方式转变参考汪素芹(2014)将其归纳为要素生产效率、城乡发展方式、居民生活方式和绿色低碳方式四个方面,分别以劳动生产率、资本生产率、TFP增长率反映要素投入产出效率,以二元对比系数、二元反差系数反映城乡发展演进状况,以恩格尔系数、每万人社区服务机构数量、每万人卫生机构数量反映居民生活情况,以二氧化碳排放量、二氧化硫排放量、固体废弃物排放量和废水排放量反映绿色经济发展模式。经济结构优化方面则结合魏敏和李书昊(2018)的做法,从产业发展结构、收入分配结构和产品出口结构着手,通过产业结构高级化指数和合理化指数揭示省域产业结构优化升级程度,以城乡收入差距泰尔指数和初次分配收入占国民总收入的比值刻画省际收入分配结构发展情况,以高新技术出口总额占对外贸易总额的比值、服务贸易出口总额占对外贸易总额

的比值反映各省出口结构。增长动力转换方面,依据党的十九大报告提出的现代化产业体系构建的主要内涵,将与经济高质量发展驱动相关的人才引领、金融支撑、企业活力和创新驱动纳入增长动力转换评价体系,充分体现高质量发展中先进性、动态性、开放性和可持续性的重要特征。

本书指标体系的变量除了参考已有研究的惯常做法外,参照王娟和张鹏(2018)的方法计算劳动生产率;选择朱子云(2017)的方法测度资本生产率;选择干春晖等(2011)和韩永辉等(2016)的方法度量产业结构合理化和高度化指数;选择关爱萍和李娜(2013)的方法测量金融深化指数和金融效率指数;TFP增长率的指标沿用赵文和程杰(2011)的测度方法。本书数据来源于2000—2017年《中国统计年鉴》《中国贸易外经统计年鉴》《中国农村统计年鉴》《中国工业统计年鉴》《中国科技统计年鉴》、各省(自治区、直辖市)统计年鉴与统计公报以及中国经济与社会发展统计网、中经网、万德、国研网等数据库。另外,由于数据可得性原因,中国香港、中国澳门和中国台湾的数据未予以测算。

第三节　中国经济高质量发展评价模型

一、中国经济高质量发展评价模型构建

借鉴邦佐和埃莫西利亚(BonEo 和 Hermosilla,2002)与林海明和杜子芳(2013)关于全局主成分分析方法,构建基于中国省域高质量发展评价指标体系的全局主成分分析模型。

第一,建立中国省域高质量发展评价的时序立体数据表。在 T 年内的每一年设立一个时序立体数据表: $X_t = (X_{ij})_{n \times m}$,其中 n 为样本个体,这里共 31 个省(自治区、直辖市),即 $n = 31$; m 为变量个数,即 $m = 29$; X_{ij} 为指标值。因此 T 年内共有 T 个时序立体数据表,并将其按时间顺序构成 $T_n \times m$ 矩阵,将 $T_n \times m$ 矩阵定义为全局立体数据表: $X = (X^1, X^2, \cdots, X^T)_{T_n \times m} = (X_{ij})_{T_n \times m}$ 。

第二,对中国省域高质量发展指标体系的基础数据进行同向化和全局标准化,以消除量纲的影响。标准化处理公式为: $X'_{ij} = (X_{ij} - X_j)/\sigma_j$,其中,

X_{ij}为原始数据的指标值，X'_{ij}为标准化后的指标值，X_j是第j个指标的均值，σj是第j个指标的标准差。

第三，计算协方差矩阵。定义全局指标数据表的重心为：$g = (X_1,$ $X_2, \cdots, X_p) = \sum_{t=1}^{T} \sum_{i=1}^{n} p_i^t s_i^t$，其中，$p_i^t$为$t$年样本个体$s_i$的权重，且满足：$\sum_{t=1}^{T} \sum_{i=1}^{n} p_i^t = 1$，$\sum_{i=1}^{n} p_i^t = 1/T$。因为样本个体的权重$s_i$不受时间的改变而改变，则全局立体数据的重心即是各时序立体数据的重心平均，则中国省域高质量发展测算的全局变量可设定为x_j，$x_j = (x_{1j}^1, \cdots, x_{nj}^1; x_{1j}^2, \cdots,$ $x_{nj}^2; \cdots; x_{1j}^T, \cdots, x_{nj}^T)$。则全局变量所对应的全局方差函数是：$e_j^2 = Var(x_j) = \sum_{t=1}^{T} \sum_{i=1}^{n} p_i^t (x_{ij}^t - \overline{x_j})^2$，对应的全局协方差函数为：$e_{jk} = cov(x_j, x_k) = \sum_{t=1}^{T} \sum_{i=1}^{n} p_i^t (x_{ij}^t - \overline{x_j})(x_{ik}^t - \overline{x_k})$。因此，全局协方差阵可表示成$v = \sum_{t=1}^{T} \sum_{i=1}^{n} p_i^t (s_i^t - g)(s_i^t - g)'$。

第四，求协方差矩阵的特征向量。定义协方差矩阵V的前m个特征值为$\lambda_1 \geq \lambda_2 \geq \lambda_3 \geq \cdots \geq \lambda_m$，其对应的正交特征向量表示为$a_1, a_2, \cdots,$ 正交特征向量$a_m, a_1, a_2, \cdots, a_m$也称为全局主成分分析的面板数据主轴$\omega$。

第五，计算主成分。若C_h记为第h个全局主成分，表示为$C_h(t,i) = (s_i^t - g)' Z_{ab}$，$C_h(t,i) = [C_h(1,1), \cdots C_h(1,n), \cdots, C_h(T,1), \cdots C_h(T,n)]' \in R^{Th}$，表示为群点集在全局面板数据主轴$\omega$的投影变量的集合。全局主成分是原面板数据变量系统$G$的最佳综合，全局主成分对应着数据变化最大的方向，第二全局主成分则对应数据变化第二大的方向，依此类推。

在面板数据的聚类分析中，高质量发展基础指标之间的相似系统可表示如下：差异上确界可表示为$\delta_{ij}^{(1)} = sup\{|x_i(t) - x_j(t)|, 0 \leq t \leq T\}$；一致差异为$\delta_{ij}^{(2)} = \int_0^T |x_i(t) - x_j(t)| dt$；差异的绝对和：$\delta_{ij}^{(3)} = \sum_{k=1}^{m} |x_i(t_k) - x_j(t_k)|$，$0 \leq t_1 < t_2 \cdots < t_m \leq T$；欧氏距离：$\delta_{ij}^{(4)} = \sum_{k=1}^{m} [x_i(t_k) - x_j(t_k)]^2$。

二、中国经济高质量发展评价测评步骤

基于上述中国省域高质量发展评价分析模型及指标数据,按下述 7 个步骤依次进行全局主成分数据测评分析。

步骤 1,对中国省域高质量发展指标体系的基础数据进行同向化和全局标准化。对同向化和标准化后的全局数据进行变量间的偏相关 Kaiser-Meyer-Olkin(KMO)检验,得出 KMO 统计量的值为 0.814,大于 0.8,表明各变量之间存在较强的相关关系。另外,进行 Bartlett 球形多元相关性检验,显著性小于 0.01(p = 0.000),适合进行主成分分析。综合而言,这两种检验均说明对中国省域高质量发展指标体系的样本同向化和标准化后的数据进行主成分分析是合适的。

步骤 2,计算数据体系 $\tilde{x}_{ij}^{t}$ 的方差协方差矩阵 V,也即全局数据协方差矩阵。

步骤 3,计算全局协方差矩阵 V 的特征根 λ_i 和特征向量 a_i。

步骤 4,计算特征根 λ_i 的方差贡献率以及累计方差贡献率。

第 i 个全局主成分 $C_i(1 \leqslant i \leqslant m)$ 的方差贡献率 β_i 计算式为 $\beta_i = \lambda_i \sum\limits_{i=1}^{m} \lambda_i$,累积方差贡献率 $\theta k(1 \leqslant k \leqslant l)$ 计算式为 $\theta_k = \sum\limits_{i=1}^{l} \lambda_i / \sum\limits_{i=1}^{m} \lambda_i$。

表 3-2   主成分提取方差分解分析结果

成分	特征值	差分	方差贡献率	累积方差贡献率
Comp1	9.942	6.271	34.3%	34.3%
Comp2	3.671	0.377	12.7%	46.9%
Comp3	3.294	1.082	11.4%	58.3%
Comp4	2.213	0.645	7.6%	65.9%
Comp5	1.568	0.292	5.4%	71.3%
Comp6	1.276	0.020	4.4%	75.7%
Comp7	1.255	0.352	4.3%	80.1%

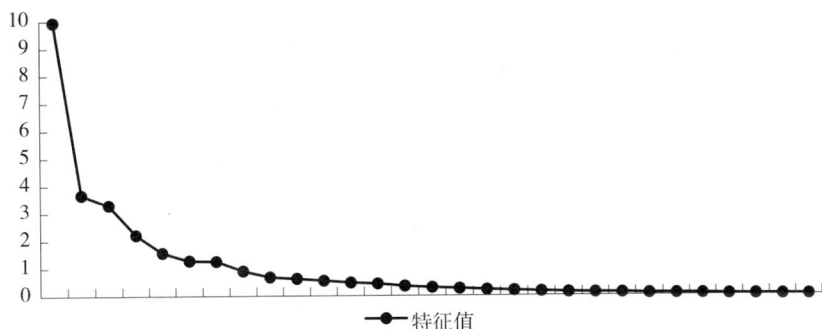

图 3-1　碎石图

表 3-2 为全局主成分方差分解实证结果,表中显示前 7 个主成分的特征值均大于 1,而且累计贡献率已达 80.1%。根据主成分分析方法提取原则,应提取特征值大于 1 的主成分,因而选取前 7 个主成分,也即 $l=7$。另外,碎石图(见图 3-1)也显示碎石图前 7 个主成分的特征值超过了临界值为 1 的临界线,说明应该选择前 7 个主成分。

步骤 5,计算各个全局主成分。

第 $h(1 \leqslant h \leqslant 7)$ 个全局主成分上的得分为 $C_h = \alpha_i \widetilde{X}_1 = \alpha_1 \widetilde{x}_1 + \alpha_2 \widetilde{x}_2 + \cdots + \alpha_m \widetilde{x}_m$,$\widetilde{X}_t$ 为标准化后的数据,$m=31$,a_i 为对应的特征向量。

步骤 6,计算综合得分。

某省(自治区、直辖市)第 t 年的高质量发展评价的面板数据综合得分为 $C_t = \beta_1 C_1 + \beta_2 C_2 + \cdots + \beta_t C_t$,其中,$C_i$ 为各主成分的得分,β_i 为对应主成分的方差贡献率。

步骤 7,对步骤 6 算出的中国各省(自治区、直辖市)高质量发展评价的面板数据综合得分进行 K 均值聚类梯度分析。

第四节　中国经济高质量发展评价结果分析

基于上述中国经济高质量发展评价的测评步骤,依托全局主成分分析方法,计算出基于高质量发展内涵的中国省域高质量发展评价综合指数(见表 3-3),并从时间和空间角度分析中国省域高质量发展评价指数排名的动态变化趋势(见表3-4)。

一、中国经济高质量发展评价指数结果

表3-3为2000—2017年中国经济高质量发展评价综合指数的测算结果。从中国各省(自治区、直辖市)高质量发展评价综合指数来看,总体上可归纳为以下三点结论。

表3-3 2000—2017年省域高质量发展评价综合指数

年份省份	2000	2005	2010	2011	2012	2013	2014	2015	2016	2017
北京	0.289	0.679	1.083	1.172	1.288	1.362	1.422	1.536	1.612	1.612
天津	-0.045	0.074	0.222	0.294	0.361	0.441	0.460	0.509	0.575	0.587
河北	-0.301	-0.289	-0.095	-0.065	-0.027	0.069	0.065	0.152	0.232	0.314
山西	-0.291	-0.232	-0.046	-0.025	0.037	0.098	0.107	0.132	0.170	0.219
内蒙古	-0.332	-0.258	-0.077	-0.032	0.002	0.041	0.062	0.101	0.124	0.129
辽宁	-0.200	-0.098	0.071	0.112	0.158	0.220	0.240	0.263	0.278	0.315
吉林	-0.234	-0.218	-0.057	-0.042	-0.012	0.028	0.071	0.113	0.160	0.179
黑龙江	-0.264	-0.239	-0.089	-0.072	-0.031	0.015	0.040	0.069	0.091	0.108
上海	0.210	0.353	0.842	0.889	0.813	0.925	0.971	0.937	0.987	1.010
江苏	-0.192	-0.047	0.324	0.420	0.553	0.664	0.722	0.830	0.925	0.947
浙江	-0.214	0.015	0.284	0.322	0.420	0.487	0.519	0.620	0.688	0.695
安徽	-0.318	-0.309	-0.139	-0.105	-0.044	0.024	0.066	0.110	0.156	0.170
福建	-0.295	-0.190	-0.041	-0.013	0.038	0.103	0.140	0.203	0.252	0.280
江西	-0.397	-0.318	-0.183	-0.146	-0.108	-0.049	-0.019	0.025	0.074	0.095
山东	-0.319	-0.192	0.083	0.142	0.215	0.273	0.334	0.396	0.444	0.462
河南	-0.383	-0.327	-0.141	-0.092	-0.022	0.043	0.085	0.132	0.174	0.280
湖北	-0.276	-0.213	-0.034	0.009	0.056	0.129	0.174	0.245	0.306	0.321
湖南	-0.383	-0.297	-0.145	-0.109	-0.055	0.017	0.037	0.100	0.149	0.183
广东	-0.215	-0.067	0.223	0.283	0.383	0.507	0.603	0.725	0.843	0.878
广西	-0.389	-0.371	-0.227	-0.201	-0.159	-0.079	-0.074	0.008	0.086	0.131
海南	-0.075	-0.104	-0.053	-0.075	-0.046	0.033	0.038	0.100	0.223	0.304
重庆	-0.358	-0.249	-0.046	0.001	0.036	0.106	0.147	0.229	0.292	0.319

续表

年份 省份	2000	2005	2010	2011	2012	2013	2014	2015	2016	2017
四川	-0.253	-0.224	-0.019	0.024	0.074	0.169	0.211	0.268	0.320	0.345
贵州	-0.413	-0.306	-0.180	-0.172	-0.119	-0.030	0.010	0.086	0.141	0.175
云南	-0.390	-0.330	-0.189	-0.179	-0.138	-0.084	-0.051	-0.020	0.018	0.050
西藏	-0.367	-0.316	-0.180	-0.151	-0.126	-0.094	-0.088	-0.065	-0.031	0.033
陕西	-0.210	-0.157	0.030	0.062	0.141	0.220	0.284	0.341	0.390	0.386
甘肃	-0.308	-0.262	-0.122	-0.110	-0.057	0.026	0.047	0.124	0.177	0.209
青海	-0.234	-0.242	-0.112	-0.072	-0.016	0.028	0.027	0.080	0.112	0.153
宁夏	-0.246	-0.211	-0.136	-0.115	-0.058	-0.004	-0.008	0.036	0.054	0.108
新疆	-0.245	-0.196	-0.079	-0.033	0.008	0.064	0.063	0.092	0.122	0.152
平均	-0.247	-0.166	0.025	0.062	0.115	0.186	0.216	0.273	0.327	0.360

注:限于篇幅,2001—2004 年以及 2006—2009 年的评价指数未在表中列示。

第一,中国高质量发展整体水平呈现稳步提高的趋势。从全国平均值来看,高质量发展评价指数从 2000 年的-0.247 上升到 2017 年的 0.360,提高了 0.607,这说明中国高质量发展的建设工作取得了重大阶段性成果,有效推动了质量变革、效率变革、动力变革,以及全要素生产率稳步提高。从上升速度来看,高质量发展评价指数保持稳定上升的态势,尤其是 2009 年之后,高质量发展评价指数变化出现了明显的加速进步趋势,并一直维持在比较高的水平上。这说明中国"十一五"规划期间有效推进了经济结构调整和经济增长方式转变,中国特色低碳道路的发展战略和绿色经济发展模式取得了重大突破。

第二,中国各省(自治区、直辖市)的高质量发展评价指数表现出明显的波动上升趋势。在中国高质量发展整体水平持续提高的环境下,部分省(自治区、直辖市)的高质量发展指数在某些年份出现波动甚至倒退的情况。这说明中国高质量发展建设并非一帆风顺,部分省(自治区、直辖市)面临增长速度换挡期、结构调整阵痛期、前期刺激政策消化期"三期叠加"的巨大压力,这要求各省(自治区、直辖市)需要保持高质量发展政策的一致性、连贯性和协同性,防止高质量发展建设工作效果反弹,避免高质量发展水平的反复波动,最终保证地方政府对高质量发展建设的长效行政性动力。

第三,各省(自治区、直辖市)高质量发展评价指数呈现一定的地域不平衡特征。若归并为东部地区、中部地区、西部地区等中国三大区域的高质量发展评价指数的分析(钞小静和任保平,2014),可发现高质量发展评价指数提升较快的是东部地区,例如北京提高了1.324、江苏提高了1.138、广东提高了1.093,中部地区次之,而西部地区提升相对较慢,例如宁夏、青海和新疆仅分别提高了0.355、0.876、和0.397。这说明了中国省域高质量发展水平的这种非均衡地区差距程度有逐步加强的趋势,"俱乐部现象"的动态演进特性并不明显。这要求政策制定者加快推进大中小城市网络化建设,重点推进京津冀协同发展、长江经济带发展、粤港澳大湾区建设和成渝经济带提速发展,创新区域协调发展新机制。

二、中国经济高质量发展评价指数排名分析

为进一步剖析2000—2017年中国各省(自治区、直辖市)高质量发展评价指数的变化发展趋势和区域发展差异,基于中国各省(自治区、直辖市)高质量发展评价排名和排名变动的视角对其进行考察(见表3-4)。

表3-4 2000—2017年省域高质量发展评价指数排名及排名变化

年份\省份	2000	2005	2010	2011	2012	2013	2014	2015	2016	2017
北京	1	1(0)	1(0)	1(0)	1(0)	1(0)	1(0)	1(0)	1(0)	1(0)
天津	3	3(0)	6(↓1)	5(↑1)	6(↓1)	6(0)	6(0)	6(0)	6(0)	6(0)
河北	19	23(0)	20(↑1)	18(↑2)	20(↓2)	15(↑5)	18(↓3)	14(↑4)	14(0)	13(↑1)
山西	17	17(↑2)	13(↓1)	14(↓1)	13(↑1)	14(↓1)	14(0)	16(↓2)	18(↓2)	17(↑1)
内蒙古	23	21(0)	17(↑1)	15(↑2)	16(↓1)	18(↓2)	20(↓2)	20(0)	23(↓3)	26(↓3)
辽宁	6	7(↑1)	8(↓1)	8(0)	8(0)	8(0)	9(↓1)	10(↓1)	12(↓2)	12(0)
吉林	10	15(↑1)	16(↓5)	17(↓1)	17(0)	20(↓4)	16(↑4)	18(↓2)	19(↓1)	20(↓1)
黑龙江	15	18(0)	19(↓3)	19(0)	21(↓2)	25(↓4)	22(↑3)	26(↓4)	26(0)	28(↓2)
上海	2	2(0)	2(0)	2(0)	2(0)	2(0)	2(0)	2(0)	2(0)	2(0)
江苏	5	5(0)	3(0)	3(0)	3(0)	3(0)	3(0)	3(0)	3(0)	3(0)
浙江	8	4(0)	4(0)	4(0)	4(0)	5(↓1)	5(0)	5(0)	5(0)	5(0)

续表

年份 省份	2000	2005	2010	2011	2012	2013	2014	2015	2016	2017
安徽	21	26(0)	24(↑1)	23(↑1)	22(↑1)	23(↓1)	17(↑6)	19(↓2)	20(↓1)	22(↓2)
福建	18	10(↑2)	12(↑2)	13(↓1)	12(↑1)	13(↓1)	13(0)	13(0)	13(0)	16(↓3)
江西	30	28(0)	29(↓1)	27(↑2)	27(0)	28(↓1)	28(0)	28(0)	28(0)	29(↓1)
山东	22	11(↑3)	7(↑1)	7(0)	7(0)	7(0)	7(0)	7(0)	7(0)	7(0)
河南	27	29(↑1)	25(↑1)	22(↑3)	19(↑3)	17(↑2)	15(↑2)	15(0)	17(↓2)	15(↑2)
湖北	16	14(↑1)	11(↑4)	11(0)	11(0)	11(0)	11(0)	11(0)	10(↑1)	10(0)
湖南	26	24(↑1)	26(↓2)	24(↑2)	24(0)	24(0)	24(0)	22(↑2)	21(↑1)	19(↑2)
广东	9	6(0)	5(↑1)	6(↓1)	5(↑1)	4(↑1)	4(0)	4(0)	4(0)	4(0)
广西	28	31(0)	31(0)	31(0)	31(0)	29(↑2)	30(↓1)	29(↑1)	27(↑2)	25(↑2)
海南	4	8(↓1)	15(↓2)	21(↓6)	23(↓2)	19(↑4)	23(↓4)	21(↑2)	15(↑6)	14(↑1)
重庆	24	20(↑2)	14(↑5)	12(↑2)	14(↓2)	12(↑2)	12(0)	12(0)	11(↑1)	11(0)
四川	14	16(↑1)	10(0)	10(0)	10(0)	10(0)	10(0)	9(↑1)	9(0)	
贵州	31	25(↑2)	28(↑1)	29(↓1)	28(0)	27(↑1)	26(↑1)	24(↑2)	22(↑2)	21(↑1)
云南	29	30(↓1)	30(0)	30(0)	30(0)	30(0)	29(↑1)	30(↓1)	30(0)	30(0)
西藏	25	27(↓3)	27(0)	28(↓1)	29(↑1)	31(↓2)	31(0)	31(0)	31(0)	31(0)
陕西	7	9(0)	9(0)	9(0)	9(0)	9(0)	8(↑1)	8(0)	8(0)	8(0)
甘肃	20	22(↓2)	22(0)	25(↓3)	25(0)	22(↑3)	21(↑1)	17(↑4)	16(↑1)	18(↓2)
青海	11	19(↓6)	21(↓1)	20(↑1)	18(↑2)	21(↓3)	25(↓4)	25(0)	25(0)	23(↑2)
宁夏	13	13(↓2)	23(0)	23(↓3)	26(0)	26(0)	27(↓1)	27(0)	29(↓2)	27(↑2)
新疆	12	12(↓2)	18(↓1)	16(↑2)	15(↑1)	16(↓1)	19(↓3)	23(↓4)	24(↓1)	24(0)

注:表中数值为各省(自治区、直辖市)高质量发展评价指数的排名,括号中为当年各省(自治区、直辖市)高质量发展评价指数相对于前一年的排名变化。限于篇幅,2001—2004年以及2006—2009年的评价指数未在表中列示。

从表3-4可以看出,2000年高质量发展评价指数排名前10名的省(自治区、直辖市)依次是北京(1)、上海(2)、天津(3)、海南(4)、江苏(5)、辽宁(6)、陕西(7)、浙江(8)、广东(9)、吉林(10),在10个省(自治区、直辖市)中,东部省(自治区、直辖市)占8个、中部省份占1个、西部省份占1个;2000年高质量发展评价指数排名在第11—20位的省(自治区、直辖市)依次是青海(11)、新疆(12)、宁夏(13)、四川(14)、黑龙江(15)、湖北(16)、山西(17)、福建(18)、河北(19)、甘肃(20),这10个省(自治区、直辖市)包括了3个中部省份、5个西部省份、2个东部省份;2000年高质量发展评价指数排名在第21—31位的省(自治区、直辖市)依次是安徽(21)、山东(22)、内蒙古(23)、重庆(24)、西藏(25)、湖南(26)、河南(27)、广西(28)、云南(29)、江西(30)、贵州(31),在11个省(自治区、直辖市)中,西部省份占6个、中部省份占4个、东部省份占1个。据此归纳,在千禧之年的2000年,高质量发展评价指数较高的省(自治区、直辖市)基本集中在东部省(自治区、直辖市),西部省(自治区、直辖市)的排名则相对靠后。2017年中国高质量发展评价指数排名前10位的省(自治区、直辖市)依次为北京(1)、上海(2)、江苏(3)、广东(4)、浙江(5)、天津(6)、山东(7)、陕西(8)、四川(9)、湖北(10),这10个省(自治区、直辖市)中,包括了7个东部省(自治区、直辖市)、2个西部省份、1个中部省份;2017年高质量发展评价指数排名在第11—20位的省(自治区、直辖市)依次是重庆(11)、辽宁(12)、湖北(13)、海南(14)、河南(15)、福建(16)、山西(17)、甘肃(18)、湖南(19)、吉林(20),10个省(自治区、直辖市)中包括了5个中部省份、3个东部省份、2个西部省份;2017年高质量发展评价指数排名在第21—31位的省(自治区、直辖市)依次为贵州(21)、安徽(22)、青海(23)、新疆(24)、广西(25)、内蒙古(26)、宁夏(27)、黑龙江(28)、江西(29)、云南(30)、西藏(31),在11个省(自治区、直辖市)中,西部省份占8个、中部省份占3个。与2000年相比,2017年中国高质量发展评价综合指数较高的省份依然集中在东部地区,综合指数相对较低的省份大部分仍然集中在中部和西部省(自治区、直辖市),中国省域高质量发展水平依旧呈现出"东高西低"的地域不平衡状态。

从排名变化趋势看,2000—2017年中国各省(自治区、直辖市)高质量发展评价指数排名上升速度最快的前五位依次是山东(上升15位)、重庆(上升13位)、河南(上升12位)、贵州(上升10位)、湖南(上升7位)。山东高质量发展评价指数排名的大幅度提升源于多个方面,如山东具有良好的产业生态结构禀赋优势,有效推动了三次产业结构向"三二一"产业结构实现重大转变;制造工业领域转型升级持续推进,传统重化制造企业、新兴优势制造企业带动能力得到增强;产业智能化加速升级,"互联网+"行动等重大发展主题领域得到广泛展开。重庆是中小型民营企业的集聚高地,近年来聚焦于民营企业创新发展,逐步实现实体经济和金融业高度融合,大力实施"互联网+"发展战略,逐步推动民营经济高质量发展。河南作为中国农业大省,近年来以绿色农业发展引领农业高质量发展,依靠生物技术和物理技术等支撑粮食增产,实现农业绿色增长,推进农业供给侧结构性改革持续深化。贵州近年来把握"坚持生态优先、绿色发展"的战略定位,多措并举加强环境治理,有效推动了绿色生产方式、生活方式和消费模式向绿色富民惠民转变;同时,贵州以大数据作为全省战略行动,有效推动了产业转型升级,推进经济发展新动能加速形成。湖南以长株潭城市群为依托,以优势产业链为突破,加快国家自主创新示范区为核心的科技创新基地建设,有效推进都市区同城化一体化建设,实现城市间发展差异化分工与社会化协作。排名下降最多的前五个省(自治区、直辖市)依次是青海(下降15位)、宁夏(下降14位)、黑龙江(下降13位)、青海(下降12位)、新疆(下降12位)。需要指出的是,高质量发展评价指数的省域排名是一个相对的概念。事实上,2000—2017年中国各个省(自治区、直辖市)的高质量发展评价指数水平的绝对值均取得了较大提高,只有部分省(自治区、直辖市)的高质量发展水平相较于其他快速发展的省(自治区、直辖市)有所落后。

三、中国经济高质量发展评价聚类分析

为了进一步深入研究中国各个省(自治区、直辖市)的经济高质量发展评价水平,根据全局主成分分析模型,选用欧氏距离(Euclidean Distance)作为全局主成分分析的面板数据相似性指标,进行 K 均值聚类分析,以便可以作出更为准确的高质量发展水平区域划分解读。依据 K 均值聚类分析的测度结果,各省(自治区、直辖市)可划分为以下四个梯队类别(见图3-2)。

第一梯队是北京、上海、江苏、广东和浙江。这 5 个省(自治区、直辖市)均是东部省(自治区、直辖市),经济发达、人才素质、创新企业活力、经济结构水平、现代化经济体系水平在全国领先,生产要素利用效率、居民收入分配结构、绿色低碳发展水平近年来也提升较快。5 个省(自治区、直辖

市)在高质量发展的各个方面均表现优异,所以处在高质量发展的第一梯队。

第二梯队主要是东部沿海的天津、山东、辽宁、海南和福建,中部地区的湖北、河北和河南,西部地区的陕西、四川和重庆,这些省(自治区、直辖市)在经济发展方式转变,经济结构优化和增长动力转换等方面虽然取得了一定的成绩,但是仍然需要继续转变经济发展方式,深化推进供给侧结构性改革,优化经济结构转换,方可跻身第一梯队。特别需要注意的是西部地区的陕西、四川和重庆,虽然处于西北内陆,但陕西、四川和重庆三省的高质量发展评价指数高于邻近的省(自治区、直辖市)。实际上,陕西、四川和重庆近年来强化工业强省战略,持续推进供给侧结构性改革,有效推动了经济高质量发展。例如,推动能源化工产业发展和经济结构调整,着力加强了关键技术和产业体系创新,不断激发企业新动力、新活力。另外,陕西省高质量发展表现突出。近年来,陕西省工业领域智能化生产迅速兴起,闪存芯片、高端液晶面板等成为陕西省新兴发展动力。可以预期,陕西省有潜力成为引领西部地区高质量发展的增长极。

第三梯队的省(自治区、直辖市)数量最多,主要包括了中部地区的山西、湖南、吉林、安徽,西部地区的甘肃、贵州、青海、新疆、广西和内蒙古。第三梯队大部分省(自治区、直辖市)处于全国经济发展的中游水平,粗放型生产方式、产业结构亟待调整、新业态创新不足等发展问题制约着高质量发展水平的提高,部分省份在承接东部沿海发达地区产业转移过程中,也随之会带来一系列产能过剩生态污染、产业转型受阻等问题。

第四梯队的省(自治区、直辖市)主要以中西部省(自治区、直辖市)为主,其中包括西部地区的宁夏、云南和西藏,中部地区的黑龙江和江西。这些省(自治区、直辖市)大多属于经济不发达地区,经济基础较薄弱,交通基础设施建设相对落后,产业结构亟待优化,经济效率较低。部分省(自治区、直辖市)虽然在产业转型升级、绿色发展、新业态创新、居民生活水平等方面有所突破,但整体上现代化经济发展水平仍比较低,高技术产业发展缓慢,资源生产率亟待提高。综上而言,第四梯队的省(自治区、直辖市)相较其他省(自治区、直辖市)仍处在较低的高质量发展水平。

2000年	2005年	2010年	2017年

第一梯队	北京、上海	北京、上海	北京、上海	北京、上海、江苏、广东、浙江
第二梯队	天津、海南、江苏、辽宁、陕西、浙江、广东	天津、浙江、江苏、广东、辽宁、海南	江苏、浙江、广东、天津	天津、山东、陕西、四川、湖北、重庆、辽宁、河北、海南、河南、福建
第三梯队	吉林、青海、新疆、宁夏、四川、黑龙江、湖北、山西、福建、河北、甘肃、安徽、山东	陕西、福建、山东、新疆、宁夏、湖北、吉林、四川、山西、黑龙江、青海、重庆、内蒙古、甘肃	山东、辽宁、陕西、四川、湖北、福建、山西、重庆、海南、吉林、内蒙古、新疆、黑龙江、河北	山西、甘肃、湖南、吉林、贵州、安徽、青海、新疆、广西、内蒙古
第四梯队	内蒙古、重庆、西藏、湖南、河南、广西、云南、江西、贵州	河北、湖南、贵州、安徽、西藏、江西、河南、云南、广西	青海、甘肃、宁夏、安徽、河南、湖南、西藏、贵州、江西、云南、广西	宁夏、黑龙江、江西、云南、西藏

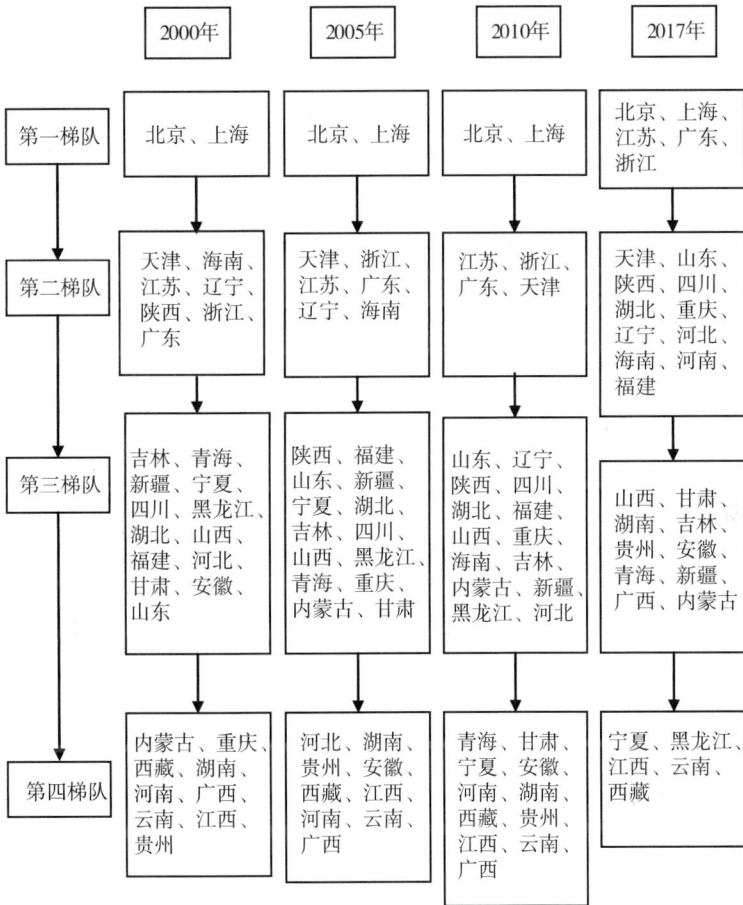

图 3-2　省域高质量发展评价的 K 均值聚类梯度划分

第四章　高质量发展下产业结构升级的时空演进

　　要刻画基于经济高质量发展的中国产业结构优化升级增长效应和生态效应,首先要解决产业结构优化升级的定量问题。理论认为,经济体产业结构的动态变迁具有两个内涵维度,即产业结构合理化和产业结构高度化。遵循此思路,本章首先尝试对产业结构合理化和高度化水平的传统测度指标进行改良,以测算中国整体和各个区域产业结构优化升级的水平,进而利用核密度估计模型和马尔可夫转移概率矩阵模型,全面而细致地剖析中国省域产业结构合理化和高度化的空间分布格局、动态演进过程和稳态分布趋势。

　　改革开放以来,中国各区域的产业结构优化升级迅速,经济高质量发展提速,但在区域之间存在比较大的差异和不平衡。本章试图回答中国产业结构优化升级的区域分布和动态演进呈现何种形态。在中国产业转型的关键时期,本章的研究对探索中国产业结构优化升级的区域空间格局与演化规律、针对性地制定产业转型政策、协调地区间产业发展、实现经济高质量发展,具有较重要的理论和实践意义。从研究进程看,虽有不少学者对中国产业结构优化升级的区域差异和演进过程进行了探索(如周昌林和魏建良,2007;刘伟等,2008;田新民和韩端,2012 等),也取得了一定的成果,但是他们大部分仅采用指标做简单的时间和区域陈述分析,鲜有运用严谨的动态演进分布模型(Model of Explicit Distribution Dynamics, MEDD)对中国区域产业结构优化升级的时空演进规律进行深入剖析。

　　动态演进分布模型(MEDD)最早由夸(Quah,1993)在研究区域的经济发展差距时提出来,主要包括核密度函数的估计和马尔可夫链的分析两方面。其后,动态演进分布模型得到了学者的不断改进和完善,并应用到经济研究的各个领域。例如,在核密度函数模型应用方面,用于研究区域的经济增长动态分布的有夸（1996）、徐现祥和舒元（2004）、武鹏等（2010）和安康等（2012），用于研究区域间收入差距的有黎波等（2007）、胡学锋和王鹤（2009）、刘靖等（2009）、章上峰等（2009）和陈立中（2010），用于研究地区的金融发展动态演进的有邓向荣等（2012）、沈丽和鲍建慧（2013），研究股票收益率动态分布的有刘红忠和何文忠（2010），研究区域碳排放动态分布的有埃斯库拉（Ezcurra，2007），研究土地价格区域动态分布的有任荣荣等（2009）。在马尔可夫链模型应用方面，李国平和陈晓玲（2007）用于研究经济增长分布，文余源（2007）、董亚娟和孙敬水（2009）用于研究区域收入分布，李腊生等（2011）则用于研究证券市场收益率分布，赵霞和马云倩（2012）用于研究人民币汇率动态特征。

遗憾的是，在可掌握的范围内，鲜有文献将动态演进分布模型（MEDD）应用于研究基于经济高质量发展的区域产业结构优化升级动态演进，更未发现结合核密度估计模型和马尔可夫链模型分析区域产业结构合理化和高度化的研究。本章通过估算中国区域产业结构合理化和高度化的核密度函数、马尔可夫概率转移矩阵和稳态分布，精确并直观地展现中国产业结构的区域分布、形态特点和发展趋势，力图能在一定程度上弥补该领域未臻完善之处。

第一节　产业结构升级量化指标构建

产业结构合理化是指产业之间协调聚合的程度，也即产业间相互作用所产生的一种大于各产业各自能力简单加总的整体协同能力；产业结构高度化是指产业结构发展从较低水平向高级水平演进的过程，多用第二或第三产业比重、知识技术密集型产业比重等指标来表示。下面遵循此思路予以定量测算。

一、产业结构合理化指标构建

关于产业结构合理化，目前存在产业结构协调说、产业结构功能说、产业结构动态均衡说和资源配置说四种理论观点。但是，相关理论观点较多是概念性刻画，缺乏实用性，难以实际有效地测度区域产业结构的合理化。资源配置说认为，产业结构合理化应着眼于要素资源在产业间的配置、协调

和利用效率,可操作性较强。因此,学者较多地遵循资源配置说进行实证分析,以要素投入结构和产出结构的耦合程度来度量产业结构合理化,公式为 $E = \sum_{i=1}^{n} \left| \dfrac{Y_i / L_i}{Y / L} - 1 \right| = \sum_{i=1}^{n} \left| \dfrac{Y_i / Y}{L_i / L} - 1 \right|$。其中,$E$ 表示产业部门结构偏离度,Y 是总产出,L 为总劳动投入,i 表示第 i 产业部门,n 为产业部门总数。古典经济学的假设认为,当经济体处于最优均衡状态时,各产业部门的生产率(Y_i / L_i)将相等,也即 $Y_i / L_i = Y / L$,从而 $E = 0$。即若变量 E 的值越接近零,说明经济越接近均衡状态,产业之间的相互关系越协调,结构的聚合质量越高,产业结构越合理;E 值越大则说明产业经济发展越偏离均衡状态,结构关系不协调,结构聚合质量越低,产业结构越不合理。

最近有学者认为,该结构偏离度指数忽视了各产业在国民经济中的重要程度差异,而且绝对值步骤带来了计算的不便,进而提出使用泰尔指数 $TL = \sum_{i=1}^{n} \left(\dfrac{Y_i}{Y} \right) \ln\left(\dfrac{Y_i}{L_i} \Big/ \dfrac{Y}{L} \right)$ 度量产业结构的合理性(干春晖等,2011)。但这种衡量方法仍是白璧微瑕。它忽视了产业结构偏离度公式中绝对值的真正作用,测算过程中将可能出现各产业偏离度的正负值相互抵消的问题,导致测算值偏低,造成产业结构"假"合理化的结果。况且,绝对值的运算也较容易利用现代计量软件运算解决。

综上所述,本书尝试把产业结构合理化指标公式改进为 $SR = \sum_{i=1}^{n} \left(\dfrac{Y_i}{Y} \right) \left| \dfrac{Y_i / L_i}{Y / L} - 1 \right|$,既保留产业结构偏离指数的优点,又通过产值加权反映各产业的重要程度。产业结构合理化指标 SR 值越接近零,说明经济体越接近均衡状态,产业结构越合理。

二、产业结构高度化指标构建

产业结构高度化内涵主要集中于产业比例改变和劳动生产率的提高。学界常遵循高度化的理论内涵进行定量,即把结构高度化用数量(比例关系)和质量(劳动生产率)两部分予以表示。具体如:(1)以各产业比例关系来反映产业结构高度,如根据克拉克定律用第二、第三产业产值比重作为产业结构高度的度量,如干春晖等(2011)。(2)以各产业部门产出占比和劳

动生产率的乘积作为产业结构高度的度量,如周昌林和魏建良(2007)将比

例关系和劳动生产率的乘积作为产业结构高度的综合衡量指标,为 $H = \sum_{i=1}^{n} S_{it} \times LP_{it}$。其中,$i$ 既可以取 $1,2,3$,代表第一、第二、第三产业,也可以取 $1,2,\cdots,m$,表征为产业部门。S_{it} 是 t 期产业 i 的总产值比重,LP_{it} 表征为劳动生产率,即 i 产业产出增加值与就业人数的比值。该指标式的含义是,经济体中劳动生产率高的产业占比越大,产业结构高度 H 就越大,并将劳动生产率无量纲化,公式为 $LP_{it}^{N} = \dfrac{LP_{it} - LP_{ib}}{LP_{if} - LP_{ib}}$。其中,$LP_{if}$ 是 i 产业完成工业化后的劳动生产率,LP_{ib} 是开始工业化时 i 产业的劳动生产率,始点和终点选择标准参照切纳利等(Chenery 等,1986)[①]。新指标既能用于判断本国不同时期的工业化进程,也解决了量纲的问题。但是,笔者认为标准化也带来了两大问题。一方面,由于工业化始点 LP_{ib} 的引入,在对未进入工业化始点的发展中国家的高度化指标进行测算时,指标将出现负值,给后续实证分析的定向和定量造成了困难(如按该测算方法,中国 20 世纪 80 年代前期的指标为负);另一方面,经实证检验,该指标对始点 LP_{ib} 的变动非常敏感,不同标准的始点选择将为实证研究的稳健性带来挑战。

本书将指标改良为 $SH = \sum_{i=1}^{n} (Y_{it}/Y_t)(LP_{it}/LP_{if})$。其中,$Y_{it}$ 代表 i 产业在 t 时的总产出,LP_{it} 为 i 产业在 t 时的劳动生产率,LP_{if} 为 i 产业在完成工业化后的劳动生产率,终点的选择标准同样参照切纳利等(Chenery 等,1986),n 为产业部门总数。劳动生产率高的产业产值占总产出的比重越高,说明产业结构高度化水平越高,SH 的值越大。改良的高度指标可判断一国不同时期的工业化进程,解决了量纲问题,同时也避免了因工业化始点引入而使发展中国家指标为负值的缺陷,在刻画产业间比例变化的同时,也将产业生产率的变化表现出来。

三、合理化和高度化的描述统计

使用上述测算方法进行数据运算后,得出中国和东部、中部、西部各

---

① Chenery 标准结构起始点均以 1970 年美元计算,学者依美国 CPI 数据转换为 2005 年美元,本书亦如此。

省(自治区、直辖市)历年产业结构合理化和高度指数,可总结:(1)样本期间,无论是全国还是分东部、中部、西部分析,无论是产业结构合理化还是高度化,产业结构的总体趋势都是在不断优化升级的。(2)东部地区产业结构相较中部和西部而言,更为合理和高级,产业结构水平正向发达工业化国家行列迈进。例如,现代服务业发展较快的上海、北京、天津三地产业结构合理化和高度化发展指标均排名前三,已达到发达国家水平(参照 Chenery 等,1986)。(3)西部地区产业结构合理化的优化速度总体快于中部。这可能源于近年在"西部大开发"战略的规划调配下,西部省(自治区、直辖市)更注重产业间的协调发展,要素资源的产业布局更为均衡合理;另可发现,中部地区在 1998 年前后,产业结构合理化指数有所放缓甚至出现反复,这印证了其时"中部洼地"的现实困境,加强东部、中部的合作,承接东部产业转移,使产业结构不断优化,可能是实现"中部崛起"的正确战略选择。(4)就产业结构高度化而言,中部、西部某些省(自治区、直辖市)实现了跨越式发展,增速不但快于中西部地区各省,绝对水平更已反超了东部某些省份,如中部的内蒙古、山西、吉林和西部的新疆等。深入分析可发现这些省(自治区、直辖市)多为资源大省,产业结构高度的迅速提升可能与其"资源经济"的发展模式有关。注意到,这些省(自治区、直辖市)高度化的跃进皆发生于 2000 年之后,其时相伴随的是这些省(自治区、直辖市)资源的加速开发以及一波近十年的国际资源价格上涨周期。未来,资源大省或应更注意"资源诅咒"或"荷兰病"对其产业竞争力的威胁。中国应继续把握国际先进服务产业转移的契机,使东部地区产业结构在持续调整中更趋合理化和高度化;同时继续落实"西部大开发""振兴东北"和"中部崛起"等区域产业发展战略,使中部、西部地区的产业结构持续优化升级。

第二节　产业结构升级模型构建

一、核密度估计模型

非参数核密度模型最早由罗森布拉特(Rosenblatt, 1956),帕岑

（Parzen，1962）提出，后来西尔弗曼（Silverman，1986）对核函数估计（Kernel Density Estimator）进行了较大改进，其开始被学者所逐步采用。核密度估计模型的主要思想是将考察对象的时空演进视为某随机变量的概率分布，通过估计该随机变量的概率密度，使用平滑方法，将随机变量的分布特征形态用连续的密度曲线表示出来。

假设$f(x)$是一个随机变量的密度函数，它在点x的概率密度表示为式（4-1）。其中，$K(\cdot)$为核函数并满足式（4-2）条件，h为窗宽（Bandwidth），N为观测值的个数。

$$f(x) = \frac{1}{Nh} \sum_{i=1}^{n} K\left(\frac{x_i - x}{h}\right) \tag{4-1}$$

$$\begin{cases} K(x) \geq 0, \int_{-\infty}^{+\infty} K(x)\,dx = 1 \\ supK(x) < +\infty, \int_{-\infty}^{+\infty} K^2(x)\,dx < +\infty \\ \lim_{x \to +\infty} K(x) \cdot x = 0 \end{cases} \tag{4-2}$$

窗宽和核函数形式的恰当选择对核密度估计较为重要。参照西尔弗曼（Silverman，1986），本章窗宽的选择采用西尔弗曼最优窗宽选择标准（Optimal of Silverman）[1]。其中，h是N的函数并满足式（4-3）。本章核函数表达式则选用较常用的高斯核（Gaussian Kernel Function）[2]，其表达式为式（4-4）。

$$\lim_{N \to \infty} h(N) = 0 \ \lim_{N \to \infty} Nh(N) = N \to \infty \tag{4-3}$$

$$K(x) = \frac{1}{\sqrt{2\pi}} exp\left(-\frac{x^2}{2}\right) \tag{4-4}$$

---

[1]　其他窗宽选择准则还有"标准比例尺规则"（Normal Scale Rule）"超常规规则"（Oversmoothed Rule）"鞘琼斯插件估算"（Sheather-Jones Plug-in Estimate，SJPI）"直接插件带宽估计"（Direct Plug-in Bandwidth Estimate，DPI）。

[2]　其他核函数形式还有"径向基核函数"（Epanechnikov Kernel Function）"替代径向基函数"（Alternative Epanechnikov Kernel Function）"双权核函数"（Biweight Kernel Function）"三权核函数"（Triweight Kernel Function）"余弦迹"（Cosine Trace）"帕尔逊核函数"（Parzen Kernel Function）"矩形核函数"（Rectangle Kernel Function）"三角核函数"（Triangle Kernel Function），选择不同核函数形式所得出的结果较为相似。

二、马尔可夫链模型

使用核密度估计模型可以较好地刻画区域产业结构合理化和高度化水平的整体形态和动态演进过程,但其存在内部动态性(Intra-distribution Dynamics)信息有限的不足,难以反映各省(自治区、直辖市)在产业结构指标分布的相对位置的变动程度、变动的概率和稳态趋势。马尔可夫链模型通过状态转移概率矩阵能反映各地区合理化和高度化的内部动态变动,正弥补了核密度估计模型的局限。

马尔可夫链模型假定存在一个随机过程$\{X(t), t \in T\}$,对任意时期t和任意可能的状态j、i以及$i_k(k=0,1,2,\cdots,t-2)$,满足一阶马尔可夫链性质①,即式(4-5)。

$$P\{X(t) = j | X(t-1) = i, X(t-2) = i_{t-2}, \cdots, X(0) = i_0\}$$
$$= P\{X(t) = j | X(t-1) = i\} \tag{4-5}$$

随机变量X从状态i转变为状态j则称为状态转移。若把产业结构合理化或高度化划分为N个水平类型,则可设定马尔可夫链$\{X(t), t \in T\}$的状态空间为N,存在一个$N×N$的状态转移概率矩阵P,如式(4-6)所示。式(4-6)中,P_{ij}是状态转移概率,表示从状态i转变为状态j的概率,在本书则表示某一省(自治区、直辖市)产业结构合理化或高度化水平在t时期属于水平i,在$t+1$时期转变为水平j的一步转移概率,记为$p_{ij}=p\{X_{t+1}=j| X_t=i, i,j \in N\}$。$P_{ij}$可以使用最大似然估计式(4-7)得出,式中$n_{ij}$表示在状态转移过程中,状态$i$转变为状态$j$的频数;$n_i$表示状态$i$出现的总频数。

$$P = (p_{ij}) = \begin{bmatrix} p_{11} & p_{12} & p_{13} & \cdots & p_{1N} \\ p_{21} & p_{22} & p_{23} & \cdots & p_{2N} \\ p_{31} & p_{32} & p_{33} & \cdots & p_{3N} \\ \vdots & \vdots & \vdots & \vdots & \vdots \\ p_{N1} & \cdots & \cdots & \cdots & p_{NN} \end{bmatrix} \tag{4-6}$$

$$p_{ij} = \frac{n_{ij}}{n_i} \tag{4-7}$$

---

① 随机变量X在时期t状态为j的概率只决定于X在$t-1$的状态。

设定 F_t 为 $1 \times N$ 的行向量,代表 t 时期随机变量的状态分布,也即状态频率。马尔可夫链的特性完全由状态转移概率矩阵 P 和初始分布 F_0 所决定,$t+1$ 期的状态分布可表示成 $F_{t+1} = F_t P$。当转移概率不随时期而改变,也即 $t+s$ 期的分布 F_{t+s} 可以用 $F_{t+s} = F_t P^s$ 表示,则马尔可夫链被称为是时间平稳的(Time Stationary)[①]。当 $s \to \infty$ 时,F_{t+s} 收敛,则说明区域产业结构指标具有收敛性,也即存在区域产业发展状态分布的长期均衡状态,F_{t+s} 的极限 F 被称作稳态分布(Ergodic Distribution)或长期分布。

第三节　产业结构升级模型结果分析

一、核密度估计(Kernel Density Estimation)

通过分析核密度估计(Kernel Density Estimation)的三维演进,可知道合理化和高度化的指标变量的分布位置、形状以及延展性质。

(一)产业结构合理化

通过中国 30 个省(自治区、直辖市)[②]整体以及东部、中部、西部地区的产业结构合理化水平动态演进分布三维分析,可归纳中国省域产业结构合理化水平的动态演进呈现出的三个典型事实。第一,在考察期间,各省(自治区、直辖市)的产业结构合理化指标在下降并趋向零,也即中国整体产业结构正越发合理[③],产业间的协调聚合更有效,要素资源得以更高效地配置在各部门之间。第二,样本期间各地区的产业结构合理化水平的差距在逐步缩小。在期初时,部分省份的结构不合理问题比较严重,但随着改革的深入,产业结构的不协调和絮乱失衡等问题得到了较大程度缓解。第三,样本期内,随时间推移一直以单峰分布为主,并未出现明显的主峰和侧峰的轮换

---

① 也可称为时间同质(Time Homogeneous)。

② 因为本章研究的时间跨度为 1978—2012 年,而重庆在 1995 年成为直辖市,为保证研究数据的前后一致性,与大多数中国省域实证研究相同,本章把重庆成为直辖市后的数据并入四川省以统一口径。

③ 合理化指标是一个逆向指标,数值越小,说明合理化水平越高。为实证回归解释之方便,在不影响结论的前提下,后续部分章节对指标做了正向化处理,使实证结果的解释能更加直观,更容易理解。

变动,说明指标的极化现象不明显。

东部地区产业结构合理化水平的演进过程通过三维分析可归纳其所呈现出的三个典型特征。第一,在样本期内,东部地区合理化分布形状整体向左移动,表明东部省(自治区、直辖市)产业结构正逐步趋向于协调均衡。第二,在样本期内,东部产业结构合理化指数分布的波峰高度越来越陡峭,宽度也越来越窄,说明东部各省(自治区、直辖市)之间合理化水平的差距在缩小。第三,在样本期内,东部地区结构合理化经历了从多极分化到单极收敛的过程。事实上,东部的产业经济改革是梯度进行的,在期初,东部部分试点省份或城市率先通过产业组织和制度改革①,使要素资源在产业间的配置、协调和利用效率均得到较大程度的提高,所以出现了产业结构合理化转型较快的省(自治区、直辖市)发展速度越来越快,但发展速度慢的省(自治区、直辖市)发展速度相对停滞的差距扩大现象,也即存在产业结构合理化的"俱乐部趋同现象"②。不过,随着改革的深入和全面铺开,东部省(自治区、直辖市)产业结构合理化水平最终趋向于单极收敛。

中部省(自治区、直辖市)产业结构合理化水平的演进过程也可归纳三个典型特征。第一,在1978—2000年,中部省(自治区、直辖市)合理化水平分布整体向左移动,说明其时中部地区产业结构正逐步趋于合理,但在2000年之后,中部地区部分省份的结构不合理问题有所严重。第二,在样本初期,中部省(自治区、直辖市)之间的合理化差距在缩小。但在2000年之后,中部部分省份存在产业结构欠合理的现象。第三,与东部地区一样,随着时间的推移,中部地区合理化的演进也从多个波峰逐步演变为单个波峰,从多极分布逐步演变为单极分布,这说明中部地区也经历了产业结构合理水平从多极分化到单极收敛的过程。

西部省(自治区、直辖市)产业结构合理化水平的演进过程同样可归纳为三个典型事实。第一,在考察期间,西部地区合理化的图像分布整体向左

---

① 更多的背景资料可参看关于中国经济改革"摸着石头过河""中国改革试点现象"等相关专题研究。

② "俱乐部趋同"最早由夸(Quah)在研究区域经济增长时所提出,用于描述区域经济增长总体上趋异而局部趋同,也即具有同一类型的区域组内趋同而不同类型的区域组间趋异的现象。

移动并趋向零坐标,说明西部地区产业结构逐步趋于合理均衡。第二,样本期间,西部各省(自治区、直辖市)合理化水平的差距也在逐步缩小。第三,与东部和中部地区不同的是,在样本期内,西部地区合理化演进随时间推移均以单峰分布为主,并没出现明显的主峰和侧峰的变动,说明西部地区合理化的极化现象不明显。

(二)产业结构高度化

可归纳中国整体的高度化动态演进的三个典型特征。第一,在考察期间,高度化分布图像整体向右移动。这说明,在中国整体的维度,产业结构高度化水平持续提高,产业技术进步明显,产业创新增效显著。第二,在考察期内,高度化三维图像的波峰分布的高度越来越平坦,同时宽度越来越宽,说明各省(自治区、直辖市)产业高度化的差距在逐步扩大。第三,在样本初期,图像以单峰分布为主,随时间推移,逐步演化成主峰和多个侧峰并存的分布特征,出现了多极分化现象,即结构高度提升较快的省(自治区、直辖市)产业升级速度越发迅速,它们与升级速度缓慢的省(自治区、直辖市)的差距在持续扩大。

东部地区产业结构高度化水平的演进过程可归纳其呈现为三个典型特征。第一,在样本期内,东部地区高度化水平分布整体向右移动,说明东部省(自治区、直辖市)的产业结构高度也在逐步提升。第二,样本期内,东部高度化分布的波峰高度越来越平坦,宽度也越来越扁平,说明东部高度化水平的差距在扩大。第三,在整个样本期,随时间推移,三维过程从单个波峰逐步演变成多个波峰,从单极分布逐步演变为多极分布,而且主峰和侧峰的变动也较为明显。这说明东部地区经历了高度水平从单极收敛到多极分化的过程。出现该实证结果可做以下理论解释:在产业结构高度化的初始阶段,产业升级的进入壁垒比较少。各省(自治区、直辖市)依据本地区的要素禀赋特点和优势,利用已臻成熟的技术进入成熟产业,产业结构便能迅速高度化,劳动生产率进步的加速度也比较快,各省(自治区、直辖市)之间的差距不会太明显。但随着各省(自治区、直辖市)产业结构的持续高度化,其离技术前沿的距离也越近,不但技术模仿成本变得越来越高,可供模仿的技术也越来越少。此时更多地只能依赖于各产业自身的技术创新以及劳动生产率提高,但是依托于自主研发创新的产业高度化升级依靠更多的是地区的人力资本、制度法规和市场环境等因素,但是这些因素在短期内是难以改变的。因此,省(自治区、直辖市)间的高度化分布出现分化发散趋势。

中部省(自治区、直辖市)高度化三维演进过程同样可归纳为三个特征。第一,在样本期内,中部地区高度化分布整体向右移动,说明中部的产业结构高度在逐步提升。第二,在样本初期,高度化波峰高度越来越平坦,宽度越来越宽,说明中部省(自治区、直辖市)之间的产业高度化的差距在扩大。第三,与东部地区一样,随着时间的推移,中部地区高度化的演进也呈现从单个波峰逐步演变为多个波峰,从单极分布逐步演变为多极分布,说明中部地区也经历了产业结构高度水平从单极收敛到多极分化的过程。

西部省(自治区、直辖市)产业结构高度化水平的演进过程也可归纳为三个典型事实。第一,在考察期间,西部地区高度化水平的分布整体向右移动。这说明单就西部地区而言,产业结构高度也是在拾级而上的。第二,在1999年后,密度分布出现了右拖尾现象,这说明西部各省(自治区、直辖市)高度化水平的差距在扩大。第三,与东部、中部地区不同,在样本期内,西部地区高度化水平演进的图像随着时间的推移,主峰和侧峰轮动显著,出现了从以单峰分布到多个波峰分布,再到单个波峰分布的现象,也即从单极分布逐步演变为多极分布,再从多极分布逐步演变为单极分布。这说明,西部省(自治区、直辖市)高度化水平的省域间差距经历了先增大后缩小的过程。

二、马尔可夫链分析

上一小节使用核密度估计模型呈现了中国产业结构合理化和高度化分布的整体形态。但是,该模型未能精确剖析中国省域合理化和高度化分布中的相对位置动态变化以及变化所发生的概率,也未能预测中国产业结构演进的长期趋向。为了解决这两个问题,下面依托马尔可夫转移概率矩阵,研究中国省域产业结构合理化和高度化分布的内部动态性和预测演进趋向的稳态分布。参考夸(1993)的马尔可夫链模型框架,本章也假定中国合理化和高度化的状态演进为一阶马尔可夫过程,转移概率满足平稳性假定。学界应用马尔可夫链模型时,根据各自研究对象的特点,模型考察的时间间隔期有 1 年、5 年、10 年等不同的选择方法。本章研究 1978—2012 年中国产业结构合理化和高度化水平的分布,考察期共有 35 年。从中国的产业经济实践、样本数量以及稳定性考虑,本章选取时间间隔为 5 年,共 7 个时间段,分别是 1978—1982 年、1983—1987 年、1988—1992 年、1993—1997 年、1998—2002 年、2003—2007 年、2008—2012 年。至于状态空间的分类,本章采用分位数方法,将产业结构合理化和高度化水平的状态空间分为五类:合理化或高度化发展水平位于样本 1/5 分位数以下的样本为低水平区间(Ⅰ),位于样本 1/5 到 2/5 分位数的为中低水平区间(Ⅱ),以此类推,还有中等水平区间(Ⅲ)、中高水平区间(Ⅳ)、高水平区间(Ⅴ)。

(一)产业结构合理化

如前所述,把中国产业结构合理化的状态空间设定为低水平区间 Ⅰ $(1.127,+\infty]$、中低水平区间 Ⅱ $(0.869,1.127]$、中等水平区间 Ⅲ $(0.660,0.869]$、中高水平区间 Ⅳ $(0.484,0.660]$、高水平区间 Ⅴ $(0,0.484]$。运用马尔可夫链模型计算得到的合理化动态分布的转移概率矩阵见表 4-1。

表 4-1　中国产业结构合理化的马尔可夫转移概率矩阵

时段(t/t+1)	类型	Ⅰ	Ⅱ	Ⅲ	Ⅳ	Ⅴ	n
1978—1982/ 1983—1987	Ⅰ	0.3836	0.3151	0.2192	0.0822	0.0000	73
	Ⅱ	0.0000	0.1071	0.5357	0.2857	0.0714	28
	Ⅲ	0.0000	0.0588	0.1177	0.5882	0.2353	17
	Ⅳ	0.0000	0.0000	0.0000	0.1667	0.8333	18
	Ⅴ	0.0000	0.0000	0.0000	0.2857	0.7143	14
1983—1987/ 1988—1992	Ⅰ	0.6429	0.2500	0.1071	0.0000	0.0000	28
	Ⅱ	0.1482	0.4444	0.2963	0.1111	0.0000	27
	Ⅲ	0.0303	0.3333	0.2424	0.3636	0.0303	33
	Ⅳ	0.0000	0.0323	0.2581	0.5161	0.1936	31
	Ⅴ	0.0000	0.0000	0.0000	0.1613	0.8387	31

续表

时段（t/t+1）	类型	I	II	III	IV	V	n
1988—1992/ 1993—1997	I	0.5217	0.4348	0.0435	0.0000	0.0000	23
	II	0.0645	0.5807	0.2581	0.0968	0.0000	31
	III	0.0000	0.2963	0.3704	0.2963	0.0370	27
	IV	0.0000	0.0278	0.1389	0.6667	0.1667	36
	V	0.0000	0.0000	0.0000	0.1515	0.8485	33
1993—1997/ 1998—2002	I	1.0000	0.0000	0.0000	0.0000	0.0000	14
	II	0.3514	0.5405	0.0541	0.0541	0.0000	37
	III	0.0417	0.4583	0.3750	0.1250	0.0000	24
	IV	0.0000	0.1000	0.3500	0.4750	0.0750	40
	V	0.0000	0.0857	0.2286	0.2286	0.4571	35
1998—2002/ 2003—2007	I	0.6071	0.3214	0.0714	0.0000	0.0000	28
	II	0.1579	0.3684	0.4474	0.0263	0.0000	38
	III	0.0303	0.1212	0.4242	0.4242	0.0000	33
	IV	0.0000	0.0313	0.1875	0.3438	0.4375	32
	V	0.0000	0.0000	0.0526	0.0526	0.8947	19
2003—2007/ 2008—2012	I	0.6667	0.2500	0.0833	0.0000	0.0000	24
	II	0.1429	0.3929	0.4286	0.0357	0.0000	28
	III	0.0000	0.0750	0.4500	0.4250	0.0500	40
	IV	0.0000	0.0000	0.1852	0.2963	0.5185	27
	V	0.0000	0.0000	0.0000	0.0000	1.0000	31

注：n表示各状态空间初期的频数。

表4-1呈现了样本期内中国合理化的转移概率的最大似然估计值，其代表了合理化演进过程的内部动态信息。对角线上的数值表示样本省（自治区、直辖市）的产业结构合理化水平所属类型在t到$t+1$没有发生变化的概率，非对角线的数值表示样本省（自治区、直辖市）所属类型在t到$t+1$转型到其他不同类型的概率。例如，矩阵1第1行的数据含义是，从时间区间1978—1982年转移到时间区间1983—1987年的过程中，1978—1982年属

于低水平区间Ⅰ的样本省(自治区、直辖市)有38.36%在1983—1987年仍停留在低水平区间Ⅰ,有31.51%、21.92%、8.22%和0%的样本省(自治区、直辖市)则分别上升一位、二位、三位、四位到达中低水平区间Ⅱ、中等水平区间Ⅲ、中高水平区间Ⅳ和高水平区间Ⅴ。

归纳表4-1,可得出中国省域产业结构合理化动态演进有以下四个典型特点。第一,从各个时间段的各种状态空间的频数可知,在样本全期,中国产业结构逐步趋于合理,例如,1978—1982年,低水平区间Ⅰ、中低水平区间Ⅱ、中等水平区间Ⅲ、中高水平区间Ⅳ、高水平区间Ⅴ的频数仅仅为73、28、17、18、14,以低水平Ⅰ和中低水平Ⅱ区间为主。到2003—2007年,区间Ⅰ、Ⅱ、Ⅲ、Ⅳ、Ⅴ的频数变化为24、28、40、27、31,Ⅲ、Ⅳ、Ⅴ区间的频数明显增加,并占据了主导。第二,产业结构合理化分布具有一定的稳定性,组间流动性(Interclass Mobility)比较小。观察六个转移概率矩阵,可发现,对角线上元素的数值都比较大。这表明各省(自治区、直辖市)合理化水平在下一期仍保持上一期状态的概率较大,也即合理化高水平地区仍保持在高水平、低水平地区仍保持在低水平的概率较大。第三,省(自治区、直辖市)合理化在$t+1$期转向更高水平状态空间的概率比转向更低水平状态空间的概率更大。例如,从1983—1987年到1988—1992年的转移概率矩阵中,中低水平区间Ⅱ样本在$t+1$期转型升级到中等水平区间Ⅲ、中高水平区间Ⅳ和高水平区间Ⅴ的概率依次为29.63%、11.11%和0%,而倒退回低水平区间Ⅰ的概率仅为14.82%。第四,省域产业结构的合理化转型更多的是循序渐进的"拾级而上",而不是"跨越式"发展,模型结果对应表现为,状态空间的变动更多发生在相邻的状态空间,跨区间的状态转移概率则很小。

表4-2呈现的是合理化的初始分布以及马尔可夫链模型计算的稳态分布。稳态分布亦可视为中国合理化动态演进的长期均衡状态。表4-2显示,如果中国省域合理化过程仍按照1978—2012年这35年的规律演进,那么,相对于初始分布,合理化的长期趋势将表现为处在低水平区间Ⅰ和中低水平区间Ⅱ的比例降低,处在中等水平区间Ⅲ、中高水平区间Ⅳ和高水平区间Ⅴ省(自治区、直辖市)的比例增加。高水平区间Ⅴ将成为主导,其占比将由开始的9.33%上升至46.94%,处在低水平区间Ⅰ的省(自治区、直辖市)比例将由初始分布最大份额的48.67%变成最小份额6.02%。

表4-2　中国产业结构合理化的初始分布与稳态分布

分布	I	II	III	IV	V
初始分布	0.4867	0.1867	0.1133	0.1200	0.0933
稳态分布	0.0602	0.0815	0.2111	0.1779	0.4694

（二）产业结构高度化

同理,将中国产业结构高度化的状态空间设定为低水平区间 I（0,0.054]、中低水平区间 II（0.054,0.081]、中等水平区间 III（0.081,0.131]、中高水平区间 IV（0.131,0.218]、高水平区间 V（0.218,+∞）。运用马尔可夫链模型计算得到的分析高度化动态分布的转移概率矩阵见表4-3。

表4-3　中国产业结构高度化的马尔可夫转移概率矩阵

时段(t/t+1)	类型	I	II	III	IV	V	n
1978—1982/1983—1987	I	0.6500	0.3375	0.0125	0.0000	0.0000	80
	II	0.1143	0.8286	0.0571	0.0000	0.0000	35
	III	0.0909	0.2727	0.5455	0.0909	0.0000	22
	IV	0.0000	0.0000	0.2857	0.7143	0.0000	7
	V	0.0000	0.0000	0.1667	0.3333	0.5000	6
1983—1987/1988—1992	I	0.5517	0.3276	0.1207	0.0000	0.0000	58
	II	0.1290	0.5645	0.3065	0.0000	0.0000	62
	III	0.1667	0.0556	0.7778	0.0000	0.0000	18
	IV	0.0000	0.0000	0.1111	0.7778	0.1111	9
	V	0.0000	0.0000	0.0000	1.0000	0.0000	3
1988—1992/1993—1997	I	0.5349	0.4186	0.0233	0.0233	0.0000	43
	II	0.0364	0.4546	0.4182	0.0909	0.0000	55
	III	0.0000	0.0000	0.3902	0.6098	0.0000	41
	IV	0.0000	0.0000	0.0000	0.4000	0.6000	10
	V	0.0000	0.0000	0.0000	0.0000	1.0000	1

时段(t/t+1)	类型	I	II	III	IV	V	n
1993—1997/ 1998—2002	I	0.1600	0.3200	0.4800	0.0400	0.0000	25
	II	0.0000	0.0233	0.7442	0.2326	0.0000	43
	III	0.0000	0.0000	0.1750	0.7000	0.1250	40
	IV	0.0000	0.0000	0.0000	0.3143	0.6857	35
	V	0.0000	0.0000	0.0000	0.0000	1.0000	7
1998—2002/ 2003—2007	I	0.0000	1.0000	0.0000	0.0000	0.0000	4
	II	0.0000	0.1111	0.8889	0.0000	0.0000	9
	III	0.0000	0.0000	0.4118	0.5098	0.0784	51
	IV	0.0000	0.0000	0.0000	0.4800	0.5200	50
	V	0.0000	0.0000	0.0000	0.0000	1.0000	36
2003—2007/ 2008—2012	I	0.0000	0.0000	0.0000	0.0000	0.0000	0
	II	0.0000	0.2000	0.8000	0.0000	0.0000	5
	III	0.0000	0.0000	0.1724	0.8276	0.0000	29
	IV	0.0000	0.0000	0.0000	0.5000	0.5000	50
	V	0.0000	0.0000	0.0000	0.0000	1.0000	66

注:n表示各状态空间初期的频数。

表 4-3 呈现了中国产业结构高度化转移概率的最大似然估计值,提供了高度化演进过程的内部动态信息。归纳表 4-3,同样可得出中国省域的高度化动态演进的四个典型特征。第一,从各时间段的各种状态空间的频数可知,在样本期内,中国产业结构高度在持续提升。例如,在 1978—1982年,低水平区间 I、中低水平区间 II、中等水平区间 III、中高水平区间 IV、高水平区间 V 的频数分别为 80、35、22、7、8,以低水平 I 和中低水平 II 区间为主;到 2003—2007 年,区间 I、II、III、IV、V 的频数变为 0、5、29、50、66,IV、V 区间的频数明显增加,并占据了主要份额。第二,相对于合理化而言,中国产业结构高度化分布具有更强的稳定性,组间流动性更小。综观六个转移概率矩阵的对角线元素,概率数值大部分都大于 50%。这表明,各省(自治区、直辖市)高度化水平在下一期仍保持上一期状态的概率,比其转变到

其他状态空间的概率更大。第三,省域的高度化在 $t+1$ 期转向更高水平状态空间的概率比其跌至更低水平状态空间的概率更大。例如,从 1983—1987 年到 1988—1992 年的转移概率矩阵中,中低水平区间Ⅱ的样本在 $t+1$ 期转型升级到中等水平区间Ⅲ、中高水平区间Ⅳ和高水平区间Ⅴ的概率依次为 30.65%、0% 和 0%,而倒退回低水平区间Ⅰ的概率仅为 12.90%。第四,省域的高度化转型同样更多的是循序渐进的"拾级而上",而不是"跨越式"升级。如上面 1983—1987 年到 1988—1992 年转移概率矩阵区间Ⅱ的例子,状态空间转移发生在相邻状态空间分别为 30.65% 和 12.90%,跨区间状态转移的概率则都是 0%。

表 4-4 呈现的是高度化的初始分布和应用马尔可夫链模型计算的稳态分布,也即高度化动态演进的长期均衡状态。表 4-4 显示,如果中国省域产业结构高度化过程仍按照 1978—2012 年这 35 年的规律发展。那么,相对于初始分布,高度化的长期趋势将表现为省(自治区、自辖市)处在低水平区间Ⅰ、中低水平区间Ⅱ和中等水平区间Ⅲ的比例降低,处在中高水平区间Ⅳ和高水平区间Ⅴ的比例增加。高水平区间Ⅴ将成为主导,将由开始时仅占 4.00% 跃升至 86.28%,占据绝大部分,而处在低水平区间Ⅰ的省(自治区、直辖市)将由初始分布的最大份额 53.33% 降为 0%,也即,在长期,低水平区间Ⅰ将消失,中低水平区间Ⅱ和中等水平区间Ⅲ的省(自治区、直辖市)比例也将由较大份额的 23.33% 和 14.67% 降至极小份额的 0.37% 和 2.20%。

表4-4　中国产业结构高度化的初始分布与稳态分布

分布	Ⅰ	Ⅱ	Ⅲ	Ⅳ	Ⅴ
初始分布	0.5333	0.2333	0.1467	0.0467	0.0400
稳态分布	0.0000	0.0037	0.0220	0.1115	0.8628

第四节　简要回顾

本章首先从产业结构合理化和高度化两个维度完善中国产业结构优化

升级的测量指标,进而对中国整体和东部、中部、西部区域的合理化和高度化水平进行统计性描述,然后利用核密度估计模型和马尔可夫转移概率矩阵模型对合理化和高度化的空间分布格局、动态演进过程和稳态分布趋势进行实证分析。结果表明:第一,样本期内,无论是全国还是区分东部、中部、西部分析,总体趋势是产业结构越来越合理,产业结构高度也在持续升级。其中,东部地区产业结构相较中、西部而言,更为合理和高级。第二,从全国整体和东部、中部、西部区域内部分析,都发现省(自治区、直辖市)间的合理化水平的差距在逐步缩小,但各省(自治区、直辖市)高度化水平的差距在逐步扩大。第三,全国和西部地区合理化水平的极化现象不明显,但东部和中部地区经历了从多极分化到单极收敛的过程。高度化方面,在样本期内,全国整体和东部、中部、西部区域内部的分析都显示,随时间推移,产业结构高度水平的分布都从单波峰分布逐步演变为多波峰分布,虽全国整体和东部、中部、西部区域的波峰收敛陡峭程度有所差异,但都经历了从单极收敛到多极分化的相同过程。第四,从马尔可夫链模型分析可知,中国省域合理化和高度化的分布都具有较强的稳定性,组间流动性较小,合理化和高度化水平在下一期仍保持上一期状态的概率比其转变到其他状态空间的概率更大;合理化和高度化在 $t+1$ 期转向更高水平状态空间的概率比其跌至更低水平状态空间的概率更大;省域的合理化和高度化转型更多地体现为循序渐进的"拾级而上",而不是"跨越式"升级。

第五章　中国省域生态效率的测度

　　解决了基于经济高质量发展的产业结构优化升级的定量问题之后,还要对省域生态发展水平进行定量识别,分别采用生态效率指数和生态文明发展指数予以表征。

　　近年来,世界各国和地区的工业化和经济增长迅速,但伴随而来的是生态环境的严重退化。生态效率(Eco-efficiency)①能够同时反映经济发展和生态环境的状况,已被国际组织和研究机构普遍采纳作为衡量区域高质量发展和生态文明水平的核心指标(Yu 等,2013)。世界可持续发展商业委员会把它界定为"基于更少的资源,排出更少的废物和污染的前提下,创造更丰富的商品和服务价值"(WBCSD,2000)。经济合作与发展组织(OECD)将生态效率这个概念扩展到政府、工业企业和组织的各个领域(OECD,2002),并随后被联合国贸易与发展会议(UNCTAD)和欧洲环境署(EEA)等组织和研究机构所广泛采用(袁增伟和毕军,2010)。相较单一的资源或排放指标,生态效率能更全面和准确地反映生态环境的全方位影响以及生态文明建设的内涵。现有文献大多采用数据包络分析方法(DEA)对其测算,但传统 DEA 模型存在小样本有偏(如对省域数据的研究)、不能进行统计性检验等问题(西马尔和威尔逊(Simar 和 Wilson),1998)。统计意义上,传统 DEA 模型的测量值也是有偏和不一致的,这需要引入 Bootstrap 方法来修正效率估计值的偏差,得出更准确和稳健的结果(Kneip 等,2008)。因此,本章依托威尔逊(Wilson,2008)提出的 Bootstrap-DEA 方法,在可获取的文献范围内,首次尝试使用 Bootstrap-DEA 模型对中国省域

---

　　①　Eco-efficiency 的翻译存在一定的争议,国内亦有部分学者将其翻译为"环境效率",但从"eco",即"ecological"的英文字义以及 Eco-efficiency 本身的内涵定义,本书认为"生态效率"的译法更适合。

生态效率进行测算,通过数值模拟自助法生成大量模拟样本值,修正 DEA 效率估计的偏误,并得出效率值对应的置信区间,进而剖析省域生态效率变动趋势和省域间差异。

第一节 生态效率概念与测算方法

建设生态美丽中国是一个新的"筑梦"部署。新形势下,中国既要加强各产业的生态化战略转型,更要深化各省(自治区、直辖市)在产业生态化战略转型的合作,方可"圆梦"绿色生态大中华。目前,对高质量发展和生态文明的研究多为对问题的定性描述和诠释,缺乏数据定量和严格的实证支撑。如何对区域高质量发展和生态文明的发展水平进行科学、全面的测算和评价,进而寻求"转变经济发展方式,建设生态文明,实现绿色发展"的实施途径,是当前中国经济研究的重点和难点。

生态效率(Eco-efficiency)的概念最早由沙尔特格和斯特姆(Schaltegger 和 Sturm,1990)提出,已被普遍采纳作为衡量企业、地区或国家的高质量发展和生态文明水平的核心指标。学界对生态效率的研究,后续成果渐丰。目前,学者对生态效率的定量测算,以数据包络分析法更为主流[①]。从研究进展看,国内外已有不少学者利用数据包络分析方法(Data Envelopment Analysis,DEA)以及其衍生模型对生态效率的测算展开了探索。最早的有戴克霍夫和艾伦(Dyckhoff 和 Allen,2001)着重剖析 DEA 模型处理非期望产出的途径,构建了 DEA 生态效率测算的基础模型框架。哈迪等(Hadi Vencheh 等,2005)构建了投入导向型的生态效率 DEA 模型,把污染物作为非期望产出纳入模型。其后,关于生态效率测算的文献开始逐年增加,逐渐成为学界研究的热点话题。学者们从微观公司层面、产业中观层面、省(自治区、直辖市)域层面等多个角度,依托各种改良的 DEA 方法测算生态效

---

① 生命周期分析法(LCA)主要被应用于企业微观经营领域,一般作为产品生态效率的管理工具使用,对评价者的偏好依赖性比较强,技术方法上也不够成熟和完善,所以未得到学界的普遍认可。

率。比较有代表性的文章可以从研究对象、样本时间、评价模型①、DEA 模型、投入产出指标选取、是否有对指标实行 Pearson 相关性检验等方面，予以系统归纳和梳理（见表5-1）。例如，使用传统 DEA 模型的有科隆宁和卢帕塔克（Korhonen 和 Luptacik，2004）、张兵等（Zhang 等，2008）、杨斌（2009）等；为解决角度与径向选择所导致的投入产出"松弛性"问题，基于松弛测度的 SBM 方向性距离函数 DEA 模型的有胡鞍钢等（2008）、王兵等（2010）等；结合 SFA（StochasticFrontierAnalysis）模型、Tobit 模型等进行多阶段 DEA 模型研究的有邓波等（2011）、初善冰等（2012）、匡远凤和彭代彦（2012）等；采用超效率 DEA 模型的有王恩旭和武春友（2011）等。上述研究虽然成果斐然，但他们忽视了生态效率测算中的统计性问题，未能区分真实值和估计值。DEA 模型是基于微观企业效率测算而出现的（如对某特定地区的工厂或者企业的微观数据进行效率测算）。由于微观调查数据是所有企业总体中的"无噪声"数据，所以其计算得出的 DEA 模型前沿面必然是真实的前沿。也就是说，传统 DEA 模型的结果是测算出来的，而不是估算出来的（Coelli 等，2008），因此也没有必要考虑抽样的变异性。但是，对于省域生态效率的测算却不相同，由于省域的宏观数据更多的是通过普查抽样而估算出来的，所以必须考虑其统计性质。自抽样数据包络分析模型（Bootstrap-DEA）通过修正生态效率估计值的偏倚，并能给出生态效率测算的置信区间，正能弥补传统数据包络分析模型（DEA）的不足。

表5-1　生态效率测算建模的研究进展

文献	研究对象	样本时间	评价模型	DEA模型	投入指标	产出指标	相关检验
科尔霍宁和卢帕塔克(2004)	欧洲24家发电厂	2003	CCR	传统DEA	煤、二氧化硫、NO_x	发电量	否

① 主要分为 CCR（也称为 CRS 模型，规模报酬不变）和 BCC（也称为 VRS 模型，规模报酬可变）两种，主要区别则详见本章第二节的模型解析。

续表

文献	研究对象	样本时间	评价模型	DEA模型	投入指标	产出指标	相关检验
张炳等（2008）	中国30个省（自治区、直辖市）	2004	CCR	传统DEA	水资源、矿产资源、能源、COD、二氧化硫、NOx、粉尘排放	工业产值	否
胡鞍钢等（2008）	中国30个省（自治区、直辖市）	1978—2005	CCR	DEA和方向性距离函数	废水、固体废弃物、COD、二氧化硫、二氧化碳、从业人员数、资本投入、TFP	GDP	否
杨斌（2009）	中国30个省（自治区、直辖市）	2000—2006	CCR	传统DEA	废水、废气、固体废弃物排放，能源消耗，水资源、土地消耗	GDP	否
王兵等（2010）	中国30个省（自治区、直辖市）	1998—2007	BCC	SBM方向性距离函数DEA	二氧化硫、COD、从业人员数、能源消费、资本投入	GDP	否
邓波等（2011）	中国30个省（自治区、直辖市）	2008	BCC	三阶段DEA-SFA	化学需氧量、二氧化硫、固体废弃物排放、能源消耗量、资本投资、就业人员数	GDP	是
王恩旭和武春友（2011）	中国30个省（自治区、直辖市）	1995—2007	BCC	超效率DEA	土地面积、水资源、能源、污染物排放、碳排放	GDP	否

续表

文献	研究对象	样本时间	评价模型	DEA模型	投入指标	产出指标	相关检验
初善冰等(2012)	中国30个省(自治区、直辖市)	1997—2010	CCR	二阶段DEA-Tobit	工业用水量、能源消耗量、二氧化硫、废水、粉尘、固体废弃物排放	工业增加值	否
匡远凤和彭代彦(2012)	中国30个省(自治区、直辖市)	1995—2009	BCC	广义Malmquist-DEA和SFA	就业人员数、教育年限、资本投资、基础设施投入、市场化指数、二氧化碳	GDP	否

　　自抽样数据包络分析模型(Bootstrap-DEA)的理念最早由西马尔和威尔逊(Simar和Wilson,1998)提出,后续学者不断予以改进和完善(Wilson,2008;Simar等,2012),使其得以逐步应用到效率分析的各领域。如霍登(Hawdon,2003)用于研究国际天然气产业的绩效和管制水平;山格胡扎和鲁德尼克(Sanhueza和Rudnick,2004)用于研究智利电力生产的效率;巴罗斯和皮波奇(Barros和Peypoch,2008)用于研究葡萄牙热电发电厂的技术效率;斯泰特(Staat,2006)用于研究德国医院的效率;格罗舍(Grösche,2009)用于研究美国住宅的能源效率;汉尼和波利特(Haney和Pollitt,2009)基于跨国调查数据,用于研究40个国家的能源网络效率;周鹏等(Zhou等,2010)用于研究全球碳排放最多的18个国家的全要素碳排放绩效;哈尔科斯和泽雷姆斯(Halkos和Tzeremes,2012)用于研究希腊23个制造行业的财务比率绩效评估;埃西德等(Essid等,2013)用于研究突尼斯高中的规模效率;宋马林等(Song等,2013)用于金砖国家的能源效率分析。遗憾的是,在可掌握的文献范围,国内鲜有文献用自抽样数据包络分析模型进行效率分析。仅有刘晓欣等(2011)用于研究中国工业行业的能源效率,林江等(2011)用于研究"泛珠三角"区域合作与科技成果的转化效率,刘伟(2013)

用于研究中国高新技术产业的技术创新效率变动。暂未发现国内外有文献应用自抽样数据包络分析模型以测算区域生态效率。本章通过自抽样数据包络分析模型生成大量数值模拟样本对 1998—2012 年中国 30 个省（自治区、直辖市）的生态效率进行测算①，并将测算结果按照东部、中部、西部、东北四个区域进行划分，检验生态效率时空演进趋势的收敛性质。本章修正了传统数据包络分析模型的生态效率测度偏差，计算出生态效率值的置信区间，弥补传统数据包络分析模型的小样本有偏和无法统计检验的不足，精确并全面地展现中国生态效率的区域分布特点和发展趋势，在一定程度上弥补了该领域未臻完善之处。

第二节　生态效率测算模型构建

本节构建中国省域生态效率测算的自抽样数据包络分析模型，为后文的实证分析做准备。

一、数据包络分析模型（DEA）

在构建自抽样数据包络分析模型（Bootstrap-DEA）之前，需先对传统数据包络分析模型的基础含义予以简述。传统 DEA 模型假定存在生产可能性集合 Ψ：

$$\Psi = \{(x,y) \in R_+^{p+q} \,|\, x\,can\,produce\,y\} \tag{5-1}$$

式（5-1）表示，p 项投入 x 可以生产出 q 项产出 y，投入要素集 $X(y)$ 定义为：

$$X(y) = \{x \in R_+^p \,|\, (x,y) \in \Psi\} \tag{5-2}$$

式（5-2）满足三个假设：第一，对所有 y，$X(y)$ 满足凸性假设；第二，非零的产出 y 要求投入变量 x 部分非零；第三，投入 x 和产出 y 都满足强可处置性。

---

① 中国省域 1998 年之前的资源和生态环境数据、西藏自治区的统计数据均缺失较为严重，中国台湾、中国香港和中国澳门与大陆各省（自治区、直辖市）则存在统计口径的非一致问题。因此，基于可得性和统计口径一致性，样本选用 1998—2012 年中国除西藏、中国台湾、中国香港和中国澳门之外的 30 个省（自治区、直辖市）面板数据。

投入要素集 $X(y)$ 的效率边界是 $\partial X(y)$,定义为:

$$\partial X(y) = \{x \mid x \in X(y) , \theta x \notin X(y) , \forall 0 < \theta < 1\} \qquad (5-3)$$

对给定的投入和产出组合 (x_k, y_k) , $\theta_k = \min\{\theta \mid \theta x_k \in X(y_k)\}$ 为投入导向型①的效率测算值。

若存在样本观察值集合 $S = \{(x_i, y_i) \mid i = 1, \cdots, n\}$,通过式(5-2)和式(5-3)可以求得对应的 $\hat{X}(y)$ 、$\partial \hat{X}(y)$ 和 $\hat{\theta}$,其中 $\hat{\theta}_k$ 可通过如下线性规划问题式(5-4)求得,式(5-4)就是规模收益不变 DEA 模型,由于最早由查尔内斯、库珀和罗德斯(Charnes、Cooper 和 Rhodes,1978)提出,所以又被称为 CCR 模型。

$$\hat{\theta}_k = \min\left\{\theta \,\middle|\, \begin{array}{l} y_k \leqslant \sum_{i=1}^{n} \lambda_i y_i ; \theta x_k \geqslant \sum_{i=1}^{n} \lambda_i x_i ; \theta > \\ 0; \lambda_i \geqslant 0, \end{array} \, i = 1, \cdots, n \right\} \qquad (5-4)$$

在不满足所有个体都以最优规模生产的条件下,CCR 模型会导致技术效率(TE)测量结果与规模效率(SE)混淆。班克、查恩斯和库珀(Banker、Charnes 和 Cooper,1984)为克服该问题,通过增加凸性约束条件 $\sum_{i=1}^{n} \lambda_i = 1$ 添加到式(5-4)中形成式(5-5),即规模收益可变 DEA 模型,或称 BCC 模型②。

$$\hat{\theta}_k = \min\left\{ \begin{array}{l} \theta \mid y_k \leqslant \sum_{i=1}^{n} \lambda_i y_i ; \theta x_k \geqslant \sum_{i=1}^{n} \lambda_i x_i ; \theta > \\ 0; \sum_{i=1}^{n} \lambda_i = 1 ; \lambda_i \geqslant 0, i = 1, \cdots, n \end{array} \right\} \qquad (5-5)$$

二、自抽样数据包络分析模型(Bootstrap-DEA)

自抽样方法(Bootstrap)是一种被广泛应用于各种统计分析的再抽样技

---

① 亦可使用产出导向型模型。在实际应用中,一般要根据管理者最希望控制的变量(投入或产出)而确定模型的导向,但是,科埃利和佩雷尔曼(Coelli 和 Perelman,1999)已证明了在大部分情况下,导向的选择对实证结果的影响是非常微小的。由于生态效率的投入变量是基础的决策变量,而且相较其产出变量更易于控制,所以本书采用投入导向型模型。

② BCC 模型通过构建一个相交面组成的凸包,将观察变量包络得比 CCR 模型的锥包更为紧凑,因而测算所得的技术效率值将大于或等于 CCR 模型测算的结果。

术。一般从观察到的样本数据集中随机抽取[①]成千上万个"伪样本"进行数值模拟，进而从每个"伪样本"获得"伪估计值"，并通过构建估计量的大量模拟样本的经验分布以逼近估计量样本的真实分布。近年来，伴随廉价计算能力的出现，自抽样方法变得更容易实现而越来越普及。西马尔和威尔逊（Simar 和 Wilson，2000）提出了一个校正偏倚、无效率分值密度的非参数核估计，并从该密度中抽取伪样本的自抽样数据包络分析模型（Bootstrap-DEA），蒙特卡罗模拟也证明该模型取得了良好的效果。依托该方法也使DEA 模型实现了假设检验和置信区间（Confident Interval）构建。自抽样数据包络分析模型（Bootstrap-DEA）实施过程如下：

第一步：对所有决策元 $DMU(x_k, y_k)$，$k=1,\cdots,n$，使用传统 DEA 模型计算效率分值 $\hat{\theta}_k$。

第二步：对第一步计算所得的 n 个决策元的效率得分 $\hat{\theta}_k$，$k=1,\cdots,n$，通过 Bootstrap 方法生成 n 列随机效率值 $\theta^*_{1b},\cdots,\theta^*_{nb}$（$b$ 为第 b 次的 Bootstrap 迭代）。

第三步：计算每一个"伪样本"（X^*_{kb}，Y_k），$k=1,\cdots,n$，其中，$X^*_{kb} = (\hat{\theta}_k / \theta^*_{nb}) {}^* X_k$，$k=1,\cdots,n$。

第四步：从每个"伪样本"利用 DEA 方法获得"伪估计值" $\hat{\theta}^*_{kb}$，$k=1,\cdots,n$。

第五步：通过重复上述过程第一步到第四步 B 次，可以得出一系列的效率值 $\hat{\theta}^*_{kb}$，$b=1,\cdots,B$。

由于 DEA 模型在样本较少（如省域数据）的情况下可能产生测量偏差，而平滑分布的 Bootstrap-DEA 模型通过模拟原始样本估计量的分布，可以修正传统 DEA 模型的估计偏差（Ausina 等，2008），如下：

$$Bias(\hat{\theta}_k) = E(\hat{\theta}_k) - \hat{\theta}_k \tag{5-6}$$

$$Bias(\hat{\theta}_k) = B^{-1}\sum_{b=1}^{B}(\theta^*_{kb}) - \hat{\theta}_k \tag{5-7}$$

自抽样数据包络分析模型（Bootstrap-DEA）修正偏差后的效率估计值是：

---

①　抽样方法为简单随机放回抽样法。

$$\widetilde{\theta}_k = \widehat{\theta}_k - B\,\widehat{ias}(\widehat{\theta}_k) = 2\,\widehat{\theta}_k - B^{-1}\sum_{b=1}^{B}(\widehat{\theta}_{kb}^*) \tag{5-8}$$

对应的置信区间为：

$$P_r(-\widehat{b}_\alpha \leqslant \widehat{\theta}_{kb}^* - \widehat{\theta}_k \leqslant -\widehat{\alpha}_\alpha) = 1 - \alpha \tag{5-9}$$

$$P_r(-\widehat{b}_\alpha \leqslant \widehat{\theta}_k - \theta_k \leqslant -\widehat{\alpha}_\alpha) \approx 1 - \alpha \tag{5-10}$$

$$\widehat{\theta}_k + \widehat{\alpha}_\alpha \leqslant \theta_k \leqslant \widehat{\theta}_k + \widehat{b}_\alpha \tag{5-11}$$

第三节　变量与数据说明

一、投入产出指标的选取和数据来源

根据第一节代表性测算文献的归纳分析,考虑到数据可获性,对本章投入产出指标的选取和数据来源予以以下列示。

生态效率的产出指标衡量的是企业或地区所生产的产品或者服务的价值总和。过往研究中国省域生态效率的文献也大多选用各省(自治区、直辖市)的地区生产总值(GDP)作为产出指标,本章也遵循该思路,选取 GDP 作为产出指标。

生态效率的投入指标方面,综合前人研究,力求全面囊括各个可能的生态效率投入变量要素,依次选取国内生产总值从业人员数、资本存量、耕地面积、城市建设用地面积、城市用水总量、能源消耗总量、二氧化硫排放量、固体废弃物排放量、废水排放量、烟尘排放量以及粉尘排放量。其中,资本存量指标参考张军等(2004)估算并拓展更新;各种污染排放指标属于"非合意产出"(Undesirable Output),其特点是越小越好,本书依据已有文献的做法作为投入指标处理[1]。上述指标数据来源为《新中国 60 年统计资料汇编》、历年《中国统计年鉴》、各省(自治区、直辖市)历年的统计年鉴和统计公报、《中国环境年鉴》《中国环境统计年鉴》《中国能源统计年鉴》整理所得。指标统计描述见表 5-2。

---

[1]　将污染排放等"非合意产出"作为生态效率 DEA 模型投入变量进行计算的原理及其证明详见戴克霍夫和艾伦(Dyckhoff 和 Allen, 2001)和科隆宁和卢帕塔克(Korhonen 和 Luptacik, 2004),限于篇幅,本书不作累赘铺陈。

表 5-2　中国省域生态效率投入和产出变量的描述性统计

变量	符号	单位	样本数	均值	标准差	最小值	最大值
国内生产总值	GDP	亿元	450	6989.88	7966.77	77.2	53210.3
从业人员数	L	万人	450	2195.07	1523.30	118.5	6041.6
资本存量	K	亿元	450	3906.08	4368.74	81.0	29458.6
耕地面积	GD	千公顷	450	4144.43	2818.51	231.7	11838.4
城市建设用地面积	JSYD	万公顷	450	7.81	6.38	0.2	40.7
城市用水总量	YS	亿立方米	450	14.14	12.63	0.3	80.6
能源消耗总量	NY	万吨标准煤	450	7968.08	6386.99	0.0	37132.0
二氧化硫排放量	SO_2	万吨	450	58.02	39.73	0.1	176.0
固体废弃物排放量	GF	万吨	450	4578.05	4856.35	5.0	45129.0
废水排放量	FS	万吨	450	70928.10	60979.90	612.0	296318.0
烟尘排放量	YC	万吨	450	26.36	21.30	0.1	143.3
粉尘排放量	FC	万吨	450	25.58	21.94	0.1	100.6

二、投入产出指标的皮尔森相关检验

数据包络分析模型要求投入指标和产出指标需要满足"保序性"（Isotonicity）假设，也即在投入指标增加的时候，产出指标不能减少（邓波等，2011）。本章采用皮尔森相关系数检验法（Pearson）予以分析（见表5-3）。检验结果显示，各省（自治区、直辖市）生态效率投入变量中除了耕地面积（GD）、烟尘排放量（YC）、粉尘排放量（FC）三个变量外，与产出变量国内生产总值（GDP）的相关系数都为正，并在1%的水平下显著。因此，下面生态效率的测算过程对耕地面积（GD）、烟尘排放量（YC）、粉尘排放量（FC）三个变量进行剔除，以使 DEA 指标满足"保序性"（Isotonicity）原则。

表5-3　生态效率产出变量与投入变量的皮尔森相关系数分析

投入变量	L	K	GD	JSYD	YS	NY
	0.627*	0.876*	0.124	0.827*	0.670*	0.880*
	(0.0000)	(0.0000)	(0.6727)	(0.0000)	(0.0000)	(0.0000)
投入变量	SO$_2$	GF	FS	YC	FC	
	0.522*	0.483*	0.679*	0.121	0.044	
	(0.0000)	(0.0000)	(0.0000)	(0.7984)	(1.0000)	

注:*表示在1%水平下显著,括号中为检验的 p 值。

第四节　中国省域生态效率的测度结果分析

一、中国省域生态效率测度结果

本节根据上述模型设定和数据基础对中国省域生态效率值和置信区间进行估算。自抽样数据包络分析模型(Bootstrap-DEA)的迭代次数设定为2000次、置信水平设为95%。[①] 另外,虽然 CCR 规模报酬不变的假设[即式(5-4)]适用于所有单元都处在最优规模运作的情况,但是,由于不完全竞争、政府管制和补贴、财政约束等因素,导致各地区不可能在最优规模下运作,所以省域生态效率的测算选用规模报酬可变的 BCC 假设[即式(5-5)]更为适合。测度结果呈现于表5-4、图5-1 和表5-5。

表5-4 以 2012 年为例,呈现各省(自治区、直辖市)的生态效率的传统DEA 测算值和基于自抽样数据包络分析模型(Bootstrap-DEA)的修正效率值以及对应的置信区间。表5-4 中,第二列和第三列列示的是数据包络效率值和自抽样数据包络分析模型(Bootstrap-DEA)的修正效率值,可发现它

---

① 自抽样数据包络分析模型(Bootstrap-DEA)的迭代次数越多,效率值的计算结果越准确。置信水平设定越高,置信区间上下限之间的距离越小。本章也尝试进行了敏感性分析,对生态效率 Bootstrap-DEA 模型的估计参数予以替换,迭代次数依次替换为 1000 次、3000 次、5000 次;置信水平分别替换为 90%、99%,所测算结果与上述结果差距并不大,说明基于Bootstrap-DEA 模型生态效率估算的鲁棒性(Robustness)较强,结果较稳健可信。

们并不相等,但呈现出相似的变动趋势。第四列是 DEA 效率值和自抽样数据包络分析模型(Bootstrap-DEA)修正值之差,虽然差值随省份的不同而各异,但皆为正值,说明传统 DEA 效率值存在高估偏误。第五列为自抽样数据包络分析模型(Bootstrap-DEA)估计的方差项。第六列和第七列是置信区间的上边界和下边界,可发现 Bootstrap-DEA 效率值基本都在置信区间内,而传统数据包络分析效率值大多位于置信区间之外,当数据包络分析效率值在置信区间之外时说明该估计值的偏误比较严重(Simar 和 Wilson,2000)。根据置信区间的上下边界,可以判断效率真实值的大概统计位置(Ausina 等,2008),若两个省(自治区、直辖市)的生态效率估计置信区间重叠部分越多,说明两地的生态效率值相等的概率越大。

表 5-4　2012 年中国省域生态效率值和置信区间

地区	DEA 效率值	Bootstrap-DEA 修正效率值	偏差	方差	下边界	上边界
北京	1.000	0.917	0.083	0.017	0.752	0.998
天津	1.000	0.910	0.090	0.020	0.713	0.998
河北	1.000	0.951	0.049	0.001	0.897	0.998
山西	0.897	0.874	0.023	0.000	0.849	0.895
内蒙古	1.000	0.961	0.040	0.001	0.909	0.998
辽宁	1.000	0.949	0.051	0.001	0.900	0.998
吉林	0.861	0.833	0.027	0.000	0.796	0.859
黑龙江	1.000	0.954	0.046	0.001	0.909	0.998
上海	1.000	0.919	0.081	0.011	0.780	0.998
江苏	1.000	0.924	0.076	0.008	0.798	0.998
浙江	1.000	0.929	0.071	0.007	0.807	0.998
安徽	1.000	0.931	0.069	0.006	0.826	0.998
福建	1.000	0.931	0.069	0.005	0.833	0.998

续表

地区	DEA效率值	Bootstrap-DEA修正效率值	偏差	方差	下边界	上边界
江西	1.000	0.904	0.096	0.020	0.741	0.998
山东	1.000	0.938	0.062	0.004	0.853	0.998
河南	0.904	0.879	0.025	0.000	0.848	0.903
湖北	0.951	0.921	0.030	0.000	0.884	0.949
湖南	0.990	0.959	0.031	0.000	0.922	0.988
广东	1.000	0.912	0.088	0.017	0.735	0.998
广西	0.755	0.732	0.024	0.000	0.703	0.754
海南	1.000	0.920	0.080	0.011	0.785	0.998
重庆	0.690	0.668	0.023	0.000	0.633	0.689
四川	0.893	0.866	0.027	0.000	0.837	0.891
贵州	0.961	0.934	0.027	0.000	0.899	0.960
云南	1.000	0.913	0.087	0.015	0.759	0.998
陕西	1.000	0.974	0.026	0.000	0.946	0.998
甘肃	0.582	0.562	0.019	0.000	0.530	0.580
青海	1.000	0.904	0.096	0.022	0.711	0.998
宁夏	1.000	0.966	0.034	0.000	0.928	0.998
新疆	0.933	0.908	0.025	0.000	0.884	0.932

代表性年份的数据包络分析（DEA）效率值、自抽样数据包络分析（Bootstrap-DEA）效率值和估计偏差也可见图5-1。同样可发现传统 DEA 效率测算值存在一定的高估偏差,偏差值达到原测算值的 10%—20% 不等,并且这种偏差在各省之间并不相等,偏差的存在也可能会使生态效率的省际相对水平差距出现偏误。所以,相对于采用传统数据包络分析（DEA）方

法测算的结果,自抽样数据包络分析(Bootstrap-DEA)方法测算的指数结果
使得实证分析得出的结论更加可信。

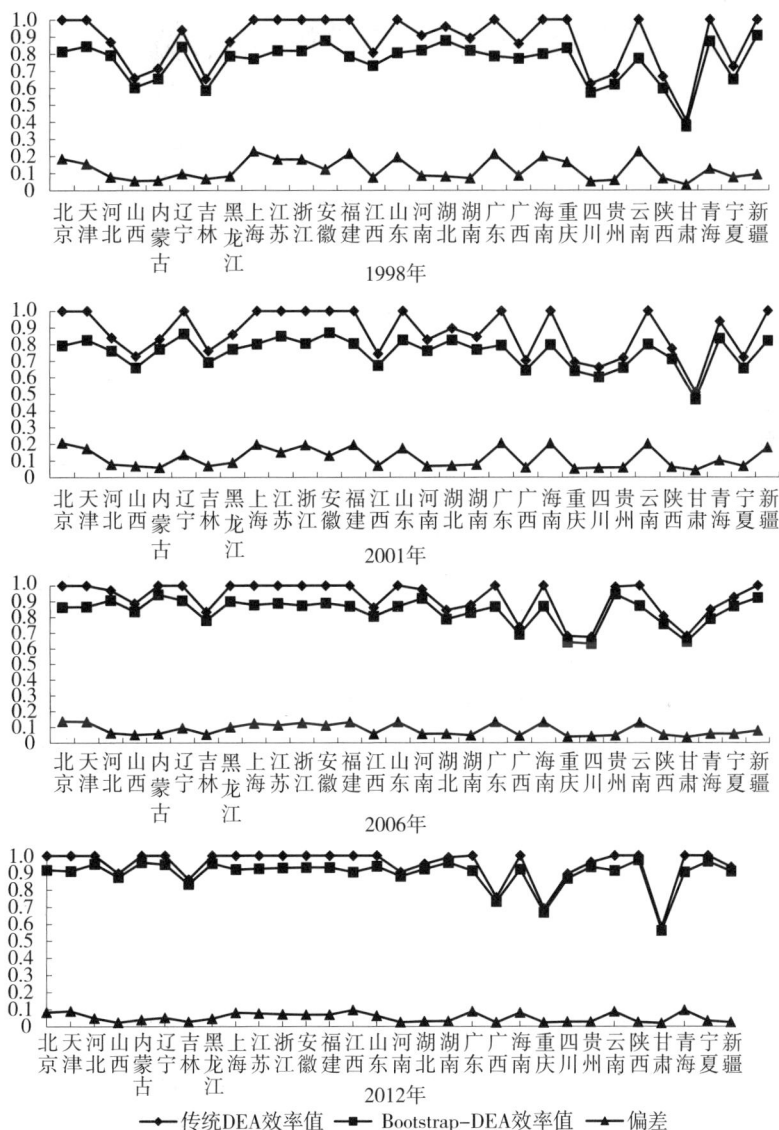

图5-1　代表性年份的省域生态效率值和估计偏差

二、中国省域生态效率的区域差异和变动趋势分析

根据自抽样数据包络分析(Bootstrap-DEA)对省域生态效率的测度结果(见表5-5),可进一步分析省域生态效率的区域差异和变动趋势。下面参照《中国统计年鉴》最新的划分方法,从东部、中部、西部和东北地区区域分别展开讨论。

(一)东部地区

东部十省1998—2012年生态效率的平均值是0.8586,高于全国的平均值0.8135,居于全国首位。整体上,东部省(自治区、直辖市)生态效率在十多年间呈现上升趋势。其中,1998年生态效率均值仅为0.7700,到2012年已达0.9250。东部地区生态效率排名靠前的省(自治区、直辖市)有江苏、浙江、山东、河北,它们同时也处在全国的前列。生态效率之高是源于这些省(自治区、直辖市)的科技创新成效显著,环境保护和产业生态化处于国内领先,各种要素投入转化为生产力的效率较高。东部地区生态效率进步最快的省(自治区、直辖市)分别是河北、福建和上海,生态效率依次提升了0.2730、0.1813和0.1706。东部省(自治区、直辖市)中生态效率最低的省份是广东省,生态效率均值仅为0.8470,排在东部第10位,全国第18位。广东省虽然是全国经济发展最快的省份之一,但也具有众多以"三来一补"为代表的劳动密集型产业,其规模居于全国前列。这些产业多为科技含量相对较低的粗放型产业,对生态环境的污染也相对较大。虽然广东省近年也尝试推行"腾笼换鸟"等有利于产业结构升级和生态环境保护的产业政策,但高能耗、高污染企业的产业转移较多的局限于省内转移,存在二次污染隐患,所以全省整体还未出现较为突出的生态效率提升绩效。

(二)中部地区

中部六省生态效率平均值是0.8240,高于全国的平均值0.8135,居于全国第三位。中部生态效率15年间也呈现了上升趋势,1998年生态效率均值为0.7428,2012年提升了0.1685,达到0.9113。其中,引领中部地区生态效率进步的直接原因是山西省近年生态效率的迅速提升,从1998年的0.5725提升至2012年的0.8735,提升幅度达0.3010,提升幅度居于中部首位,全国前列。山西省是资源大省,煤炭资源丰富。以往,山西省依靠煤炭

产业的核心优势,一定程度上忽视了产业发展过程中的技术提升和环境保护,导致了资源利用效率低、生态环境恶化等严重问题。山西省虽历年生态效率的平均值仍仅为0.7376,位于全国第26名,倒数第5名,但其近年生态效率大幅进步的经验值得其他省(自治区、直辖市)特别是资源型省份借鉴。中部地区生态效率最高的省份是安徽省,其生态效率均值为0.8907,同时也居于全国首位。这是对安徽省近十年经济快速发展,效率不断提升,并引领中部地区"后发崛起"的充分肯定。

(三)西部地区

西部十一省(自治区、直辖市)生态效率的平均值是0.7616,落后于全国0.8135的平均值,排名全国第四位。西部生态效率15年来也呈现出上升趋势,1998年西部生态效率均值仅为0.6345,2012年已达0.8534,提升了0.2189,上升的幅度也是四个区域中最大的。该结果归功于贵州、陕西、宁夏、内蒙古和四川五省区生态效率的大幅提高,依次提升了0.3990、0.3349、0.3159、0.2858和0.2525,领衔全国。从表格数据可发现,上述西部省(自治区、直辖市)生态效率的大幅提升主要发生在2001年之后。这可能源于2000年《国务院关于实施西部大开发若干政策措施的通知》发布后,这些西部省(自治区、直辖市)投资环境得到较大改善,经济增长提速明显并超过全国平均水平,生态环境恶化也得到了有效遏制。然而,需要认识到的是,虽然近年西部省(自治区、直辖市)的生态效率得到了较大幅度的提升,但其生态效率水平仍落后于全国。从2012年的数据看,除陕西、宁夏、内蒙古、贵州和云南之外,其他西部省(自治区、直辖市)的生态效率均排在全国20名之后,甘肃、重庆、广西、四川四省更是分别排在第30位、第29位、第28位和第26位。未来,西部地区仍需加强对生态环境的保护力度,不断谋求产业的优化升级和经济的持续发展。

(四)东北地区

东北三省生态效率的平均值是0.8325,高于全国的平均值0.8135,居于全国第二位。东北生态效率在15年间也呈现了上升趋势,而且比东部、中部地区提升的幅度都要大,从1998年的0.7405提升了0.1716,达到2012年的0.9121。其中,黑龙江省和辽宁省2011年的生态效率更达到了0.9487和0.9543,位居全国的第五名和第七名。从15年均值的排名看,两省分别排在第九名和第四名,也居全国前列。东北地区生态效率起点比较高,近年来更是得到大幅提升,特别是 2003 年《中共中央、国务院关于实施东北地区等老工业基地振兴战略的若干意见》和 2009 年《国务院关于进一步实施东北地区等老工业基地振兴战略的若干意见》政策推行以来,地区以国有企业改革为重点,产业结构持续优化,生态环境明显改善。

表 5-5 各省(自治区、直辖市)自抽样数据包络分析
(Bootstrap-DEA)生态效率的动态变化

年份 地区	1998	1999	2000	2001	2002	2003	2004	2005	2006
北京	0.7986	0.8009	0.7787	0.7928	0.8372	0.8635	0.8628	0.8746	0.8634
天津	0.8140	0.8058	0.7889	0.8269	0.8606	0.8664	0.8643	0.8801	0.8654
河北	0.6783	0.6844	0.7092	0.7616	0.8997	0.9078	0.9032	0.9116	0.9073
上海	0.7486	0.7668	0.7552	0.8021	0.8392	0.8592	0.8527	0.8780	0.8769
江苏	0.8421	0.8506	0.8445	0.8495	0.8661	0.8880	0.9040	0.9120	0.8881
浙江	0.7871	0.8022	0.7786	0.8057	0.8427	0.8641	0.8609	0.8818	0.8731
山东	0.7978	0.8151	0.8098	0.8256	0.8571	0.8640	0.8701	0.8755	0.8674
福建	0.7498	0.7694	0.7591	0.8046	0.8347	0.8595	0.8630	0.8736	0.8682
广东	0.7546	0.7691	0.7578	0.7941	0.8375	0.8556	0.8571	0.8729	0.8666
海南	0.7292	0.7561	0.7562	0.7962	0.8439	0.8668	0.8584	0.8798	0.8677
东部平均	0.7700	0.7820	0.7738	0.8059	0.8519	0.8695	0.8697	0.8840	0.8744
山西	0.5725	0.5786	0.5601	0.6600	0.6810	0.7303	0.8085	0.8448	0.8342
安徽	0.8863	0.8835	0.8698	0.8703	0.8759	0.8874	0.8915	0.8922	0.8892
江西	0.6047	0.6670	0.6440	0.6723	0.7208	0.7374	0.7352	0.7581	0.8037
河南	0.7357	0.7344	0.7381	0.7604	0.8141	0.8028	0.8248	0.8761	0.9180
湖北	0.8844	0.8809	0.8391	0.8259	0.8333	0.7984	0.7569	0.7590	0.7861
湖南	0.7731	0.7724	0.7561	0.7684	0.8537	0.8623	0.7892	0.8019	0.8281
中部平均	0.7428	0.7528	0.7345	0.7596	0.7965	0.8031	0.8010	0.8220	0.8432
内蒙古	0.6747	0.7791	0.7818	0.7719	0.8403	0.9075	0.9501	0.9411	0.9427
广西	0.5957	0.6063	0.5920	0.6436	0.6738	0.6782	0.6829	0.6944	0.6892
重庆	0.5901	0.6461	0.5868	0.6399	0.9117	0.7865	0.7166	0.7128	0.6398
四川	0.6136	0.6190	0.5953	0.6033	0.6315	0.6858	0.6784	0.6607	0.6303
贵州	0.5349	0.5786	0.5651	0.6590	0.6186	0.7674	0.8002	0.8415	0.9446

续表

年份 地区	1998	1999	2000	2001	2002	2003	2004	2005	2006
云南	0.7412	0.7553	0.7577	0.7990	0.8342	0.8600	0.8541	0.8754	0.8714
陕西	0.6393	0.6336	0.6379	0.7112	0.7886	0.7982	0.7877	0.7856	0.7550
甘肃	0.3409	0.3793	0.4241	0.4674	0.5484	0.5789	0.5552	0.6348	0.6431
青海	0.8035	0.8492	0.7988	0.8350	0.8360	0.8627	0.8839	0.8761	0.7886
宁夏	0.6502	0.6623	0.6584	0.6555	0.6773	0.6733	0.7092	0.8469	0.8686
新疆	0.7950	0.7892	0.8070	0.8212	0.8471	0.9229	0.9265	0.8943	0.9226
西部平均	0.6345	0.6635	0.6550	0.6915	0.7461	0.7747	0.7768	0.7967	0.7905
辽宁	0.8767	0.8914	0.8731	0.8635	0.8784	0.8898	0.8924	0.9140	0.9056
吉林	0.5821	0.6399	0.6424	0.6923	0.7370	0.7748	0.8098	0.8117	0.7787
黑龙江	0.7627	0.7022	0.6997	0.7711	0.8374	0.9085	0.8833	0.9025	0.8999
东北平均	0.7405	0.7445	0.7384	0.7756	0.8176	0.8577	0.8618	0.8761	0.8614
全国平均	0.7119	0.7290	0.7188	0.7517	0.7986	0.8203	0.8211	0.8388	0.8361

年份 地区	2007	2008	2009	2010	2011	2012	2012 排名	历年 均值	均值 排名
北京	0.8691	0.8833	0.8976	0.8765	0.8984	0.9168	17	0.8543	12
天津	0.8749	0.8868	0.8910	0.8827	0.8984	0.9101	20	0.8611	8
河北	0.9310	0.9331	0.9373	0.9383	0.9382	0.9513	6	0.8662	6
上海	0.8693	0.8840	0.8941	0.8892	0.9011	0.9192	16	0.8490	15
江苏	0.8876	0.8976	0.9085	0.9059	0.9213	0.9241	13	0.8860	2
浙江	0.8723	0.8876	0.9006	0.8999	0.9140	0.9289	12	0.8600	10
山东	0.8674	0.8813	0.8895	0.8829	0.9068	0.9375	8	0.8632	7
福建	0.8781	0.8869	0.9038	0.8984	0.9128	0.9311	10	0.8529	13
广东	0.8726	0.8823	0.8913	0.8829	0.8985	0.9118	19	0.8470	18
海南	0.8680	0.8840	0.8922	0.8821	0.9027	0.9196	15	0.8472	17
东部平均	0.8790	0.8907	0.9006	0.8939	0.9092	0.9250	(1)	0.8586	(1)
山西	0.7336	0.8034	0.8092	0.7458	0.8292	0.8735	25	0.7376	26
安徽	0.8778	0.8869	0.9012	0.8971	0.9202	0.9311	10	0.8907	1
江西	0.8340	0.8583	0.9270	0.9255	0.9176	0.9038	23	0.7806	23
河南	0.9265	0.9333	0.9357	0.8890	0.9416	0.8792	24	0.8473	16
湖北	0.7534	0.9279	0.9097	0.8449	0.8352	0.9211	14	0.8371	20

续表

年份 地区	2007	2008	2009	2010	2011	2012	2012 排名	历年 均值	均值 排名
湖南	0.8422	0.9344	0.9337	0.9398	0.9492	0.9590	4	0.8509	14
中部平均	0.8279	0.8907	0.9028	0.8737	0.8988	0.9113	(3)	0.8240	(3)
内蒙古	0.9207	0.9221	0.9123	0.9131	0.9103	0.9605	3	0.8752	3
广西	0.7232	0.7456	0.7358	0.6982	0.7133	0.7319	28	0.6803	28
重庆	0.6535	0.6264	0.7040	0.6461	0.6931	0.6675	29	0.6814	27
四川	0.6489	0.6870	0.7190	0.7473	0.8139	0.8661	26	0.6800	29
贵州	0.9137	0.9031	0.9065	0.9088	0.9312	0.9339	9	0.7871	21
云南	0.8727	0.8810	0.8912	0.8814	0.9068	0.9125	18	0.8463	19
陕西	0.8092	0.8037	0.8311	0.8349	0.9338	0.9742	1	0.7816	22
甘肃	0.6565	0.6516	0.6062	0.5676	0.5799	0.5624	30	0.5464	30
青海	0.8715	0.8812	0.8966	0.8829	0.8983	0.9040	22	0.8579	11
宁夏	0.7518	0.7703	0.8583	0.8706	0.9183	0.9661	2	0.7691	24
新疆	0.9198	0.9293	0.8937	0.8532	0.8502	0.9082	21	0.8720	5
西部平均	0.7947	0.8001	0.8141	0.8004	0.8317	0.8534	(4)	0.7616	(4)
辽宁	0.8374	0.7556	0.7969	0.8550	0.9308	0.9487	7	0.8740	4
吉林	0.7810	0.8786	0.8377	0.8560	0.7912	0.8333	27	0.7631	25
黑龙江	0.9023	0.8982	0.9230	0.9310	0.9286	0.9543	5	0.8603	9
东北平均	0.8402	0.8441	0.8525	0.8807	0.8835	0.9121	(2)	0.8325	(2)
全国平均	0.8340	0.8528	0.8645	0.8542	0.8762	0.8947		0.8135	

三、中国省域生态效率的 σ 收敛检验

从表5-5可以发现，中国的东部、中部、西部、东北部地区生态效率存有一定的地域差异性。有必要进一步使用 σ 收敛检验法对中国省域生态效率变迁的区域特征和演变规律予以研究。σ 收敛检验方法最初被用于测算经济增长指标在地区间的离散程度和差异（曾先锋和李国平，2008），本章借以分析中国省域生态效率的地区间收敛性质。σ 收敛检验的公式为：

$$\sigma_t = \left\{ N^{-1} \sum_{m=1}^{N} \left[btr_m(t) - \left(N^{-1} \sum_{k=1}^{N} btr_k(t) \right) \right]^2 \right\}^{\frac{1}{2}} \qquad (5-12)$$

式(5-12)中,$btr_k(t)$指代某省(自治区、直辖市)k在第t年的Bootstrap-DEA生态效率,N表示各区域的总省(自治区、直辖市)数目。若$\sigma_{t+1} > \sigma_t$,则表示该区域省份之间的生态效率差距在缩小,存在σ收敛;反之,则表示该区域的省份之间的生态效率差距在扩大,不存在σ收敛。全国、东部、中部、西部、东北地区生态效率的σ收敛性检验结果见表5-6和图5-2。从σ收敛性检验结果可见,1998—2012年,全国生态效率的差距在缩小,从0.1197下降到0.089,存在σ收敛;东部和中部地区生态效率σ收敛指数都呈现了台阶式下降的"L"型过程,也即省(自治区、直辖市)间的生态效率差距出现了收敛缩小的现象。其中,"L"型的"台阶"大概在1998—2001年之间;西部和东北地区则相反,呈现了先降低后上升的"U"型过程,该"U"型的"拐点"大概出现在2003—2006年,近年来西部和东北地区生态效率的省际差距的持续扩大应引起政策制定者的注意。

表5-6　中国省域自抽样数据包络分析(Bootstrap-DEA)生态效率的σ收敛性检验

年份 / 地区	1998	1999	2000	2001	2002	2003	2004	2005
东部	0.047	0.045	0.036	0.024	0.020	0.016	0.019	0.015
中部	0.134	0.120	0.117	0.083	0.078	0.064	0.055	0.058
西部	0.126	0.125	0.118	0.109	0.117	0.107	0.118	0.103
东北	0.149	0.131	0.120	0.086	0.073	0.072	0.045	0.056
全国	0.120	0.111	0.105	0.091	0.091	0.083	0.086	0.078

年份 / 地区	2006	2007	2008	2009	2010	2011	2012	
东部	0.014	0.019	0.016	0.014	0.018	0.013	0.013	
中部	0.051	0.073	0.053	0.048	0.071	0.053	0.033	
西部	0.122	0.109	0.109	0.103	0.115	0.115	0.132	
东北	0.072	0.061	0.077	0.064	0.044	0.080	0.068	
全国	0.086	0.082	0.083	0.078	0.086	0.083	0.089	

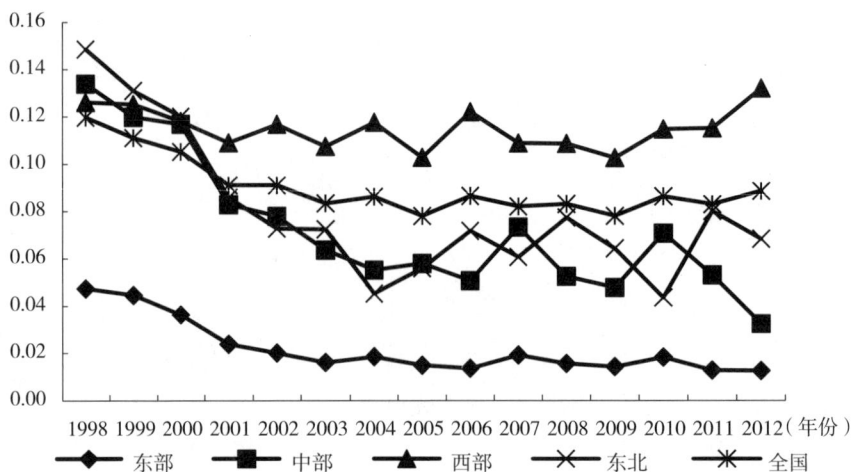

图5-2　中国省域自抽样数据包络分析（Bootstrap-DEA）
生态效率的 σ 收敛性检验

第五节　简要回顾

本章基于过往生态效率测算研究的归纳和思辨,使用数据包络分析法
（DEA）和自抽样数据包络分析（Bootstrap-DEA）对中国省域生态效率进行
估算,进而将测算结果按照东部、中部、西部、东北地区四个区域进行划分,
研究其变动趋势和省域间差异,检验其时空演进的收敛性质。自抽样数据
包络分析（Bootstrap-DEA）生态效率模型通过生成大量数值模拟样本,修正
了传统数据包络模型的生态效率测度偏差,估计出生态效率值的置信区间,
弥补传统数据包络模型的小样本有偏和无法统计检验的不足。

本章研究结果显示:第一,中国省域生态效率的数据包络分析法
（DEA）效率值和自抽样数据包络分析（Bootstrap-DEA）效率值并不相等,传
统数据包络模型效率测算值存在一定的高估偏差,偏差值达到原测算值的
10%—20%不等,并且这种偏差在各省之间并不相等。第二,从1998年到
2012年,东部、中部、西部和东北地区区域的生态效率都有了一定程度的提
升,相较东部、中部地区,西部和东北地区的生态效率提升的幅度更大。第

三,从区域排名分析,与 1998 年相比,2012 年生态效率较高的省(自治区、直辖市)集中在东部和东北地区,中部和西部大部分省(自治区、直辖市)相对靠后,而生态效率提升最多的依次是贵州、陕西、山西、宁夏、内蒙古和四川。第四,根据 σ 收敛性检验结果发现,1998—2012 年全国生态效率的省际差距在缩小,其中,东部和中部生态效率差距呈现了台阶式下降的"L"型收敛过程,西部和东北地区呈现了先收敛后发散的"U"型过程。

第六章　中国省域生态文明水平的测度

采用单一的生态效率指标对省域生态发展水平进行定量识别,尚欠稳健和全面,本章进一步构建多维度的生态文明发展指数予以分析。

构建科学合理和操作性强的生态文明发展评价指标体系是践行经济高质量发展理念,推进生态文明建设的关键环节。本章基于生态文明内涵,建立测度生态文明发展水平的评价指标体系;采用省域面板数据,依托 GPCA 模型,剖析了省域生态文明发展的动态趋势、指数排名及变化;采用 K 均值聚类方法,进行梯度划分和空间格局衍化分析。通过本章研究,试图回答:2001—2012 年中国东部、中部、西部各省(自治区、直辖市)的生态文明水平是提升了还是倒退了? 哪些省(自治区、直辖市)的生态文明发展指数排名靠前? 哪些省(自治区、直辖市)的生态文明水平提升或倒退幅度更大? 是否存在生态文明发展的区域不平衡问题? 中国生态文明发展的空间分布特征是怎样的? 是否存在区域梯度现象?

建设生态文明,源于可持续发展思想,是关系人民福祉、关乎民族未来的长远大计。实践也证明了,环境问题的产生和加剧,与传统的经济产业发展模式和发展战略密切相关,环境问题的根源恰恰来自近代以来工业文明自身的缺陷。2014 年年底中央经济工作会议特别提出,中国环境承载能力已达到或接近上限,将环境和资源问题上升到国家发展战略层面,推动形成绿色低碳循环发展新方式是经济发展新常态的要求。新形势下必须树立生态文明理念,把生态文明建设放在突出地位。什么是生态文明? 怎么建设生态文明? 党的十八大报告概括为,生态文明就是经济高质量发展,资源节约并有效利用,环境友好低碳可循环的一种社会状态。党的十八届三中全会再次强调了生态文明建设的重要性,要求紧紧围绕建设美丽中国,深化生态文明体制改革,建立系统完整的生态文明制度体系。生态文明制度体系的构建,关键是要使资源消耗、环境污染、生态保育等能反映生态文明建设状况的指标成为经济社会发展评价体系的重要构件,让其成为建设生态文明进程中的"指南针"和"紧箍咒"。

中国生态文明整体的发展水平是提高了还是降低了? 中国各个省(自治区、直辖市)的生态文明发展水平有怎么样的特征和变动趋势? 要回答这些问题,就需要由定性分析向定量分析转型,构建测度中国省域生态文明发展水平的指标体系,并进行科学严谨的实证分析。目前,在笔者可得文献的范围内,对生态文明的研究多为对问题的定性描述和诠释,缺乏数据定量和严格的实证支撑;对生态文明程度的测算方法过于单一,大多采用主观赋值的指标权重,也未考虑到数据自身的动态变化特征(梁文森,2009;高珊和黄贤金,2010;黄蓉生,2013)。严耕(2010)、成金华等(2013)学者尝试以省域或地区为单元,构建生态文明建设评价体系,有一定借鉴意义,但体系指标的选取约束偏多,欠缺可操作性,未能诠释生态文明的本质意义,或者样本期限太短,或缺乏分析中国省域生态文明发展水平的时序动态变化和空间梯度划分,更未有对中国时间序列与地区差异的面板数据进行综合考量,全面性与科学性有待提高。个别关于经济质量和生态环境测评的研究虽然曾借助传统主成分分析方法进行分析,但其处理方法是对每一年各地的指标数据表分别进行重复多次的主成分分析(PCA)以得出各地历年的测评结果指标,例如钞小静和任保平(2011)、成金华等(2013)。显然,由于基于各年不同的指标数据表有不一样的主超平面,这些研究不能保证主成分分析结果的整体性、一致性。更关键的是,不在同一体系下测算的各年发展水平指数不具有时间维度的可比性,因而,事实上,他们并不能同时判别各地生态文明发展水平的时间动态趋势和地区排名差异变迁。

邦佐和埃莫西利亚(2002)首次构建了概率连接函数和遗传算法的面板数据聚类分析方法。其后,全局主成分分析模型得到了后续学者的不断改进和完善,并被逐步应用到经济研究的各个领域。因此,本书尝试采用全局主成分分析模型,构建起系统科学、准确全面、可操作性强的动态生态文明水平测度指标体系,分析中国省域生态文明发展水平的总体动态变化趋势和空间分异特征,为推进中国绿色转型、低碳发展、美丽中国建设提供数据支撑和实证借鉴。

第一节　中国生态文明水平测度指标体系设计

基于生态文明的内涵定义,充分考虑具体指标数据的可获得性、连续性和权威性,下面构建包含经济持续发展、资源承载、环境保护三个大方面维度、六个细分分项项目、二十三个基础指标的省域生态文明水平测度指标体系(见表6-1)。

表6-1　生态文明水平测度指标体系

方面维度	分项指标	基础指标	单位	指标属性	
				正指标	逆指标
经济持续发展指标	增长性指标	GDP	亿元	√	
		资本存量	亿元	√	
		劳动力数量	万人	√	
	结构性指标	研发经费支出	亿元	√	
		单位 GDP 综合能耗	吨标准煤/亿元	√	
		城乡收入差距泰尔指数	—	√	
资源承载指标	自然资源	人均耕地面积	公顷/人	√	
		森林覆盖率	%	√	
		草地资源	千公顷	√	
		保护区面积	公顷	√	
	矿产资源	有色金属资源	亿元	√	
		黑色金属资源	亿元	√	
		煤炭资源	亿元	√	
		石油和天然气资源	亿元	√	

续表

方面维度	分项指标	基础指标	单位	指标属性	
				正指标	逆指标
环境保护指标	环境治理	人均公共绿地面积	平方米/人	√	
		生活垃圾无害化处理率	%	√	
		污染治理项目竣工数	个	√	
		治理工业污染投资额	万元	√	
	环境污染	二氧化碳排放	亿吨		√
		二氧化硫排放	吨		√
		粉尘排放总量	吨		√
		废水排放量	万吨		√
		固体废弃物产生量	万吨		√

对生态文明测评指标体系可做以下三个维度分析：

经济持续发展维度反映了生态文明建设的物质基础。地区有质量、有效益、可持续的经济发展是建设生态文明的物质保障。事实上，若没有物质财富的累积，文明建设也将成为空谈。高质量的经济发展既要"稳增长"，也要兼顾"调结构"。增长性指标参照罗默（Romer,1986）经典经济增长核算模型，选取各地区 GDP、资本存量、劳动力数量和研发经费支出四个基础指标构建。结构性分项指标方面，根据结构调整的能效结构和民生建设两大任务选取。其中，使用单位 GDP 综合能耗衡量能源结构效率的提高程度，使用城乡收入差距泰尔指数衡量收入差距的改善。

资源承载能力的培养也是建设生态文明的重要方面。节约和集约利用资源，推动资源利用方式的高效转型，提升资源承载能力是保护生态环境的根本之策。严守耕地保护红线，严格土地用途管制，扩大森林、湖泊、湿地面积，加强矿产资源勘查、保护、合理开发，是建设"资源节约型社会""环境友好型社会"的重要要求，也是党的十八大关于大力推进生态文明建设的关键内容。资源承载能力包括自然（生态）资源的承载能力和矿产资源的承载能力。自然资源与大多生态经济的测度研究相似，本书也从人均耕地面积、森林覆盖率、草地资源、保护区面积四个方面予以刻画。矿产资源主要是指石油、天然气、煤炭等能源资源以及黑色金属、有色金属等矿物资源。它们都是非可再生资源,其资源承载能力的测量参照世界银行(2011)、黄亮雄等(2013)的方法,也即定义资源价值等于该种资源各期经济利润流的现值和,公式为:

$$V_t = \pi_i (1 + \frac{1}{r})(1 - \frac{1}{(1+r)^T}) \qquad (6-1)$$

式中,π_i 是开发资源 i 所产生的利润,r 是社会折旧率,T 是资源的寿命。不同种类的资源具有不同的 T 值,但大都介于 20—30 年,世界银行(2011)选取 $T=25$,以体现 25 年的代际间隔,这里也参照使用 T=25,r=0.04。

环境保护维度应既能反映环境保护的现实结果,也要反映对环境治理的努力过程。保护环境、绿色发展、低碳发展,形成人与自然的互利共生和有机和谐统一是建设生态文明的根本基础。本书一方面从环境治理方面考察环境保护中取得的进步,以激发社会生态文明建设的热情,鼓励生态文明建设落后区域奋起直追,共建美丽中国。具体采用人均公共绿地面积、生活垃圾无害化处理率、污染治理项目竣工数、治理工业污染投资额这四个较为常用的环境治理指标。另一方面从环境污染入手,实事求是地考核生态文明建设绩效,以逆指标①二氧化碳排放、二氧化硫排放、粉尘排放总量、废水排放量、固体废弃物产生量作为基础指标。

本书的指标体系中,资本存量指标参考张军等(2004)估算并拓展更新;城乡收入差距泰尔指数的指标依照王少平和欧阳志刚(2007)估算并拓展更新;在矿产资源承载指标核算中,有关利润 π 分别选取各地有色金属采矿业、黑色金属采矿业、煤炭开采业、石油及天然气开采业的利润总额,数据来源于《中国工业经济统计年鉴》和《中国经济普查年鉴》;二氧化碳排放量的计算方法采用杜立民(2010)的估算方法并拓展更新。

其余基础指标数据来源于下述年鉴、数据库或通过下述年鉴、数据库的数据整理计算而得。具体包括《新中国 60 年统计资料汇编》、历年《中国统计年鉴》、各省(自治区、直辖市)历年统计年鉴和统计公报、《中国环境年鉴》《中国环境统计年鉴》《中国能源统计年鉴》《中国工业经济统计年鉴》

---

① 表示该指标越大,则环境保护绩效越低。

《中国经济普查年鉴》《中国农业年鉴》《中国畜牧业年鉴》《中国林业年鉴》以及中经网数据库和中国资讯行数据库。由于本章选取指标众多,基于数据完整性,时间维度已尽可能长地选择为 2001—2012 年。另外,基于数据可得性,中国台湾、中国香港和中国澳门的指标也未能测算。

第二节　中国生态文明水平测度结果分析

一、中国生态文明发展水平测度结果分析

(一)生态文明发展评价指数结果

主成分方差分解实证结果见表 6-2,表 6-2 显示前 6 个主成分的特征值均大于 1,而且累计贡献率已达 75.6%,依主成分分析方法提取原则,选取前 6 个主成分,也即 $l=6$。另外,碎石图检验①也显示碎石图前 6 个主成分之后出现了成分变化趋势的拐点,说明应该选择前 6 个主成分。

表 6-2　主成分提取方差分解分析结果

成分	特征值	差分	方差贡献率	累积方差贡献率
Comp1	7.357	3.121	29.4%	29.4%
Comp2	4.236	1.393	16.9%	46.4%
Comp3	2.843	0.783	11.4%	57.8%
Comp4	2.060	0.840	8.2%	66%
Comp5	1.220	0.029	4.9%	70.9%
Comp6	1.191	0.257	4.8%	75.6%

基于全局主成分分析法求得的 2001—2012 年各省(自治区、直辖市)自治区生态文明发展指数的结果见表 6-3,各省(自治区、直辖市)自治区生态文明指数的排名和排名变化情况见表 6-4。

---

① 限于篇幅,作为补充检验的碎石图像未在文中列示,结果备索。

从省域 2001—2012 年生态文明发展水平指数的测度结果的表 6-3 可发现,十多年来,中国的生态文明建设总体水平大致呈现逐步提高的趋势。尤其是 2007 年之后,生态文明发展指数上升较快,并一直维持在比较高的水平上,这可能源于 2007 年党的十七大报告首次提出了建设生态文明目标之后,各省(自治区、直辖市)整体上认真贯彻落实了该政策措施。总结中国 2001—2012 年生态文明建设情况,可得出以下三点结论。

首先,中国生态文明发展水平呈现了整体上升的趋势,全国生态文明发展平均指数从 2001 年的-0.110 上升到 2012 年的 0.219,提高了 0.329。生态文明建设成果显著,进步过程也不容忽视,尤其是 2007 年之后出现了明显的加速进步趋势。这些都说明了在 21 世纪的前十年,中国的全面小康社会建设和可持续发展战略取得了重大的突破。

其次,各省(自治区、直辖市)的生态文明发展是一个曲折上升的过程。在总体上升的大趋势下,部分省(自治区、直辖市)在部分年份出现了下降,这表明,中国各省(自治区、直辖市)生态文明发展水平指数有一定的波动性,各省(自治区、直辖市)仍然需要继续努力寻求稳固各地生态文明发展的长效机制,建立和完善各种巩固生态文明建设成果的政策和制度机制。

最后,省域生态文明发展表现出一定的地域不平衡特征。2001—2012 年生态文明发展指数上升最快的五个省(自治区、直辖市)依次为山东(指数提高了 0.822)、广东(提高了 0.643)、江苏(提高了 0.643)、河南(提高了 0.594)、内蒙古(提高了 0.525);指数上升最慢的五个省(自治区、直辖市)依次为西藏(指数仅提高了 0.040)、青海(提高了 0.134)、甘肃(提高了 0.144)、吉林(提高了 0.146)、黑龙江(提高了 0.153)。从提升幅度的比较看,上升最快的五个省份的提升幅度是上升最慢的五个省份的 5.23 倍,区域间差异明显。从区域分布看,指数上升较快的五个省(自治区、直辖市)属于东部、中部地区,上升较慢的五个省(自治区、直辖市)分别为西部和东北地区,省域生态文明发展的空间差距有扩大趋势。这表明,中国仍需努力探索一条区域间协调平衡发展的生态文明共同进步道路。

表 6-3 各省(自治区、直辖市)生态文明发展水平指数

年份 地区	2001	2002	2003	2004	2005	2006	2007	2008	2009	2010	2011	2012
北京	-0.059	-0.018	0.022	0.042	0.058	0.122	0.145	0.179	0.191	0.255	0.338	0.396
天津	-0.135	-0.128	-0.100	-0.088	-0.084	0.015	0.034	0.029	0.092	0.127	0.204	0.290
河北	-0.061	-0.087	-0.076	-0.060	-0.014	0.047	0.077	0.068	0.188	0.162	0.252	0.394
山西	-0.177	-0.230	-0.214	-0.192	-0.121	-0.096	-0.021	0.014	0.167	0.113	0.151	0.202
内蒙古	-0.245	-0.272	-0.266	-0.259	-0.240	-0.203	-0.087	-0.057	0.033	0.066	0.147	0.280
辽宁	-0.078	-0.089	-0.085	-0.058	-0.024	0.056	0.115	0.151	0.101	0.122	0.180	0.250
吉林	-0.149	-0.180	-0.175	-0.175	-0.149	-0.137	-0.137	-0.124	-0.090	-0.071	-0.046	-0.003
黑龙江	-0.073	-0.104	-0.096	-0.099	-0.071	-0.025	-0.003	-0.029	0.062	-0.005	0.022	0.080
上海	-0.055	-0.090	-0.069	-0.060	-0.027	0.040	0.061	0.102	0.155	0.230	0.308	0.372
江苏	0.123	0.079	0.082	0.139	0.205	0.295	0.298	0.360	0.490	0.514	0.585	0.766
浙江	0.147	0.041	0.036	0.055	0.087	0.150	0.207	0.251	0.277	0.315	0.362	0.460
安徽	-0.117	-0.130	-0.128	-0.103	-0.092	-0.089	-0.052	-0.016	0.031	0.055	0.085	0.160
福建	-0.039	-0.073	-0.063	-0.033	0.026	0.082	0.039	0.083	0.107	0.116	0.193	0.219
江西	-0.144	-0.150	-0.146	-0.139	-0.104	-0.087	-0.064	-0.056	-0.033	-0.012	0.040	0.098
山东	0.163	0.151	0.189	0.231	0.318	0.435	0.485	0.469	0.696	0.647	0.763	0.985
河南	-0.010	-0.021	-0.001	0.038	0.080	0.145	0.220	0.143	0.312	0.347	0.434	0.584
湖北	-0.056	-0.087	-0.080	-0.066	-0.064	-0.014	-0.009	0.010	0.058	0.127	0.169	0.166
湖南	-0.069	-0.097	-0.099	-0.093	-0.054	-0.005	0.017	0.029	0.079	0.097	0.159	0.219
广东	0.139	0.147	0.130	0.219	0.268	0.364	0.388	0.445	0.588	0.570	0.699	0.782
广西	-0.061	-0.116	-0.113	-0.118	-0.107	-0.073	-0.053	-0.042	0.016	0.013	0.048	0.095
海南	-0.173	-0.184	-0.181	-0.167	-0.159	-0.147	-0.134	-0.040	-0.016	0.004	0.039	0.102
重庆	-0.171	-0.192	-0.185	-0.183	-0.155	-0.143	-0.126	-0.100	-0.069	-0.056	-0.032	-0.007
四川	-0.023	-0.077	-0.050	-0.019	0.068	0.076	0.096	0.113	0.151	0.155	0.213	0.317
贵州	-0.257	-0.259	-0.238	-0.233	-0.206	-0.180	-0.122	-0.098	-0.099	-0.091	-0.077	-0.032
云南	-0.109	-0.137	-0.133	-0.116	-0.098	-0.066	-0.009	0.047	0.045	0.044	0.096	0.144
西藏	-0.519	-0.506	-0.534	-0.572	-0.502	-0.520	-0.528	-0.515	-0.474	-0.435	-0.464	-0.479
陕西	-0.147	-0.162	-0.143	-0.123	-0.088	0.006	0.005	-0.058	-0.008	0.106	0.216	0.278
甘肃	-0.234	-0.247	-0.233	-0.225	-0.210	-0.204	-0.159	-0.154	-0.144	-0.134	-0.104	-0.090
青海	-0.293	-0.292	-0.286	-0.276	-0.268	-0.248	-0.223	-0.240	-0.219	-0.209	-0.186	-0.159
宁夏	-0.302	-0.289	-0.282	-0.300	-0.274	-0.262	-0.241	-0.212	-0.164	-0.172	-0.119	-0.112

续表

年份 地区	2001	2002	2003	2004	2005	2006	2007	2008	2009	2010	2011	2012
新疆	-0.238	-0.240	-0.241	-0.222	-0.198	-0.163	-0.132	-0.096	-0.102	-0.071	-0.045	0.021
平均	-0.110	-0.130	-0.121	-0.105	-0.071	-0.027	0.003	0.021	0.078	0.095	0.149	0.219

(二)生态文明发展指数的排名及其变动

为进一步剖析 2001—2012 年各省(自治区、直辖市)生态文明发展的动态变化发展趋势和区域发展差距,可从各省(自治区、直辖市)生态文明指数排名和排名变动着手研究(见表6-4)。

表6-4 各省(自治区、直辖市)生态文明发展水平指数排名以及排名变化

年份 地区	2001	2002	2003	2004	2005	2006	2007	2008	2009	2010	2011	2012
北京	10	5(↑5)	5(0)	5(0)	7(↓2)	6(↑1)	6(0)	5(↑1)	6(↓1)	6(0)	6(0)	6(0)
天津	18	16(↑2)	15(↑1)	13(↑2)	15(↓2)	12(↑3)	12(0)	13(↓1)	13(0)	11(↑2)	11(0)	10(↑1)
河北	11	9(↑2)	10(↓1)	10(0)	9(↑1)	10(↓1)	9(↑1)	11(↓2)	7(↑4)	8(↓1)	8(0)	7(↑1)
山西	24	24(0)	24(0)	24(0)	21(↑3)	21(0)	18(↑3)	15(↑3)	8(↑7)	14(↓6)	16(↓2)	16(0)
内蒙古	27	28(↓1)	28(0)	28(0)	28(0)	27(↑1)	22(↑5)	22(0)	18(↑4)	17(↑1)	17(0)	11(↑6)
辽宁	15	11(↑4)	12(↓1)	9(↑3)	10(↓1)	9(↑1)	7(↑2)	6(↑1)	12(↓6)	12(0)	13(↓1)	13(0)
吉林	21	21(0)	21(0)	22(↓1)	22(0)	22(0)	27(↓5)	27(0)	25(↑2)	26(↓1)	26(0)	25(↑1)
黑龙江	14	14(0)	13(↑1)	15(↓2)	14(↑1)	16(↓2)	15(↑1)	18(↓3)	15(↑3)	22(↓7)	23(↓1)	23(0)
上海	8	12(↓4)	9(↑3)	11(↓2)	11(0)	11(0)	10(↑1)	9(↑1)	9(0)	7(↑2)	7(0)	8(↓1)
江苏	4	3(↑1)	3(0)	3(0)	3(0)	3(0)	3(0)	3(0)	3(0)	3(0)	3(0)	3(0)
浙江	2	4(↓2)	4(0)	4(0)	4(0)	4(0)	5(↓1)	4(↑1)	5(↓1)	5(0)	5(0)	5(0)
安徽	17	17(0)	17(0)	16(↑1)	17(↓1)	20(↓3)	19(↑1)	17(↑2)	19(↓2)	18(↑1)	19(↓1)	18(↑1)
福建	7	7(0)	8(↓1)	8(0)	8(0)	7(↑1)	11(↓4)	10(↑1)	11(↓1)	13(↓2)	12(↑1)	15(↓3)
江西	19	19(0)	20(↓1)	20(0)	19(↑1)	19(0)	21(↓2)	21(0)	23(↓2)	23(0)	21(↑2)	21(0)
山东	1	1(0)	1(0)	1(0)	1(0)	1(0)	1(0)	1(0)	1(0)	1(0)	1(0)	1(0)
河南	5	6(↓1)	6(0)	6(0)	5(↑1)	5(0)	4(↑1)	7(↓3)	4(↑3)	4(0)	4(0)	4(0)
湖北	9	10(↓1)	11(↓1)	12(↓1)	13(↓1)	15(↓2)	17(↓2)	16(↑1)	16(0)	10(↑6)	14(↓4)	17(↓3)
湖南	13	13(0)	14(↓1)	14(0)	12(↑2)	14(↓2)	13(↑1)	14(↓1)	14(0)	16(↓2)	15(↑1)	14(↑1)

续表

年份 地区	2001	2002	2003	2004	2005	2006	2007	2008	2009	2010	2011	2012
广东	3	2(↑1)	2(0)	2(0)	2(0)	2(0)	2(0)	2(0)	2(0)	2(0)	2(0)	2(0)
广西	12	15(↓3)	16(↓1)	18(↓2)	20(↓2)	18(↑2)	20(↓2)	20(0)	20(0)	20(0)	20(0)	22(↓2)
海南	23	22(↑1)	22(0)	21(↑1)	24(↓3)	24(0)	26(↓2)	19(↑7)	22(↓3)	21(↑1)	22(↓1)	20(↑2)
重庆	22	23(↓1)	23(0)	23(0)	23(0)	23(0)	24(↓1)	26(↓2)	24(↑2)	24(0)	24(0)	26(↓2)
四川	6	8(↓2)	7(↑1)	7(0)	6(↑1)	8(↓2)	8(0)	8(0)	10(↓2)	9(↑1)	10(↓1)	9(↑1)
贵州	28	27(↑1)	26(↑1)	27(↓1)	26(↑1)	26(0)	23(↑3)	25(↓2)	26(↓1)	27(↓1)	27(0)	27(0)
云南	16	18(↓2)	18(0)	17(↑1)	18(↓1)	17(↑1)	16(↑1)	12(↑4)	17(↓5)	19(↓2)	18(↑1)	19(↓1)
西藏	31	31(0)	31(0)	31(0)	31(0)	31(0)	31(0)	31(0)	31(0)	31(0)	31(0)	31(0)
陕西	20	20(0)	19(↑1)	19(0)	16(↑3)	13(↑3)	14(↓1)	23(↓9)	21(↑2)	15(↑6)	9(↑6)	12(↓3)
甘肃	25	26(↓1)	25(↑1)	26(↓1)	27(↓1)	28(↓1)	28(0)	28(0)	28(0)	28(0)	28(0)	28(0)
青海	29	30(↓1)	30(0)	29(↑1)	29(0)	29(0)	29(0)	30(↓1)	30(0)	30(0)	30(0)	30(0)
宁夏	30	29(↑1)	29(0)	30(↓1)	30(0)	30(0)	30(0)	29(↑1)	29(0)	29(0)	29(0)	29(0)
新疆	26	25(↑1)	27(↓2)	25(↑2)	25(0)	25(0)	25(0)	24(↑1)	27(↓3)	25(↑2)	25(0)	24(↑1)

注:表中数值为各省(自治区、直辖市)生态文明指数的排名,括号中为当年各省(自治区、直辖市)
　　生态文明指数相对于前一年的排名变化。

2001 年指数排名前十位的省(自治区、直辖市)依次是山东(1)、浙江(2)、广东(3)、江苏(4)、河南(5)、四川(6)、福建(7)、上海(8)、湖北(9)、北京(10),在十个省(自治区、直辖市)中,东部省(自治区、直辖市)有七个、中部省份有两个、西部省份有一个;2001 年指数排名在第 11—20 位的省(自治区、直辖市)依次是河北(11)、广西(12)、湖南(13)、黑龙江(14)、辽宁(15)、云南(16)、安徽(17)、天津(18)、江西(19)、陕西(20),这十个省(自治区、直辖市)当中,东部省(自治区、直辖市)有三个、中部省份有四个、西部省(自治区、直辖市)有三个;2001 年指数排名第 21—31 位的省(自治区、直辖市)依次是吉林(21)、重庆(22)、海南(23)、山西(24)、甘肃(25)、新疆(26)、内蒙古(27)、贵州(28)、青海(29)、宁夏(30)、西藏(31),这十一个省(自治区、直辖市)中,东部省份占一个、中部省份占两个、西部省(自治区、直辖市)占八个。据此归纳,在 21 世纪之初的 2001 年,生态文明发展水平较高的省(自治区、直辖市)基本集中在东部,东部省(自治区、直辖市)的排名大部分处在靠前的位置,西部省(自治区、直辖市)的排名则相对靠后。到了2012年,生态文明发展指数排名前十位的省(自治区、直辖市)依次为山东(1)、广东(2)、江苏(3)、河南(4)、浙江(5)、北京(6)、河北(7)、上海(8)、四川(9)、天津(10),这十个省(自治区、直辖市)中,包括八个东部省(自治区、直辖市)、一个中部省份、一个西部省份;2012年指数排名第11—20位的依次是内蒙古(11)、陕西(12)、辽宁(13)、湖南(14)、福建(15)、山西(16)、湖北(17)、安徽(18)、云南(19)、海南(20),这十个省(自治区、直辖市)中,包括三个东部省份、四个中部省份、三个西部省(自治区、直辖市);2012年排名第21—31位的省(自治区、直辖市)依次是江西(21)、广西(22)、黑龙江(23)、新疆(24)、吉林(25)、重庆(26)、贵州(27)、甘肃(28)、宁夏(29)、青海(30)、西藏(31),这十一个省(自治区、直辖市)中,包括三个中部省份、八个西部省(自治区、直辖市),没有东部省(自治区、直辖市)。与2001年相比,2012年生态文明发展水平较高的省(自治区、直辖市)依然集中在东部,中部和西部大部分省(自治区、直辖市)的生态文明发展水平指数处在相对靠后的位置,这种"东高西低"的地域不平衡状态在近十年并未得到明显的改善。

从排名变化趋势看,2001—2012年各省(自治区、直辖市)生态文明发展指数排名上升最多的前五位依次是内蒙古(上升16位)、天津(8位)、山西(8位)、陕西(8位)、北京(4位)。内蒙古生态文明发展水平排名的大幅度提升源于多个方面。如内蒙古自治区近年经济社会的飞速发展,人均GDP已跃居全国前列;众多大型矿藏被勘查探明或已被合理开发;草原生态补助奖励机制等草原保护政策逐步完善和有效施行、"退牧还草"等国家级重点生态建设工程进度良好,使草原生态状况得以稳步改善,草原退化、沙化、沙尘暴等生态灾害明显减少。天津和北京均处于华北大平原地区,该地区排名的上升更多是源于该区域湿地保护区建设、平原地区造林工程等生态环境治理的出色工作。山西和陕西都是资源大省,两省近年在矿产资源整合、节能减排和生态补偿修复方面成绩突出,虽经济增长速度受到影响,在一定程度上有所放缓,但整体生态文明发展水平取得了较大进步。过去,河北、内蒙古、山西等省(自治区、直辖市)可能在雾霾、沙尘暴等生态环境方面不尽如人意(指数绝对水平也较低),但近年来,它们在草原生态补助奖励机制、"退牧还草"国家级重点生态建设工程、湿地保护区建设、平原地区造林工程、矿产资源整合和生态补偿修复等方面取得了较大的成绩,这是不能否认的。

二、省域生态文明发展指数的聚类分析

通过上文的面板主成分分析,已得出各省(自治区、直辖市)生态文明发展水平的整体状况和动态变化趋势,但未能对各地区的生态文明指数作出准确的区域划分解读。因而,有必要基于测评结果,进一步予以聚类分析。根据全局主成分分析模型,选用欧氏距离(Euclidean Distance,L2)作为面板数据的相似性指标,进行 K 均值聚类分析。根据聚类分析结果,2001—2012 年各省(自治区、直辖市)可划分为四个梯队类别,聚类结果见表 6-5。虽然在不同年份内各梯度划分的结果略有差异,但大部分省(自治区、直辖市)所处的梯队均未有明显变化,说明生态文明发展水平的聚类分析结果稳定性较强。

表 6-5　省域生态文明的 K 均值聚类梯度划分

年份	第一梯队	第二梯队	第三梯队	第四梯队
2001	江苏、浙江、山东、广东	北京、河北、辽宁、黑龙江、上海、福建、河南、湖北、湖南、广西、四川	天津、山西、吉林、安徽、江西、海南、重庆、云南、陕西	内蒙古、贵州、西藏、甘肃、青海、宁夏、新疆
2004	江苏、山东、广东	浙江、北京、河北、辽宁、上海、福建、河南、四川	天津、山西、吉林、安徽、江西、海南、重庆、云南、陕西、黑龙江、湖北、湖南、广西	内蒙古、贵州、西藏、甘肃、青海、宁夏、新疆
2007	江苏、山东、广东、浙江	云南、北京、河北、辽宁、上海、福建、河南、四川	天津、山西、吉林、安徽、江西、海南、重庆、陕西、黑龙江、湖北、湖南、广西、内蒙古、贵州、甘肃、新疆	西藏、青海、宁夏

续表

年份	第一梯队	第二梯队	第三梯队	第四梯队
2012	江苏、山东、广东	浙江、北京、河北、上海、河南	天津、山西、安徽、江西、海南、陕西、黑龙江、湖北、湖南、广西、内蒙古、云南、辽宁、福建、四川	吉林、重庆、贵州、甘肃、新疆、西藏、青海、宁夏

第一梯队为江苏、浙江、山东和广东。四个省份均是东部沿海发达地区,经济发展水平最高,科技实力、劳动力素质和产业结构水平在全国领先,资源能源利用效率、生态保育和环境治理投入、环境规制标准在近年也提升较快。四省在生态文明建设的各方面均表现优异,所以处在发展的第一梯队。

第二梯队主要是北京和上海两个直辖市,华北平原地区的河南、河北,东南沿海的福建和西部的四川。这些省(自治区、直辖市)在经济社会发展、资源能源集约利用或生态环境保护等方面虽取得了一定的成绩,但仍需继续优化产业结构,协调经济发展与生态环境保育之间的关系,方可跻身第一梯队。特别需要提到的是四川省,虽身处内陆,但其生态文明发展水平均高于四周邻近的省(自治区、直辖市)。在生态文明建设方面,该省有潜力成为引领中西部地区生态崛起的增长极。

第三梯队的省(自治区、直辖市)数量最多,占据了全国总数的40%以上。其中包括中部的湖南、湖北、重庆、安徽和江西,中西部的山西和陕西,东北的黑龙江和吉林,西南地区的广西和云南。第三梯队的省(自治区、直辖市)经济发展多处在全国中游行列,较多的省(自治区、直辖市)产业结构有重工业传统,粗放型生产方式的高能耗和高污染问题制约着生态文明水平的提高,部分省(自治区、直辖市)在承接东部发达省(自治区、直辖市)产业转移过程中,也随之衍生了一些生态污染和破坏问题。

第四梯队主要以西部省(自治区、直辖市)为主,包括西藏、青海、新疆、甘肃、宁夏和贵州。这些地区地理位置深居内陆,交通不便影响了要素的有效配置。产业结构层级较低,多以传统农业或资源性产业为主,经济效益不高。虽在煤炭、天然气、石油和水电等特色产业上有所突破,但整体生产技术仍比较落后,资源利用效率亟待提高。由于地质和海拔原因,这些省(自治区、直辖市)的生态环境承载能力也比较脆弱,在受到破坏后比较难以恢复。综上原因,第四梯队的省(自治区、直辖市)相较其他省(自治区、直辖市)仍然处在较低的生态文明发展水平。

第三节　简要回顾

本章基于生态文明建设的内涵,结合中国生态文明发展的现状实际,建立了测度中国省域生态文明的评价指标体系,采用2001—2012年省域面板数据,依托 GPCA 模型,分析了样本期内各省(自治区、直辖市)生态文明发展的动态趋势、水平指数排名及其变化,最后采用面板数据的 K 均值聚类方法,对省域的生态文明发展水平进行梯度划分和空间格局衍化分析。研究结果表明:第一,从 2001 年到 2012 年,中国东部、中部、西部各省(自治区、直辖市)生态文明都有明显的进步,但指数进步表现出一定的地域不平衡特征。第二,从区域排名分析,与 2001 年相比,2012 年生态文明发展水平较高的省(自治区、直辖市)依然集中在东部,中部和西部大部分省(自治区、直辖市)则相对靠后,区域不平衡状态未有明显改善。其中,名次上升最多的依次是内蒙古、天津、山西、陕西、北京,下降最多的依次是广西、黑龙江、湖北、福建、吉林。第三,根据 K 均值聚类分析结果,可将各省(自治区、直辖市)划分为四个梯队类别,可看出中国生态文明发展存在"西低东高"的空间分布特征,也即存在发展水平从东部到中部再到西部地区依次递减的梯度现象。针对上述结果,本章尝试小结三点建议:

第一,坚持经济持续发展、资源节约有效利用和生态环境保护有机结合的生态经济型发展方式。增强社会高质量发展能力与加快构建资源节约型、环境友好型社会必须有机结合、相辅相成、协调发展、缺一不可。为处理好三者的关系,必须依托低碳经济、循环经济、生态经济的发展,坚持高质量发展的生态转型升级理念,积极培育和发展战略性新兴产业,形成节约资源、保护环境的产业结构和生产方式,寻找焕发中国经济新活力的生态化路径方向。

第二,多角度、全方位推进生态文明建设,巩固前期成果。推进生态文明建设,各地应该发挥主观能动性,因地制宜,不拘泥于固定的形式。例如,引入市场机制和竞争机制,建立体现生态价值和代际补偿的资源有偿利用制度和生态补偿机制;加强地方政府生态文明绩效考核体系、奖惩制度建设,改变唯 GDP 观念;加强生态文明的文化宣教力度,构建生态文明宣传和教育的长效机制,在全社会牢固树立生态发展理念。

第三,加强区域合作交流,促进生态文明建设的区域协同发展,引领生态文明的全面进步。各省(自治区、直辖市)可在既定的经济、资源、环境禀赋的基础上,尝试建立区域合作平台,利用日益涌现的绿色生态产业的发展机遇,在一些有潜在互补优势的领域,进行合作研发和互动创新,寻求一些重点生态产业技术的突破。通过省域间的产业生态化战略转型有效合作,实现生态兴中华的愿景。

第七章　高质量发展下产业结构升级增长效应研究

解决核心变量的定量识别问题之后,是分析问题部分。接下来主要回答基于高质量发展的产业结构优化升级对经济增长和生态环境产生了什么样的影响?"增长效应"和"生态效应"的作用机制又是怎么样的?

本章主要是,探索产业结构优化与经济增长的动态关系,判断中国经济增长所处的"结构红利"阶段。根据米切尔(Mitchell,1998、2007)、麦迪森(Maddison,2007)和联合国数据(UNDATA)的大样本统计数据,可归纳发达国家和新兴工业化经济体产业结构演进与经济增长的历史发展规律:(1)这些国家和地区经历了第二产业比重快速下降、第三产业比重快速上升的过程,之后,产业结构变动速度减缓且日趋成熟;(2)伴随产业结构的优化升级,这些国家和地区的经济增长率也经历了加速上升但到达一定"阈值"后减速下降的倒"U"型发展规律。虽然各国在这个结构性高速增长后减速回落过程所历经的时间窗宽不一(欧美用了上百年,日本用了约70年,韩国和其他新兴经济体用了约50年),但轨迹却非常近似。那么,对中国而言,我们处于哪个阶段,符合这个规律吗? 中国产业结构调整与经济增长呈何种关系? 本章基于中国省域数据,利用非参数面板模型均值估计和逐点估计方法,对中国产业结构优化升级对经济增长的影响关系展开实证分析。试图回答中国产业结构的合理化和高度化是否显著促进了区域经济增长? 其作用弹性是多少? 当采用合理化或高度化指标时,结构优化效应的产出弹性均随着产业结构的优化调整、资本积累和劳动投入的增加而呈现的是怎么样的动态过程? 中国是否存在"结构性加速"到"结构性减速"的倒"U"型动态过程? 各省(自治区、直辖市)所处动态路径的阶段是否有所差异? 中国整体是否处在倒"U"型曲线的拐点?

中国工业化进程带来的产业结构转型红利被认为是成就"中国增长奇迹"的关键因素（刘伟和张辉，2008；干春晖和郑若谷，2009；林毅夫，2011）。产业结构是指各产业的构成以及各产业之间的联系和比例关系，中国从落后的农业国发展成为"世界工厂"和全球第二大经济体，是产业结构不断优化与升级的结果，生产要素在不同部门的重新转移配置、在同一部门的合理协调和高度升级保证了中国经济的持续高速增长。

产业结构调整是指生产要素在经济各部门和不同产业之间的重新配置，以及经济各部门和不同产业产值的比重变化（Clark，1940；Kuznets，1957）。周振华（1992）较早系统地论述产业结构理论，将产业结构优化调整定义为产业结构合理化和产业结构高度化两方面，并被学者广泛引用，如李博和胡进（2008）、薛白（2009）、干春晖等（2011）、田新民和韩端（2012）等。产业结构合理化指产业之间的比例均衡和关联协调程度；产业结构高度化是指产业结构从较低水平向高级水平演进的过程，多用第二或第三产业比重、知识技术密集型产业比重等指标表示。

对产业结构优化升级产出效应（经济增长效应）的研究最早可追溯到刘易斯（Lewis，1954）的二元经济古典模型。不少学者通过理论阐述和计量检验，验证了产业结构调整对经济增长有显著的正向影响（Nelson 和 Pack，1999；Berthelemy，2001；Akkemik，2005；Eichengreen 等，2012）。但亦有一些学者认为，这种影响不存在或很小（Timmer 和 Szirmai，2000；Fagerberg，2000；Peneder，2002；Singh，2004）。其中，蒂默和席尔迈（Timmer 和 Szirmai，2000）在解释东亚"四小龙"的制造业结构调整是如何促进产出增长时，把这种正向效应称为"结构红利假说"（Structural Bonus Hypothesis）。皮尼得（Peneder，2002）将该项为负的情况称为"结构负担假说"（Structural Burden Hypothesis）。以中国为样本的，如纪玉山和吴勇民（2006）用协整和格兰杰因果检验分析 1978—2003 年中国经济增长和产业结构间的关系，表明产业结构演进（第三产业占 GDP 比重）是经济增长的原因而不是相反。黄茂兴和李军军（2009）以 1991—2007 年中国省域数据分析技术选择、产业结构升级（第二产业产值和就业比重）与经济增长的关系，认为技术选择和资本深化促进产业结构升级，进而实现经济快速增长。而吕铁（2002）、李小平和陈勇（2007）分别考察 1980—1997 年和 1998—2004 年的产业样本数据，发现中国产业结构调整中的劳动力转移对产出增长的促进效应不显著。上述争论的产生,部分原因在于上述研究未能考虑到产业结构优化升级的产出效应是一个动态变化的过程,在经济体的不同发展阶段,该效应的大小是动态变化的。有关实证的变量也仅采用第二、三产业占 GDP 比重等简单指标来估计,缺乏全面且有效的产业结构优化定量指标。实证方法上也仅采用线性参数计量模型,只能估计出产业结构优化产出效应在样本期内的均值,如吕铁和周叔莲(1999);或仅将样本时期分为若干子样本进行分别回归,如以十年作为子样本期(干春晖和郑若谷,2009)。线性参数计量模型由于存在固有的多重共线性问题,也降低了实证结果的可信性。① 一些学者尝试对相关理论进行完善,如豪斯曼等(Hausmann 等,2005)、豪斯曼等(Hausmann 等,2008)、艾格林等(Eichengreen 等,2012)提出经济体在长期发展过程中,存在产业结构调整产出效应的“加速”(Accelerations)和“减弱”(Collapses)过程。陈晓光和龚六堂(2005)、陈体标(2008)构建数理模型提出了产业结构调整的产出效应“驼峰”型变化的理论假说。袁富华(2012)基于经济宏观数据统计描述,提出中国经济增长将出现“结构性加速”向“结构性减速”转变的观点。这些学者虽认可产业结构和经济增长存在一定的动态关系,但研究往往只针对问题做定性描述和诠释,或仅是纯理论模型推导而缺乏实证支撑。

本章构建非参数面板计量模型,对中国产业结构优化与经济增长的动态关系进行实证估计,并与参数模型估计结果进行对比,解决线性参数模型不能刻画动态变化和多重共线性的问题。然后,使用非参数逐点估计方法描绘中国产业结构合理化和高度化的产出弹性随产业结构调整、资本积累和劳动投入的增加而动态变化的过程,更能判断中国整体和各省(自治区、直辖市)在“结构性加速”向“结构性减速”动态发展进程中所处的阶段。最后,针对“结构性减速”的“新常态”,实事求是地提出相应的“稳增长”和“调结构”的建议。

---

① 比较有趣的一个例证是 1980 年著名的经济学家保罗·萨缪尔森在其经典著作《经济学》(第 11 版)中,曾利用线性模型作出预测,苏联将在 10 年内超越美国,成为全球最大的经济体。然而,10 年之后,苏联经济却榱栋崩折。诚然,线性思维是我们最容易选择、最简单但也是最容易犯错的一种方式。

第一节　产业结构增长效应模型构建

自以克拉克（Clark，1940）、库兹涅茨（Kuznets，1957）、切纳利（Chenery，1960）等为代表的早期结构主义学派开创产业结构和长期经济增长关系的研究以来，学者们通过大量后续研究对其进行了补充和完善，如麦迪森（Maddison，1987）、格罗斯曼和赫尔普曼（Grossman 和 Helpman，1991）、尼尔森与派克（Nelson 和 Pack，1999）等，验证了产业结构变迁对经济增长有巨大的促进作用，产业结构优化升级是资本、劳动力要素之外推动经济持续增长的又一源泉。近年来，"新结构经济学"学派再次强调产业结构升级对发展中国家获取经济持续增长并进而缩小与发达国家收入差距的关键作用，提倡政府应积极发挥产业"甄别"和"因势利导"的作用，以促进产业结构优化升级。在估量经济增长的结构变迁效应实证文献中，学者常将产业结构指标添加到 C–D 生产函数（刘伟和张辉，2008；王小鲁等，2009；干春晖等，2011），并把面板数据实证模型设定为：

$$\ln(Y_{it}) = a_i + \beta\ln(K_{it}) + \gamma\ln(L_{it}) + \lambda\ln(S_{it}) + \varepsilon_{it} \qquad (7-1)$$

其中，Y_{it} 为 i 地在 t 期的人均产出，K_{it} 为资本投入，L_{it} 为劳动投入，S_{it} 则代表结构变动，α_i 为个体效应，ε_{it} 为随机扰动项。通过面板数据回归，可估计出该模型变量的系数 β、γ、λ，即资本产出弹性、劳动产出弹性和结构变迁产出弹性。然而，上述模型存在三点不足。首先，由于影响某地经济增长的因素千差百异，若要剔除众多因素的影响，把产业结构变动对该地经济增长的作用效应单独分离出来，基于线性参数估计模型，一般可通过加入控制变量，以剥离其他因素对经济增长的影响，得出产业结构调整的偏回归效应。但是，也正由于影响因素繁多，该采取哪种模型设定，该放进哪些控制变量，是个难以解决的问题，也容易使实证检验带有主观性。对真实模型函数形式的错误设定（包括线性参数设定）更是会带来有偏和无效的系数估计值，得出欠可信的假设检验结果。其次，变量间的多重共线性在线性参数估计模型中一直是棘手的难题，而实践中资本、劳动力和产业结构变量却又往往相关性较强。最后也是最关键的，线性参数模型所估计的系数表示的是解释变量作用于被解释变量的平均效应，该均值不能随解释变量的变动而动态变化。但经济增长的结构变迁是一条从低收入农业经济一直到高收入工业化经济的动态连续频谱(林毅夫,2011),参数估计难以检验产业结构优化对经济增长的边际影响(结构变迁产出弹性),难以检验因产业结构水平、资本存量和劳动力投入的变化而变化的动态路径,更不能完整刻画出该过程中"结构性加速"或"结构性减速"特征。

相反,非参数模型对模型的形式没有过多限制,具有更强的适用性和灵活性,还克服了独立变量的多重共线问题,通过非参数逐点估计更能得出各要素产出弹性随产业结构水平、资本存量、劳动力投入变化的动态趋势。所以,本书将非参数面板数据模型设定为:

$$\ln(Y_{it}) = \alpha_i + f(\ln(K_{it}), \ln(L_{it}), \ln(S_{it})) + \varepsilon_{it} \qquad (7-2)$$

式(7-2)中,α_i 为个体效应,变量定义同式(7-1),$i=1,2,\cdots,n; t=1,2,\cdots,T$。本书的省域面板数据中,$n=30, T=35$。$f(\cdot,\cdot,\cdot)$ 是一个未知形式的三元函数,只需光滑性假定。非参数模型仅用资本存量、劳动力投入和产业结构优化指数作为解释变量,并未加入多余的控制变量。诚然,在理论上还可加进更多的控制变量以分离出结构变动的影响,但越多的解释变量,越容易受"维数的诅咒"(the curse of dimension)影响。所以,即使有可能存在未能理想地分离部分单独影响的误差风险,但非参数估计由于不要求设定模型的具体形式,这样又正好解决了参数估计因设定错误而带来的非一致性和非有效性问题。

参考乌拉与罗伊(Ullah 和 Roy, 1998)、亨德森等(Henderson 等, 2008)、周先波和盛华梅(2008)等关于非参数局部线性估计的方法,可对上述模型进行估计,即设定矩阵 X、Y,使 $y_{it}=\ln(Y_{it})$,$x_{it}=[\ln(K_{it}),\ln(L_{it}),\ln(S_{it})]$,对函数 $f(\cdot,\cdot,\cdot)$ 在点 $x=(x_1,x_2,x_3)=[\ln(K),\ln(L),\ln(S)]$ 处局部线性化,式(7-2)转化为:

$$y_{it} = \alpha_i + f(x) + (x_{it} - x)\delta(x) + \varepsilon_{it} \qquad (7-3)$$

式(7-3)中,$\delta(x) = \underset{3\times1}{T}$ 是列向量。$\beta(x)$、$\gamma(x)$ 和 $\lambda(x)$ 为 $f(\cdot,\cdot,\cdot)$ 的三个一阶偏导数函数,即 $\partial f(x)/\partial x_1, \partial f(x)/\partial x_2, \partial f(x)/\partial x_3$ [可简记为 $f_1(x), f_2(x), f_3(x)$],依次代表资本的产出弹性函数、劳动力的产出弹性函数和结构优化升级的产出弹性函数。ε_{it} 包含了局部线性化的其他余项。可对

式(7-3)作变换为:

$$y_{it} - \bar{y}_{i.} = (x_{it} - \bar{x}_{i.})\delta(x) + \varepsilon_{it} - \bar{\varepsilon}_{i.} \tag{7-4}$$

其中, $\bar{y}_{i.} = (1/T)\sum_{t=1}^{T} y_{it}$, $\bar{x}_{i.} = (1/T)\sum_{t=1}^{T} x_{it}$, $\bar{\varepsilon}_{i.} = (1/T)\sum_{t=1}^{T} \varepsilon_{it}$ 。可将

式(7-4)的加权最小二乘解定义为 $\delta(x)$ 的估计,也即 $\widehat{\delta}(x)$ 是 $\sum_{i=1}^{n}\sum_{t=1}^{T}$

$[y_{it} - \bar{y}_{i.} - (x_{it} - \bar{x}_{i.})\delta(x)]^2 K\left(\dfrac{x_{it} - x}{h}\right)$ 最小化问题的解,其中 $K(\cdot)$ 为核

函数, h 为窗宽, $\delta(x)$ 函数的非参数局部线性估计量是:

$$\widehat{\delta}(x) = \left[\sum_{i=1}^{n}\sum_{t=1}^{T} (x_{it} - \bar{x}_{i.})'(x_{it} - \bar{x}_{i.}) K\left(\frac{x_{it} - x}{h}\right)\right]^{-1}$$

$$\left[\sum_{i=1}^{n}\sum_{t=1}^{T} (x_{it} - \bar{x}_{i.})'(y_{it} - \bar{y}_{i.}) K\left(\frac{x_{it} - x}{h}\right)\right] \tag{7-5}$$

由非参数估计式(7-5)可知,通过核函数的加权平均,解决了 C-D 生产函数实证模型中解释变量间的多重共线性问题,可以作为研究资本、劳动力和结构优化对经济增长作用效应的有力工具。

由 $\delta(x)$ 的定义式有:

$$\widehat{\beta}(x) = (1,0,0)\widehat{\delta}(x) , \ \widehat{\gamma}(x) = (0,1,0)\widehat{\delta}(x) , \ \widehat{\lambda}(x) = (0,0,1)\widehat{\delta}(x) \tag{7-6}$$

式(7-6)分别表示 $f(\cdot,\cdot,\cdot)$ 三个偏导函数在 $x = (x_1, x_2, x_3)$ 的估计值。非参数面板固定效应模型[1]与参数模型的区别在于,其估计值 $\widehat{\delta}(x)$ 是关于 x 的函数,表示各解释变量对被解释变量的边际作用。

按照上述非参数面板固定效应模型估计方法得到一阶导函数 $\widehat{\delta}(x)$ 后,对产业结构变迁分为两种情况进行讨论。一是计算产业结构优化对区域经济增长的平均影响,即 $\widehat{\lambda}(\bar{x})$ 。为得到资本、劳动、结构变迁产出弹性平均水平的估计,需要计算非参数估计 $\widehat{\beta}(\bar{x})$ 、 $\widehat{\gamma}(\bar{x})$ 、 $\widehat{\lambda}(\bar{x})$ 在样本均值 $\bar{x}$ 的取值($\bar{x} = [\bar{x}_1, \bar{x}_2, \bar{x}_3]$, $\bar{x}_g = (1/nT)\sum_{i=1}^{n}\sum_{t=1}^{T} x_{g,it}, g = 1,2,3$)。二是估计产业结

---

① 面板数据有固定效应模型与随机效应模型两种,但 Wald 检验和 Hausman 检验都显示本书适用面板固定效应模型,检验结果见表 7-1。

构优化对区域经济增长的逐点影响,将 1978—2012 年样本分别按产业结构
优化指标、资本存量、劳动力数量的最小值和最大值所组成的区域等分为若
干个子区间,以这些区间的端点值作为自变量 x,使用式(7-5)和式(7-6)
进行非参数估计。

本章实证研究采用 1978—2012 年中国 30 个省(自治区、直辖市)的
面板数据。[①] 产业结构合理化(SR)和高度化(SH)指标参见第四章描述;
经济产出指标 Y 使用各省(自治区、直辖市)人均 GDP 表示,并采用各省
(自治区、直辖市)GDP 减缩指数平减;劳动力指标使用各省(自治区、直
辖市)年末从业人员数表示;资本存量数据按张军等(2004)估算并拓展
更新,并利用固定资产投资价格指数折算。资料来源于中经网、各省(自
治区、直辖市)统计年鉴、《新中国 60 年统计资料汇编》和《中国劳动统计
年鉴》整理。

第二节　产业结构增长效应实证结果分析

一、非参数模型均值估计

首先对中国 30 个省(自治区、直辖市)的面板数据予以非参数均值估
计,得到产业结构优化对经济增长的平均影响效应。在计量分析中,核函数
选用高斯函数,同乌拉与罗伊(Ullah 和 Roy,1998)的选择标准,选择最优窗
宽 $h = an^{-1/9}$,其中,a 为正常数,分别取 0.9、1.2、1.5[②],对应窗宽为 $h_1 =$
0.41548、$h_2 = 0.55398$、$h_3 = 0.69247$。为作对比,本章也使用面板参数模型
进行了回归分析,估计结果见表 7-1,$\widehat{\beta}(\bar{x})$、$\widehat{\gamma}(\bar{x})$、$\widehat{\lambda}(\bar{x})$ 分别为偏导函数
$\beta(x)$、$\gamma(x)$ 和 $\lambda(x)$ 在 $\bar{x}$ 处的估计。

---

　　① 基于数据可得性和统计口径一致性原因,中国台湾、中国香港和中国澳门指标未被
纳入实证样本。
　　② a 值也可使用其他准则水平而选择不同的窗宽,如 $a = 0.6$,Rule-of-thumb 等,但其他
窗宽检验结果较相似,限于篇幅,本书只列示 0.9、1.2、1.5 这 3 种水平下的估计值。

表7-1　各要素产出弹性非参数模型均值估计结果

	估计方法	资本产出弹性		劳动产出弹性		结构变迁产出弹性	
合理化	非参数估计	$\widehat{\beta}(\bar{x})$	t 值	$\widehat{\gamma}(\bar{x})$	t 值	$\widehat{\lambda}(\bar{x})$	t 值
	$a=0.9$	0.6487	82.5630	0.5299	10.5830	0.2050	12.4820
	$a=1.2$	0.6668	84.9940	0.4779	9.6327	0.1399	8.4625
	$a=1.5$	0.6706	85.9200	0.4838	9.8227	0.1094	6.6213
	参数估计	β	t 值	γ	t 值	λ	t 值
		0.6559	80.7440	0.4342	8.2437	0.0654	3.7624
	Wald TestF = 100.25；Hausman TestChi-Sq(3) = 405.00						
高度化	非参数估计	$\widehat{\beta}(\bar{x})$	t 值	$\widehat{\gamma}(\bar{x})$	t 值	$\widehat{\lambda}(\bar{x})$	t 值
	$a=0.9$	0.5724	52.2970	0.2673	7.5322	0.1928	13.5560
	$a=1.2$	0.5805	52.7060	0.3822	9.6259	0.1689	11.1050
	$a=1.5$	0.5871	52.6910	0.4424	10.5760	0.1515	9.4743
	参数估计	β	t 值	γ	t 值	λ	t 值
		0.6265	51.9430	0.3916	7.6948	0.0604	3.1960
	Wald TestF = 144.08；Hausman TestChi-Sq(3) = 242.69						

由表7-1数据可知,非参数模型和参数模型的估计结果都是显著的,两种方法在各要素产出弹性估计值的影响方向上也是一致的(皆为正值),平均而言,资本产出弹性(0.6—0.7)和劳动产出弹性(0.3—0.4)估计值的大小也与已有研究的结论相仿,说明资本投入、劳动投入和产业结构优化效应均显著支撑了中国经济的持续增长。有所不同的是,虽然非参数和参数模型对资本产出弹性和劳动产出弹性估计值的大小相近,但是,无论对产业结构合理化效应还是高度化效应而言,非参数和参数模型对结构变迁的捕捉都有所差别,参数模型较非参数模型在结构变迁产出弹性估计值的大小和显著性水平上都存在较大程度的低估(非参数模型估计的结构合理化效应产出弹性介于0.101—0.205,参数模型则约为0.065;非参数模型估计的结构高度化效应产出弹性介于0.152—0.193,参数模型则约为0.060)。之所以出现此结果,很可能是因为资本和劳动投入的持续增加更多体现为

线性的影响机制,而结构变迁对经济增长的推动则表现为一种波动作用
(如在国别长期样本是"结构性加速"和"结构性减速"的动态过程),相对
非参数模型,参数模型对捕捉这种波动有所乏力。

就非参数模型的结果看,不同窗宽的选择($a = 0.9$、1.2、1.5),资本产
出弹性$\hat{\beta}(\bar{x})$在结构变迁选择合理化和高度化下,估计值都比较稳定;劳动
产出弹性$\hat{\gamma}(\bar{x})$在结构变迁选择合理化时,随着窗宽扩大而小幅减小,在结
构变迁选择高度化时则随着窗宽扩大而增大;结构优化效应产出弹性$\hat{\lambda}(\bar{x})$
在结构变迁选择合理化或高度化时,都随着窗宽扩大而减小。总体而言,各
变量的非参数估计值随窗宽改变而变化的幅度都不大,窗宽敏感性较小,估
计结果较稳健。

二、非参数模型逐点估计

非参数计量模型较参数计量模型的优胜之处,不仅在于豁除了函数形
式的限定,还可以估计在不同要素配置情况下,产业结构优化效应对区域经
济增长的动态作用。非参数均值估计存在一点不足,即对产业结构优化产
出效应的动态变化趋势反映不完整,而偏导函数的非参数逐点估计可刻画
变量的变化趋势,正可弥补非参数均值估计的不足。

以固定效应面板数据模型为研究对象,对上述模型的偏导函数予以
非参数逐点估计。将各个解释变量(K、L、SR、SH)样本的最小值与最大
值之间的区域30等份①,应用式(7-5)在每一等份点处估计$\hat{\delta}(x)$,进而
用式(7-6)算出结构变迁产出弹性的逐点估计值$\hat{\lambda}(x)$即$f_3[\ln(K)$,
$\ln(L),\ln(S)]$②。

对本书样本,$\min_{it}(L_{it}) = 93.1, \max_{it}(L_{it}) = 6335.5, \min_{it}(K_{it}) = 2396$,
$\max_{it}(K_{it}) = 14011000, \min_{it}(SR_{it}) = 0.0295, \max_{it}(SR_{it}) = 5.4996, \min_{it}$
$(SH_{it}) = 0.0053, \max_{it}(SH_{it}) = 1$。结构变迁产出弹性$f_3[\ln(K),\ln(L),\ln$
$(S)]$是关于K、L和S的函数,固定其中两个变量(固定值选样本均值),则
结构优化效应的产出弹性是剩下的第三个变量的函数,通过非参数逐点估

---

① 亦可选择其他等份,其结果是相似的。
② 事实上,应用非参数计量方法估计资本和劳动的产出弹性关于各要素变化而变化的
趋势也是可行的,因限于本书的研究主题和篇幅,这里不另作专门详细分析。

计就可考察结构变迁的产出弹性随该变量变动而变化的趋势。具体设计见方案1—方案3,估计结果分产业结构合理化和高度化效应,见表7-2和表7-3。

方案1:在($\bar{K}$,$\bar{L}$,S_i)各点处,进行非参数估计$f_3[\ln(\bar{K}),\ln(\bar{L}),\ln(S_i)]$,$S_i \in [\min(S_{it}),\max(S_{it})]$。

方案2:在(K_i,$\bar{L}$,$\bar{S}$)各点处,进行非参数估计$f_3(\ln(K_i),\ln(\bar{L}),\ln(\bar{S}))$,$K_i \in [\min(K_{it}),\max(K_{it})]$。

方案3:在($\bar{K}$,L_i,$\bar{S}$)各点处,进行非参数估计$f_3(\ln(\bar{K}),\ln(L_i),\ln(\bar{S}))$,$L_i \in [\min(L_{it}),\max(L_{it})]$。

表7-2 产业结构合理化产出弹性的非参数逐点估计

SR	$f_3[\ln(K),\ln(L),\ln(SR)]$	t值	K	$f_3[\ln(K),\ln(L),\ln(SR)]$	t值	L	$f_3[\ln(K),\ln(L),\ln(SR)]$	t值
5.4996	0.3112	16.966	2396	0.4006	40.075	93.1	-0.2028	-18.815
5.3110	0.3058	16.746	485450	0.0566	3.118	308.4	-0.0965	-11.516
5.1224	0.3002	16.515	968500	0.1087	7.371	523.6	0.0422	4.093
4.9338	0.2942	16.273	1451500	0.1293	8.697	738.9	0.1124	9.716
4.7451	0.2879	16.018	1934600	0.1092	6.797	954.1	0.1271	10.424
4.5565	0.2813	15.748	2417700	0.0685	3.991	1169.4	0.1281	10.141
4.3679	0.2742	15.465	2900700	0.0206	1.147	1384.6	0.1261	9.610
4.1792	0.2668	15.165	3383800	-0.0285	-1.532	1599.9	0.1225	8.966
3.9906	0.2590	14.848	3866800	-0.0764	-4.023	1815.1	0.1179	8.280
3.8020	0.2508	14.513	4349900	-0.1221	-6.344	2030.4	0.1128	7.597
3.6134	0.2421	14.159	4832900	-0.1648	-8.514	2245.6	0.1072	6.946
3.4247	0.2330	13.785	5316000	-0.2039	-10.545	2460.9	0.1015	6.340
3.2361	0.2235	13.390	5799300	-0.2390	-12.445	2676.2	0.0958	5.785
3.0475	0.2136	12.974	6282100	-0.2699	-14.217	2891.4	0.0902	5.282
2.8589	0.2033	12.537	6765100	-0.2965	-15.860	3106.7	0.0848	4.827
2.6702	0.1927	12.078	7248200	-0.3189	-17.377	3321.9	0.0797	4.417
2.4816	0.1819	11.602	7731200	-0.3375	-18.767	3537.2	0.0747	4.047

SR	f_3 [ln(K), ln(L), ln(SR)]	t值	K	f_3 [ln(K), ln(L), ln(SR)]	t值	L	f_3 [ln(K), ln(L), ln(SR)]	t值
2.2930	0.1710	11.110	8214300	−0.3526	−20.033	3752.4	0.0700	3.711
2.1043	0.1601	10.609	8697300	−0.3646	−21.178	3967.7	0.0655	3.405
1.9157	0.1497	10.107	9180400	−0.3739	−22.209	4182.9	0.0612	3.125
1.7271	0.1398	9.614	9663400	−0.3810	−23.131	4398.2	0.0571	2.867
1.5385	0.1310	9.146	10146000	−0.3862	−23.952	4613.5	0.0531	2.627
1.3498	0.1236	8.720	10630000	−0.3898	−24.680	4828.7	0.0492	2.404
1.1612	0.1182	8.354	11113000	−0.3921	−25.322	5044.0	0.0455	2.194
0.9726	0.1152	8.060	11596000	−0.3933	−25.886	5259.2	0.0418	1.995
0.7840	0.1151	7.830	12079000	−0.3937	−26.380	5474.5	0.0383	1.806
0.5953	0.1171	7.587	12562000	−0.3935	−26.811	5689.7	0.0348	1.626
0.4067	0.1171	7.083	13045000	−0.3926	−27.186	5905.0	0.0313	1.453
0.2181	0.1225	7.727	13528000	−0.3913	−27.511	6120.2	0.0279	1.285
0.0295	0.1247	10.542	14011000	−0.3897	−27.792	6335.5	0.0246	1.124

对表 7-2 实证结果可做以下分析,从第一纵列看,产业结构合理化的产出弹性随产业结构合理化指标的下降(产业结构更合理)而下降,这反映了中国产业结构合理化对经济增长的边际促进作用将随着产业结构逐步合理而递减,也即产业结构合理化的"结构红利"在中国将逐步消退。

从理论机制上看,该实证结果是符合经济学理论的,产业结构合理化是产业之间协调聚合的程度,也即产业间相互作用所产生的资源要素合理配置和动态均衡的效应,该效应是能提高生产力并促进经济增长的,但随着劳动、资本等要素在产业间的流动,产业结构从相对不合理向相对合理调整,结构扭曲的不合理配置也被逐步纠正过来,各产业部门良性协同发展,所以结构合理化的边际产出效应也将逐步减弱。

为更形象地描述结构合理化效应的动态变化,可利用产业结构合理化指数变量划分的等分点以及相应的产业结构合理化效应的产出弹性的非参数逐点估计值,使用光滑曲线连结并描画出中国产业结构合理化促进经济增长弹性的动态变化趋势(见图7-1、图7-2至图7-6定义类似),该图像是一条从高点缓慢下降,当SR指数达到1.0左右后渐趋平缓稳定的曲线,该图像与学界关于结构变迁产出效应倒"U"型曲线的右半支的理论描述是相符的。[①]

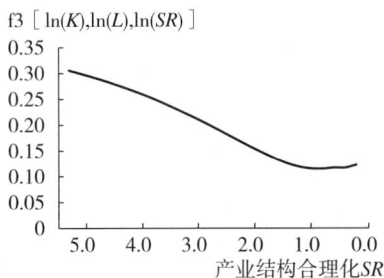

图7-1 结构合理化产出弹性关于合理化指数的趋势

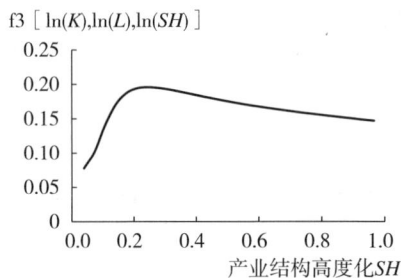

图7-2 结构高度化产出弹性关于高度化指数的趋势

表7-3第一纵列呈现的是产业结构高度化的产出弹性随高度化指数的变化而变动的情况。数据显示,高度化结构变迁对经济增长的边际作用力具有一个最大值(约为0.195),在该值之前,产业结构高度化对经济增长的促进影响迅速加强直至最大,其后逐步平缓下降。对应的图7-2也可见,在高度化水平相对较低的时候,产业结构高度化对地区经济增长有加速的推动作用,这种"狂飙突进"在高度化指数达到一定阶段后开始减缓,达到峰值后开始下降,呈现倒"U"型的特征。

从理论机制上看,这种现象可从产业结构高度化的两个理论内涵予以解释和剖析。一方面,从各产业比例关系的改变看,由于工业化革命和城市化进程使经济发展的重心从农业部门转移到工业部门,在这个过程中,劳动力等生产要素被重新配置到生产效率相对更高的工业经济部门,从而促进了整个经济体生产率的提高。但随着城市化进程的进一步发展,劳动力要素资源被再次配置,由生产率增速较快的工业部门向生产率增速相对较慢

[①] 由于中国省域数据的局限性,样本数据起自1978年,但不能排除,若选用更长时期的样本,该图像将是一条完整倒"U"型曲线的可能,而事实上,相关假说已在数百年的国别数据样本中得到了验证。

的服务业部门转移①,使经济增速开始减缓(Maddison,1987)。另一方面,从各产业劳动生产率的提升看,在产业结构较低水平时,发展中国家离技术前沿比较远,可以通过技术模仿或技术转移来选择利用适合其要素禀赋结构的技术,而不是自己重新进行技术自主研发(Krugman,1979)。显然,技术模仿的成本要比自主创新的成本要低,因此,产业结构高度化的开始阶段,劳动生产率进步的加速度比较快,经济增长率也相应较高,随着一国产业结构的不断高度化,其离技术前沿的距离也越近,不但技术模仿的成本越来越高,而且可供模仿的技术也越来越少,劳动生产率进步的速度相应减慢,经济增长率也趋于放缓。事实上,类似的倒"U"型过程在东亚新兴工业化经济体也曾出现,这些经济体依据本地要素禀赋特点,利用已臻成熟的技术进入成熟产业,产业结构得以迅速高度化,并以此取得年均8%—10%的GDP增速(日本的波峰出现在20世纪60年代,"四小龙"的波峰则出现在七八十年代),但当他们到达技术前沿,各产业比例便渐趋稳定,经济增长更多地只能依赖各产业的技术创新和劳动生产率提高,但自主研发创新的速度相对恒定,产业结构高度化产出弹性因此降低,经济增长只能低速缓进。

表7-3　产业结构高度化产出弹性的非参数逐点估计

SH	f_3[ln(K),ln(L),ln(SH)]	t值	K	f_3[ln(K),ln(L),ln(SH)]	t值	L	f_3[ln(K),ln(L),ln(SH)]	t值
0.0053	0.0777	4.877	2396	-0.2649	-6.479	93.1	0.1899	8.414
0.0396	0.0775	4.449	485450	0.1117	6.930	308.4	0.2832	15.847
0.0739	0.1019	6.842	968500	0.1638	11.283	523.6	0.3321	20.969
0.1082	0.1411	9.696	1451500	0.2176	13.686	738.9	0.3060	20.263
0.1425	0.1712	11.701	1934600	0.2464	14.069	954.1	0.2679	18.041
0.1768	0.1875	12.808	2417700	0.2561	13.588	1169.4	0.2350	15.962
0.2111	0.1942	13.318	2900700	0.2564	12.862	1384.6	0.2101	14.332

① 服务业生产率增速比工业生产率要低的理论被称为"鲍莫尔—福克斯假说",已在国别数据中得到普遍验证,该观点目前在学界占主导地位。

续表

SH	f_3 [ln(K), ln(L), ln(SH)]	t 值	K	f_3 [ln(K), ln(L), ln(SH)]	t 值	L	f_3 [ln(K), ln(L), ln(SH)]	t 值
0.2454	0.1958	13.482	3383800	0.2524	12.117	1599.9	0.1919	13.116
0.2797	0.1947	13.448	3866800	0.2462	11.417	1815.1	0.1787	12.219
0.3140	0.1922	13.298	4349900	0.2386	10.770	2030.4	0.1692	11.555
0.3483	0.1892	13.078	4832900	0.2299	10.169	2245.6	0.1623	11.057
0.3826	0.1860	12.816	5316000	0.2203	9.605	2460.9	0.1573	10.680
0.4169	0.1827	12.529	5799000	0.2100	9.071	2676.2	0.1536	10.393
0.4512	0.1796	12.227	6282100	0.1994	8.565	2891.4	0.1510	10.173
0.4855	0.1765	11.919	6765100	0.1887	8.083	3106.7	0.1491	10.003
0.5198	0.1736	11.610	7248200	0.1780	7.624	3321.9	0.1477	9.873
0.5541	0.1709	11.304	7731200	0.1675	7.188	3537.2	0.1468	9.773
0.5884	0.1684	11.004	8214300	0.1573	6.772	3752.4	0.1462	9.695
0.6227	0.1660	10.711	8697300	0.1474	6.376	3967.7	0.1458	9.635
0.6570	0.1637	10.427	9180400	0.1380	5.997	4182.9	0.1455	9.589
0.6913	0.1615	10.153	9663400	0.1289	5.635	4398.2	0.1454	9.554
0.7256	0.1595	9.890	10146000	0.1203	5.287	4613.5	0.1454	9.527
0.7599	0.1576	9.636	10630000	0.1120	4.953	4828.7	0.1455	9.507
0.7942	0.1557	9.393	11113000	0.1041	4.631	5044.0	0.1456	9.492
0.8285	0.1539	9.159	11596000	0.0966	4.320	5259.2	0.1457	9.480
0.8628	0.1521	8.935	12079000	0.0893	4.018	5474.5	0.1459	9.472
0.8971	0.1504	8.719	12562000	0.0823	3.725	5689.7	0.1461	9.467
0.9314	0.1487	8.512	13045000	0.0756	3.439	5905.0	0.1463	9.464
0.9657	0.1470	8.312	13528000	0.0691	3.160	6120.2	0.1465	9.462
1.0000	0.1453	8.119	14011000	0.0628	2.886	6335.5	0.1467	9.462

表7-3第一纵列还显示产业结构高度化对省域经济增长的促进作用在高度化指数 SH 达到 0.211—0.314 附近时最为强烈,边际影响因子峰值达到 0.195。其后,产业结构高度化仍会继续促进经济的增长,但其边际影响值递减。从中国整体看,2012 年高度化指数 SH 为 0.290,说明目前中国

整体产业结构高度化进程正处于图 7-2 峰值附近。这也从实证数据上验证了,随着工业化和城市化进程的推进,中国已走完"结构性加速"过程,并正面临着"结构性减速"的困境(袁富华,2012)。中国目前处于产业结构演化进程的这一时点,与张平等(2011)所述及的"城市化关键时期"(城市化率 50%)的减速门槛也是相印证的。[①] 而从区域空间布局看,基于上述测算的 2012 年中国各省(自治区、直辖市)产业结构高度化指数,仍在"结构红利"拐点之前的"结构性加速"阶段(高度化指数 SH 小于 0.211)的省(自治区、直辖市)还有贵州、安徽、四川、河南、甘肃、广西、江西、云南(按与拐点距离由远到近排列);处在"结构性加速"波峰阶段(高度化指数 SH 介于 0.211—0.314)的省(自治区、直辖市)有西藏、湖南、湖北、青海、河北、海南、宁夏、山西;已进入到"结构性减速"阶段(高度化指数 SH 大于 0.314)的省(自治区、直辖市)有福建、陕西、浙江、山东、黑龙江、广东、辽宁、江苏、新疆、吉林、北京、内蒙古、上海、天津。整体而言,结构优化的产出效应呈现了从东部到中部再到西部依次动态演进轮动的空间梯度特征,此实证结果与中国近年经济增长的两大实践是相吻合的。其一,在率先"结构加速"影响下,东部十省(自治区、直辖市)经济总量占全国的比重由改革开放之初的 42% 逐步上升至 2005 年的 55%,但在 2005 年后也率先"结构减速",经济增长呈现放缓趋势,经济总量占比逐年下降并在 2012 年降至 51%。其二,衡量中国省际经济差距的人均 GDP 的变异系数和基尼系数也呈现出 90 年代后迅速拉大,到 2005 年之后又逐渐缩小的总体趋势,同样印证了上述结构性增长的空间梯度演进过程。

结构变迁产出弹性随着资本要素而变化的趋势见表 7-2 和表 7-3 的第二纵列以及对应的图 7-3 和图 7-4。结构变迁选择产业结构合理化和高度化的实证结果都显示,在资本存量较小的时候,结构变迁产出弹性的趋势线较为陡峭,并迅速达到峰值 $[SR(0.129),SH(0.256)]$,之后随着资本投资的继续增加,结构变迁产出弹性开始缓慢下降,产业结构合理化产出弹性

---

① 从近年中国经济实际运行数据也可以得到一定程度的印证,金融危机后的 2010 年第一季度 GDP 季度增长率达到 12.1% 的高峰后,从 2010 年第一季度到 2014 年第一季度,GDP 季度增长率已连续 17 个季度下滑,并已"减速"至 2014 年第三季度的 7.3%。数据来源于中国国家统计局。

甚至出现了负值。这是因为在资本积累开始阶段,每增加一单位资本存量将会对产业结构的优化升级有较大的推动作用。然而,随着资本积累的丰裕,再增加资本的边际投入,产业结构优化的产出效应将不再明显,或者会维持在一定稳态水平,或者减弱。① 图7-3和图7-4出现的结构变迁产出弹性的下降,很可能与中国一段时期以来经济增长过度依赖投资拉动的现实有关,过度甚至无度的投资所造成的要素资源浪费和产业结构扭曲混乱,对产业效率的打击是巨大的。此实证结果与李小平和卢现祥(2007)、干春晖和郑若谷(2009)等提出的中国资本要素在产业间的配置存在"结构负利"的结论一致。

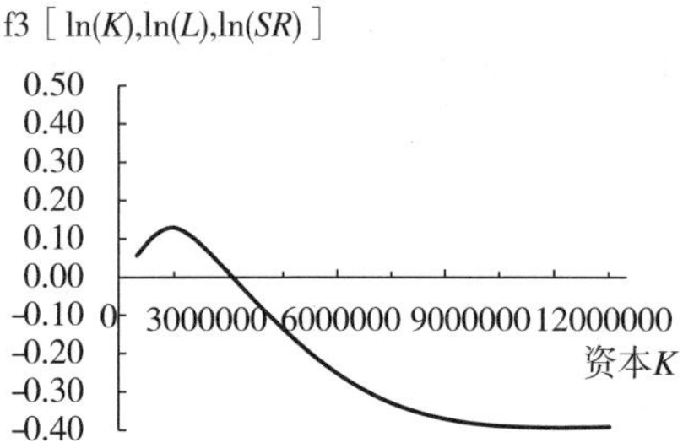

图7-3　结构合理化产出弹性关于
资本要素的趋势

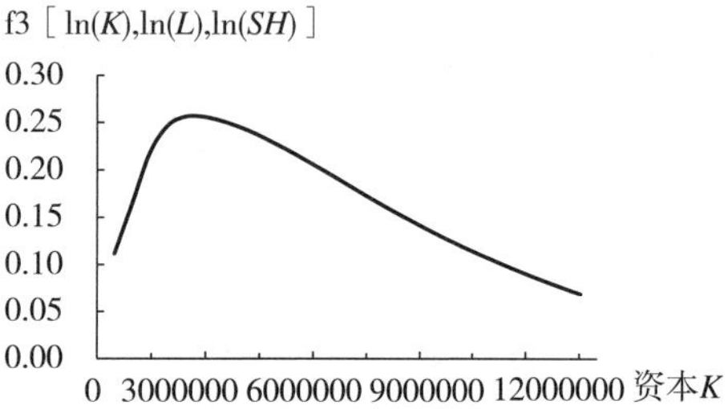

图7-4　结构高度化产出弹性关于
资本要素的趋势

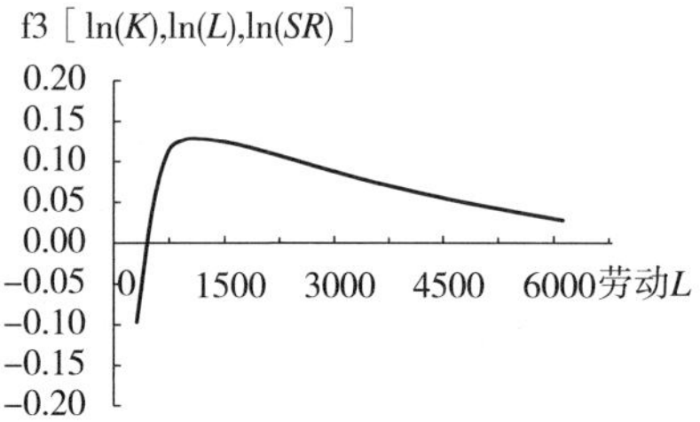

图7-5　结构合理化产出弹性关于
劳动要素的趋势

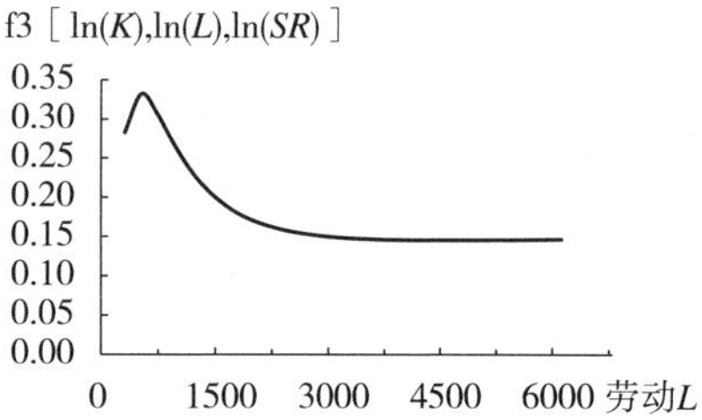

图7-6　结构高度化产出弹性关于
劳动要素的趋势

　　结构变迁产出弹性随着劳动要素变化的趋势见表7-2和表7-3第三纵列以及对应的图7-5和图7-6。与资本积累的结构变迁产出弹性结果相

———————

　　① 过度的资本投资甚至会严重影响要素资源在产业间的配置、协调和利用效率,使结构合理化的产出弹性变为负。

仿,结构变迁选择合理化和高度化的结果都显示,在劳动要素增加初期,结构变迁产出弹性急剧增长,达到最大值[$SR(0.128)$,$SH(0.332)$],其后随着劳动力投入的继续增加,结构变迁产出弹性开始下降。该下降过程又分合理化和高度化而有所区别,随着劳动投入的增加,结构合理化产出弹性是线性递减下降的,结构高度化产出弹性则是迅速下降后维持在一个稳定的水平(约为0.146)。总体上,结构合理化和高度化的产出弹性关于劳动要素的变化趋势是呈现倒"U"型轨迹的。中国虽是人口大国,但人均劳动生产率排名仍处在国际末端,过去的高速增长主要是依靠生产要素和资源的大量倾斜投入,短期牺牲配置效率、生态环境而获取的,该模式在长期是不可持续发展的(陈诗一,2009)。在人口"红利拐点"到来之际,中国应该更注重劳动力质量的提高和人力资本的积累。

从总体趋势来看,资本和劳动投入对结构优化的产出效应的影响较为相似,均是先加速促进作用,随着资本和劳动投入达到一定水平后,资本和劳动的继续增加将使结构优化推动经济增长的边际作用减弱。从中国资本和劳动投入均持续增长的长期趋势看,上述实证结果也印证了从"结构性加速"到"结构性减速"的理论假说。

三、关于"结构性减速"的再讨论

要补充的是,"结构性减速"与工业增长衰退(或产业"空心化")并不等价。其一,"结构性减速"的含义是指产出或生产率增速的降低,而不是指绝对水平的降低。其二,在长期的产业演进过程中,工业增加值或就业份额的比重是在逐步降低的,那么,即使在某一时期内工业的生产率提高较快,该加速也有可能被份额的降低所抵消,最终体现为工业增长增速的下降。还需要指出的是,作为后发国家,当中国产业发展水平逐步接近技术前沿国家,"结构红利"效应减弱后的经济加速度回落作为一种长期趋势,是规律性的,难以避免。在供给层面,随着低成本技术模仿机会的减少,产业发展需要向创新驱动转型,技术进步速度定将减慢,经济增速也必然相应减缓,并逐步收敛于技术前沿国家的增速水平。在需求层面,中国工业化和城市化过程中的大规模基础建设需求将逐步释放殆尽;更关键的是,由于中国目前经济总量的规模已十分巨大,若要继续保持以往相同的经济增速就需要规模越来越大的新增需求相匹配,但从长期来看这是难以为继的。

产业结构优化引致的阶段性经济高速增长是一种全球性的普遍现象,并非中国所独有。从这个意义来看,"中国奇迹"的出现正是一个地区从农业社会向工业社会再向后工业社会转型的产业发展过程,也即产业结构的持续合理化和高度化带动地区经济发展的一般规律中的一个实例而已。中国正站在极其重要的历史"分水岭"上,未来的中国将进入"结构性减速"的阶段。从全球的历史视角看,这也是发达国家以往所经历的阶段,当进入一个中速或中低速增长的陌生时代,只要实事求是,认识到历史发展的普遍规律,厘清中国所处的历史阶段,"结构性减速"并不是一件令人恐慌的事。事实上,中国经济增长已进入了提质增效的"奇迹第二季",在此时,产业结构的合理化和高度化并不主要是为了获取高速的经济增长,更重要的是"转方式"和"调结构",更注重提高经济的质量和效益,建立起适合国情与世情的产业体系。对内,转变以往"高投入、高产出、高增长、高污染"的发展方式,建立起环境友好型和资源节约型的社会,更注重社会民生的保障。对外,改善"中国制造"在全球价值链的位置,顺应经济全球化的大趋势,持续增强产业竞争力。

第三节　简要回顾

中国经济奇迹得益于工业化进程所带来的产业结构转型红利,经过四十多年的高速经济增长,有必要思考,中国是否还能继续维持近10%的高增长,当前产业经济发展处于什么位置以及将何去何从。本章首先结合中国省域面板数据,从产业结构合理化和高度化两个维度,基于对产业结构优化升级与经济增长相关文献的深稽博考以及发达国家历史演变轨迹的经验启迪,使用非参数面板计量估计方法考察中国产业结构优化升级的产出效应的倒"U"型动态演变路径。结果显示,无论是采用产业结构合理化指标还是产业结构高度化指标,产业结构优化的产出弹性皆随产业结构优化、资本积累和劳动投入增加,呈现了先加速增大,达到一定峰值后,再缓慢下降的"结构性加速"到"结构性减速"的动态过程。从中国整体上看,正处于"结构红利"的峰值附近。若从各省(自治区、直辖市)判断,仍处在"结构红利"拐点之前"结构性加速"阶段的省(自治区、直辖市)有贵州、安徽、四川、河南、甘肃、广西、江西、云南(按与拐点距离由远到近排列),处在"结构性加速"波峰阶段的省(自治区、直辖市)有西藏、湖南、湖北、青海、河北、海南、宁夏、山西,而剩下的其他省(自治区、直辖市)均已到达了不同程度的"结构性减速"阶段。实证结果也验证了,中国的实践与发达国家、新兴工业化经济体产业结构演进的一般规律是相符合的。基于上述分析,本章尝试提出以下建议:

第一,突出"创新驱动"在促进经济增长中的位置。随着中国产业结构的持续优化升级,产业间的不协调和结构性扭曲因素得以修正。相比合理化,产业结构的高度化对经济增长的贡献将越发重要。相较产业的比例变化,各产业技术创新和效率提升的产出效应也将更为关键。所以,在未来产业结构优化的过程中,要更加注重"创新驱动"对经济增长的促进作用。实施创新驱动发展战略,加快产业技术创新。用高新技术和先进适用技术改造提升传统产业,加快传统产业的转型升级和竞争力提升。通过推动节能环保、生物工程、新兴信息产业等战略性新兴产业以及高附加值的现代服务业的发展壮大,提升全社会劳动生产率。

第二,利用地区的阶段性差距所带来的发展空间和潜力,进一步释放后发地区的"结构红利"。日本和亚洲"四小龙"在工业化后期,均出现了经济增速的"台阶式"陡降现象(经济增长率从8%—9%的高速骤降至4%以下的中低速并延续至今)。随着中国经济"结构性减速"的初显端倪,中国经济"崩溃论""硬着陆论"也接踵而至。然而,区别于上述经济体,中国幅员辽阔,地区间产业结构优化产出效应的阶段性差异也较大,这为"稳增长"带来了巨大的空间。通过合理规划产业的空间布局,进一步推进中西部地区的产业结构优化升级,后发地区的"结构红利"将为中国未来的经济增长提供持续的动力。基于此,笔者认为,中国的"结构性减速"将不会是一个大幅度的突变过程,而应是一个从高速到中高速、中速、中低速再到低速的渐进过程。

第三,针对省域要素禀赋和产业结构的阶段性差异,通过"因势利导"和"增长甄别"选择适合各省(自治区、直辖市)自身的最优产业政策。基于新结构经济学理论,地区的产业结构内生于要素禀赋,在任何特定时间是给定的,但会随时间的推移而改变(林毅夫,2011)。目前,中国各省(自治区、直辖市)产业结构的发展阶段存在较大差异,产业结构调整的目标和重点也应不同。各省(自治区、直辖市)地方政府应甄别本省(自治区、直辖市)产业结构变迁所处的阶段,遵循本省(自治区、直辖市)的比较优势以规划和施行本地区的产业政策,推动产业结构的不断优化,实现经济的动态持续增长。

第四,中国经济发展应更注重"转方式"和"调结构",更注重资源节约有效利用和生态环境保护有机结合,以获取高质量和高效益的经济增长。中国处于倒"U"曲线的拐点,是历史的"分水岭",正面临"结构性减速",过去"结构性加速"阶段以过度消耗资源、环境污染、高碳排为代价的传统发展模式已难以为继,资源约束趋紧、环境污染严重、生态系统退化的问题严重。经济从高速到中高速的结构性转变有助于改变唯GDP观念,地方政府经济增长目标的适当下调更能为夯实经济增长质量和生态文明建设预留空间。这需要坚持高质量发展的产业结构转型升级理念,依托低碳经济、循环经济、生态经济的发展,形成节约资源、保护环境的产业结构和生产方式,把握中国经济焕发新活力的产业生态化路径和方向。

第八章　高质量发展下产业结构
升级生态效应研究

　　高质量发展的思想既强调经济的持续增长,更强调的是生态环境的持续发展。

　　凭借出口导向型的产业战略,中国经济"后发崛起",目前中国 GDP 总量已跃居世界第二位,年均近 10%的高速经济增长率,举世罕见,被美誉为"中国奇迹"。如第七章所验证,中国经济的发展奇迹是一直以来坚持产业结构的调整与优化、转型与升级的成果。经济的持续增长需要产业结构的不断优化升级,生态环境的发展同样要依靠地区产业结构的持续优化升级。过去,各省(自治区、直辖市)的生产要素在不同部门的重新转移配置,在同一部门的合理有机协调,保证了中国产业经济的持续稳定增长,使中国从落后的农业社会(农业文明)成功转型为"世界工厂"(工业文明)。但是,需要清醒地认识到,中国经济奇迹有浓厚的二元色彩,高速增长的背后,同时存在的是生产要素和资源的大量倾斜投入、环境的污染和生态的破坏。现有生态环境已经难以承受工业进一步粗放增长所带来的损害和污染,生态环境与经济活动之间的关系亟须调整。当生态成为稀缺,其价值便会体现。当前,中国生态环境问题正日益突出,产业经济面临大转型,基于产业生态理论,研究中国产业经济的生态战略转型路径,特别是各省(自治区、直辖市)之间如何在产业生态战略转型中合作互动共赢,在实体经济产能过剩、能源浪费严重、环境污染隐患凸显的背景下极具现实意义,也是建设生态社会,实现中华民族伟大复兴目标的关键步骤。因此,相较产业结构优化升级的经济效应,我们更应该强调的是产业结构优化升级的生态效应。

　　基于此,本章选取中国省域数据,主要采用自抽样数据包络模型(Bootstrap-DEA)测算的生态效率指数度量各省(自治区、直辖市)的生态环境发展程度①,从产业结构合理化和产业结构高度化两个维度衡量产业结构优化和升级程度,考察产业结构优化升级对地方生态效率的影响,并从地区互动的视角分析产业结构优化升级对各省(自治区、直辖市)的生态效率影响的机理。实证发现,产业结构合理化和高度化都显著促进了生态效率的提高;考虑了区域互动影响后,产业结构合理化的生态效应更突出体现为对其他省(自治区、直辖市)生态效率的促进,产业结构高度化则既提高了本省(自治区、直辖市)的生态效率,也提高了其他省(自治区、直辖市)的生态效率;中国各省(自治区、直辖市)之间生态效率存在显著为正的空间外溢效应以及显著为负的时间滞后效应。这表明,在分析产业结构调整对经济环境协调程度的影响过程中,必须结合合理化和高度化等多个维度来捕捉产业升级内涵,从时间和空间两个维度考察其动态效应,才能准确把握其作用机理,进而制定合理的产业政策。

相较已有研究成果,本章的边际贡献主要体现在:第一,采用上述章节使用 Bootstrap-DEA 方法测度的生态效率指数和基于 GPCA 模型的生态文明指数来衡量生态环境与经济增长之间的协调程度。相较单一的排放指标,该指数能更全面和准确地反映生态环境的全方位影响以及生态文明建设的内涵。第二,采用产业结构合理化和高度化表征产业结构优化升级的状况,相较第二、第三产业比例或产业结构绝对值变动等指标,更好地反映了产业结构优化升级的内涵和本质。第三,在核心解释变量中,同时涵括产业结构优化升级变量和空间加权项,考察区域产业结构优化升级对本地区及其他地区生态效率的影响,力求更精细严谨地剖析中国产业结构优化升级的生态效应以及其中的区域互动机理。这些做法,使本章的实证结果更能反映产业结构升级与生态效率之间的内在关系,并能给出更加稳健和可靠的结论。

---

① 对于产业结构优化升级的生态效应的考察,本章主要采用 Bootstrap-DEA 生态效率指数度量各省(自治区、直辖市)的生态环境发展程度。诚然,基于全书逻辑之完整性与探求实证结果之稳健性,也尝试采用 GPCA 模型测算的生态文明指数替代生态效率指数衡量生态发展程度,再次予以实证检验,相关结果附注于文末附录2。

第一节 产业结构升级与生态效率的模型构建

一、基准回归模型设计

(一)产业结构升级与生态效率的基础模型

为了考察产业结构优化升级对地区生态效率的影响,本章首先设定未考虑空间互动的线性面板回归基础模型:

$$Y_{it} = \alpha_0 + \tau\, I_{it} + X_{it}^{'}\beta + \upsilon_{it} \tag{8-1}$$

其中,被解释变量 Y_{it} 表示省(自治区、直辖市) i 在第 t 年的生态效率指数, I_{it} 为衡量省域产业结构优化升级程度的指标(合理化指数 SR 与高度化指数 SH), $\upsilon_{it} - iid(0,\sigma_\upsilon^2\, \mathbf{I}_N)$ 为经典随机扰动项, X_{it} 为其他各种影响被解释变量的控制变量。

(二)加入空间互动的基础模型

基础模型式(8-1)基于高斯—马可夫(Gauss-Markov)假设,假定变量相互独立,忽视了地域之间的相互作用机制,与经济单元之间存在广泛、普遍联系的现实并不完全吻合。由此,本章进一步构建含有被解释变量空间加权项与时间滞后项的广义空间动态面板模型式(8-2)。设定加入空间互动因素,其经济含义突出表现在对省(自治区、直辖市)产业结构优化升级进程的相互影响机制的刻画;另外,由于二氧化碳排放、环境污染等地区生态环境指标兼有时间效应与空间效应(许和连和邓玉萍,2012),生态效率指数也可能类似地存在空间效应与时间效应:

$$Y_{it} = \lambda\, Y_{it-1} + \delta \sum_{j\neq i} w_{ij}\, Y_{jt} + \tau_1\, I_{it} + \tau_2 W \times I_{it} + X_{it}^{'}\beta + \mu_{it}$$

$$\mu_{it} = \rho \sum_{j\neq i} w_{ij}\, \mu_{jt} + \varepsilon_{it} \tag{8-2}$$

第一,式(8-2)中,解释变量 Y_{it-1} 为该省(自治区、直辖市)的被解释变量的时间滞后项,这是考虑到地区生态效率在时间演进上具有动态性,控制了被解释变量的时间滞后项,可以分离众多难以直接观测的对生态效率有影响的因素。

第二, Y_{jt} 为其他省(自治区、直辖市)的被解释变量的取值。 w_{ij} 为空间加权矩阵,是 $N \times N$ 对称矩阵,用于表征空间个体相互之间依赖性和关联水平。具体地,空间加权矩阵 w 的对角线元素 w_{ii} 设定为 0,非对角元素 w_{ij} 表示省(自治区、直辖市)i 和省(自治区、直辖市)j 在空间维度上的经济社会相关关系。$\sum_{j \neq i} w_{ij} Y_{jt}$ 的系数 δ,是衡量变量在省(自治区、直辖市)之间是"相互促进"还是"相互遏制"的指标(王美今等,2010)。就本书而言,若 δ 估计值显著为正,说明各省(自治区、直辖市)之间的生态效率是"相互促进"的;若 δ 显著为负,则为"相互遏制"。环境污染的跨地区外部效应,已经被广泛观察与认同,因此在实证回归中考虑这一特征尤为必要。

第三,为探索其他省(自治区、直辖市)产业结构的优化升级对本省(自治区、直辖市)生态效率的影响,在式(8-2)添加 I_{it} 的空间加权项 $W \times I_{it}$。在经济意义上,一个省(自治区、直辖市)的产业结构调整,可能会对其他省(自治区、直辖市)的生态效率产生影响。由于各个省(自治区、直辖市)之间存在要素流动和商品贸易等经济联系,一个省(自治区、直辖市)的产业结构调整,会通过商品要素流动和贸易等方面影响一国之内其他省(自治区、直辖市)的生产和消费活动,从而影响它们的生态效率。这种复杂的空间意义上的重要联系,却一直为学界所忽略。

第四,与一般的空间动态面板模型不同的是,广义空间动态面板模型还设定了扰动项的空间自相关形式,即 $N \times t$ 扰动向量 u_{it} 服从空间自相关形式(SAR),ρ 是误差空间相关系数,$\varepsilon_{it} = I_N \eta + v_{it}$。至此,广义空间动态面板模型融合了空间滞后模型(SLM,或称空间自相关模型,SAR)和空间误差模型(SEM)两类空间计量模型的优点。需要说明的是,卡普尔等(Kapoor等,2007)构建了带有被解释变量空间滞后项的面板模型,并将扰动项表示成空间自相关形式以刻画截面弱相关性,避免了伪识别问题,该处理方法随后得到了王美今等(2010)、朱虹等(2012)、李郁等(2013)学者的采用。然而,上述学者的模型设定并未包含被解释变量的时间滞后项,黄亮雄等(2012)虽将动态面板模型拓展到空间自相关形式,同时包含了被解释变量的时间滞后和空间滞后项,但他们的模型构造又忽视了扰动项的空间自相关问题,导致文化传统、气候条件、自然禀赋等本身就带有空间相关却又难以测度的重要因素进入扰动项,进而产生截面弱相关性误差[1](Kapoor 等,2007;王美今等,2010)。鉴于此,本书通过构造广义动态空间面板模型,既涵括被解释变量的空间滞后项,也涵括被解释变量的时间滞后项,并设定扰动项的空间自相关形式,力求通过将空间滞后模型(SAR)和空间误差模型(SEM)两种模型有效地结合,兼容动态面板数据模型和空间计量模型的优点,以达到更准确地估计各类因素对地区生态效率影响程度的目的。

空间加权矩阵的选择方面,本章尝试使用三种矩阵进行估计:(1)基于空间地理距离的空间加权矩阵 $w_{ij} = 1/d_{ij}$[2],表示若两省(自治区、直辖市)的地理距离越大,其相互间的影响程度将越小;(2)Rook 邻近空间加权矩阵,也即若省(自治区、直辖市)i 和省(自治区、直辖市)j 有共同边界,则 $w_{ij} = 1$,若没有共同边界,则 $w_{ij} = 0$[3];(3)K 值最邻近空间矩阵,实现方法是在给定空间单元的周围选择最邻近的 K 个省(自治区、直辖市),设定其权数为 1,其余设定为 0,文献中较普遍的设定 $K = 4$。由于本书考察的是产业结构对生态效率的影响,因此从地理距离维度构建空间矩阵都具有内在合理性。此外,为减少或消除各省(自治区、直辖市)之间的外在影响,对权值矩阵做标准化处理 $w_{ij}^{*} = w_{ij}/\sum_{j=1}^{N} w_{ij}$,使行元素的和等于 1。

二、基准回归模型估计方法

针对模型式(8-2)中既添加了被解释变量的时间滞后项和空间滞后项(变量内生),也包括了空间误差项(扰动非球形)的设定,本章采用空间纠正系统 GMM 估计量模型(Holly 等,2011;陈浪南和王鹤,2012)进行估计。空间纠正系统 GMM 估计量模型把动态面板数据系统 GMM 模型应用于带有空间自相关项和空间误差项的估计中,主要通过三阶段估计法予以实现(具体推导见文末附录 1)。

---

[1]　即使采用面板数据模型控制个体效应与时间效应也不能除去这些重要因素的影响。

[2]　d_{ij} 是指省(自治区、直辖市)i 和省(自治区、直辖市)j 的质心距离。

[3]　特别地,假定海南与广东、广西具有共同边界,以规避"孤岛效应"。

第二节　产业结构升级与生态效率的变量说明

下面把本章实证分析所使用的变量及其数据说明分为核心变量和控制变量依次分析。

一、核心变量

（一）生态环境水平变量

生态环境水平指标是被解释变量,为更严谨和全面地分析产业结构优化升级的生态效应,分别选取 Bootstrap-DEA 生态效率(btr)和生态文明指数(ec)作为生态发展水平的综合性度量指标。两个指标的具体数据描述见第四章和第五章。

（二）产业结构优化升级变量

产业结构优化升级指标是本章的核心解释变量,分别选用产业结构合理化指数(SR)[①]和产业结构高度化指数(SH),指标的具体数据描述见第三章。

二、控制变量

影响地区生态效率水平的因素比较多,根据已有的研究文献,主要可归纳为如下四种:(1)收入因素,选用人均 GDP 的对数(ly)和人均 GDP 对数的平方项($ly2$)表示,该因素为格罗斯曼和克鲁格(Grossman 和 Krueger,1991)提出的环境库兹涅茨倒"U"型曲线假设中的核心变量;(2)结构性因素,包括二产比重($wg2$)、能源结构(res)、城镇化率(cir)和对外依存度($open$),其中,二产比重选用各地区工业产值比重表示,能源结构选用各地煤炭消费占能源消费总量比重衡量,城镇化率选用各省(自治区、直辖市)城镇人口占总人口比重表示,对外依存度选用各地进出口总额占 GDP 比重衡量;(3)外资因素,选用实际利用外资的对数值($lfdi$)表示,该变量也可用

---

① 合理化指标是一个逆向指标,数值越小,表示产业结构越合理。为使实证结果解释能更清晰和易于理解,在不影响结论的前提下,本章对合理化指标做取倒数的正向化处理。此时指标值越大,表示产业结构越合理。

于验证外资对中国省域的"污染天堂假说"(Pollution Haven);(4)制度因素,包括环境规制强度、环境治理和环保意识,其中,环境规制强度(reg)用各省(自治区、直辖市)排污费征收占各省 GDP 的比重表示(Levinson,1996;王兵等,2010),环境治理($linv$)用各地治理工业污染投资额的对数值来度量,环保意识(pey)用各地区人均受教育年限度量。考虑足够多的控制变量,使本章得出的核心解释变量的回归系数结果更加可信。

本章指标数据来源《新中国 60 年统计资料汇编》、历年《中国统计年鉴》、各省(自治区、直辖市)历年的统计年鉴和统计公报、《中国环境年鉴》《中国环境统计年鉴》《中国能源统计年鉴》《中国劳动统计年鉴》《中国人口和就业统计年鉴》[①]整理所得,其中价值变量均以各年汇率和不变价格整理。表 8-1 是实证变量的描述性统计。

表 8-1　变量数据的描述性统计

变量	符号	样本数	均值	标准差	最小值	最大值
Bootstrap-DEA 生态效率	btr	450	0.814	0.107	0.341	0.974
生态文明指数	ec	360	0.017	0.209	-0.302	0.985
产业结构合理化指数	SR	450	1.476	2.488	0.226	27.229
产业结构高度化指数	SH	450	0.561	0.445	0.091	3.129
人均 GDP 的对数值	ly	450	0.251	0.777	-1.499	2.122
人均 GDP 对数值的平方	$ly2$	450	0.666	0.848	0.000	4.501
二产比重	$wg2$	450	46.476	7.490	19.800	61.500
能源结构	res	450	0.696	0.233	0.242	1.647
城镇化率	cir	450	0.420	0.162	0.140	0.893
对外依存度	$open$	450	0.311	0.399	0.032	1.721
实际利用外资的对数值	$lfdi$	450	11.606	1.686	6.297	14.983
环境规制	reg	450	0.060	0.040	0.002	0.460
治理工业污染投资额的对数值	$linv$	450	11.101	1.154	6.690	13.646
人均受教育年限	pey	450	7.554	1.075	4.171	11.106

---

① 基于可得性和统计口径一致性,实证样本为 1998—2012 年中国除西藏、中国台湾、中国香港和中国澳门之外的 30 个省(自治区、直辖市)面板数据。

三、相关性检验散点图

本章首先使用生态效率指数(btr)分别与产业结构合理化指数(SR)、合理化空间加权项(WSR)、产业结构高度化指数(SH)和高度化空间加权项(WSH)的散点图(见图8-1),考察生态效率和产业结构优化升级之间可能存在的联系。显然,图8-1中拟合线均具有正的斜率:产业结构合理化和高度化水平越高的地区,生态效率水平就越高,即使考虑了空间相关因素也如此。这种现象可初步得出"产业结构与生态效率之间存在稳定长期关系,产业结构合理化和高度化对生态效率改善具有正向影响"的结论。当然,这只是一个初步的观察,本章后面将用更严格的计量方法验证其具体机理和时空特点。

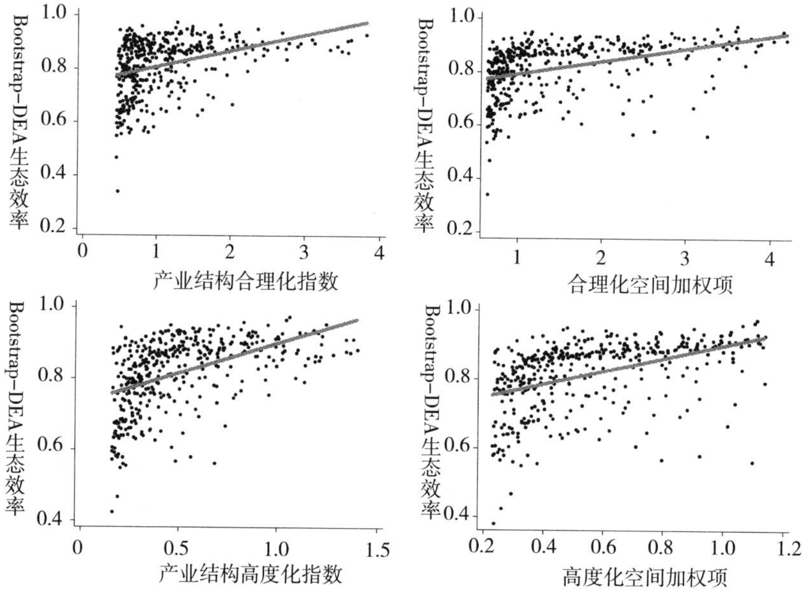

图8-1 变量相关性检验散点图

第三节 产业结构升级生态效应的实证分析

本节利用产业结构优化升级的生态效应的基础模型和加入空间互动

因素模型展开实证分析,分别为基础模型结果(见表8-2)和考虑空间互动效应的实证结果(见表8-3与表8-4),稳健性检验结果(见表8-5与表8-6)。

一、基础结果分析

表8-2呈现的是对基础方程式(8-1)进行面板回归的结果,主要解释变量分别是产业结构合理化指数 SR(第1—4列)和产业结构高度化指数 SH(第5—8列)。

表8-2　基础方程回归结果

变量	(1)	(2)	(3)	(4)	(5)	(6)	(7)	(8)
SR	0.010 *** (0.002)	0.009 *** (0.002)	0.004 ** (0.002)	0.004 ** (0.002)	—	—	—	—
SH	—	—	—	—	0.112 *** (0.010)	0.121 *** (0.009)	0.079 *** (0.020)	0.057 *** (0.020)
ly	—	—	0.107 *** (0.012)	0.101 *** (0.033)	—	—	0.092 *** (0.013)	0.074 ** (0.032)
$ly2$	—	—	-0.034 *** (0.005)	-0.026 *** (0.005)	—	—	-0.050 *** (0.007)	-0.038 *** (0.007)
reg	—	—	0.197 ** (0.088)	0.234 *** (0.087)	—	—	0.163 * (0.087)	0.217 ** (0.088)
$linv$	—	—	-0.017 *** (0.005)	-0.012 ** (0.005)	—	—	-0.021 *** (0.005)	-0.015 *** (0.005)
pey	—	—	0.034 *** (0.008)	0.016 (0.012)	—	—	0.031 *** (0.008)	0.015 (0.012)
$open$	—	—	0.029 (0.022)	0.015 (0.024)	—	—	0.052 ** (0.022)	0.034 (0.025)
res	—	—	0.035 (0.033)	0.067 ** (0.033)	—	—	0.025 (0.032)	0.054 * (0.032)
$lfdi$	—	—	-0.026 *** (0.005)	-0.024 *** (0.005)	—	—	-0.027 *** (0.005)	-0.025 *** (0.005)
cir	—	—	0.023 (0.027)	0.003 (0.027)	—	—	0.029 (0.027)	0.010 (0.027)
$wg2$	—	—	0.001 (0.001)	0.001 (0.001)	—	—	0.001 (0.001)	0.001 (0.001)

续表

变量	(1)	(2)	(3)	(4)	(5)	(6)	(7)	(8)
Constant	0.798 *** (0.006)	0.786 *** (0.023)	0.815 *** (0.113)	0.901 *** (0.138)	0.750 *** (0.007)	0.714 *** (0.019)	0.872 *** (0.111)	0.956 *** (0.135)
region dummies	no	yes	yes	yes	no	yes	yes	yes
year dummies	no	no	no	yes	no	no	no	yes
ll	379.89	553.15	731.33	758.53	422.08	619.10	736.69	759.65
r^2	0.057	0.563	0.828	0.849	0.218	0.674	0.833	0.850
N	450	450	450	450	450	450	450	450

注：***、**、*代表显著性水平1%、5%与10%；括号中是标准误差；*ll*代表最大似然估计值；r^2代表拟合优度。

(一)省域产业结构合理化显著促进了生态效率的提高

表8-2列(1)是生态效率对产业结构合理化指数(SR)回归的结果，没有加入任何控制变量和固定效应。此时，产业结构合理化指数的回归系数为0.01，且在1%统计水平显著。从经济意义来看，该回归系数值表明，产业结构合理化指数1个标准差的变动，能够带来省(自治区、直辖市)生态效率0.25个标准差的变动。列(2)在列(1)的基础上加入了地区固定效应，产业结构合理化指数的回归系数值基本不变，仍然在1%统计水平上显著。列(3)在列(2)的基础上进一步加入了其他控制变量，产业结构合理化的回归系数值为0.004，比前2列的结果有所下降，但仍然在5%统计水平上显著。列(4)在列(3)的基础上加入了年度固定效应，产业结构合理化指数的回归系数的大小与显著性几乎没有任何改变。从经济意义来看，列(4)的回归系数值表明，产业结构合理化指数1个标准差的变动，能够带来省(自治区、直辖市)生态效率0.1个标准差的变动。这表明中国省域产业结构合理化能显著提高本省(自治区、直辖市)的生态效率。

从理论机制上看，产业结构合理化是指产业之间协调聚合的程度，也即产业间相互作用所产生的资源要素合理配置和动态均衡的效应。随着劳动力、资本等要素在产业间的流动，社会资源得到再配置，产业结构从相对不合理向相对合理调整,结构扭曲的不合理配置也被逐步纠正过来,各产业部门良性协同发展,使素资源得到了有效的利用,从而提高了本地区的生产力并促进经济增长。然而,生态效率更多强调的是经济增长和生态环境的协同发展。因此,产业结构合理化对本地区生态效率的影响,首先要看产业比例和要素配置的调整方向是否转向环境友好型的生产活动,若是如此则必然带来生态效率提升。但是,若转向的是环境非友好型的生产活动,则要综合权衡要素流动带来的经济增长效应和生态环境恶化的影响,才能确定其对生态效率的影响方向。在样本期内,中国省(自治区、直辖市)劳动力、资本等要素在产业间的流动更多地体现为农业劳动力向制造业的转移。诚然,这一过程带来快速的经济增长,但一些产业调整也可能带来资源耗竭和生态环境恶化。尽管如此,表8-2的实证结果仍然显示各省(自治区、直辖市)产业结构合理化对本地生态效率有积极的影响。

(二)省域产业结构高度化显著促进了生态效率的提高

表8-2列(5)是生态效率指数对产业结构高度化指数回归的结果。列(5)—列(6)显示,在不加入其他控制变量的情况下,产业结构高度化指数的回归系数约为0.11,在1%统计水平上显著;列(7)—列(8)显示,加入其他控制变量之后,产业结构高度化指数的回归系数约为0.07,仍然在1%统计水平上显著。依据列(8)的回归系数值0.057,从经济意义来看,产业结构高度化指数1个标准差的提升,能够带来各省(自治区、直辖市)生态效率0.25个标准差的提升。这是一个可观的影响效应,而且对比产业结构合理化指数的影响效应,可知产业结构高度化带来的生态效率提升更加可观。

从理论机制上看,这种现象可从产业结构高度化的两个本质内涵予以解释。一方面,产业结构高度化体现为主导产业的置换,也即新主导产业对原有主导产业的替换,如从劳动密集型到资本密集型再到技术密集型的转变,实现生产效率的提高。另一方面,产业结构高度化体现为产业内部新旧技术的置换,也即更先进技术对传统技术的替换,通过各产业各自生产率的提高实现产业经济整体的效率提升。毫无疑问,从产业结构高度化的两个内涵看,高度化是能促进地方经济增长的,而事实上,无论是知识和技术密集型产业占比的扩大,还是各产业自身的高技术化和高附加值化,大多是有利于地方的节能减排和环境保护的。[①] 随着生态环保观念和技术在世界范围的普及,引导了产业结构向生态化方向的高度演进,如光伏、智能电网、电动汽车等绿色产业和环保产业不断涌现。而传统产业内部则主要通过生态友好的科技应用和技术改造的产业高度化升级实现了生态效率的提升,如减量节能和替代技术、资源再利用技术、无害化处理技术、环境系统监测技术等的普及应用,不但有利于资源利用效率的提高,也有利于生态环境的保护。因此,产业结构的高度化显著促进了本省(自治区、直辖市)的生态效率进步。

在控制变量中,人均产出指标 ly 显著为正,平方项 ly^2 显著为负,说明存在关于生态效率的库兹涅茨倒"U"型曲线假说,这与王兵等(2008)针对 APEC 国家人均收入和生态效率关系的实证结果是一致的;环境规制强度 reg 系数显著为正,说明环境规制有效促进了地区生态效率的提高;环境治理投资 $linv$ 显著为负,说明中国污染治理投资资金的利用效率亟待提高,有可能是环境治理投资既挤出了经济建设资金,但又未能有效减少污染排放;实际利用外资变量 $lfdi$ 显著为负,在一定程度上验证了外资对中国省域的"污染天堂假说";环保意识 pey 变量为正并部分通过了显著性检验,说明环境教育对生态效率的提高也具有较重要的作用。其他的包括二产比重 $wg2$、能源结构 res、城镇化率 cir 和对外依存度 $open$ 变量则未通过显著性检验。

二、考虑空间互动效应的结果分析

下面进一步利用基于空间纠正系统 GMM 估计量的广义动态空间面板模型拓展实证分析,分别检验产业结构合理化和高度化对中国省域生态效率的作用效应。下面同时还报告了系统广义矩估计(系统 GMM)和空间面板数据固定效应估计(SAR-FE)[②]两种方法的估计结果,以示对比;另外也

---

① 从发达国家的发展规律看,产业高度化对本国的节能减排和环境保护至关重要。典型例子如日本,其高度化对环境优化的渠道主要表现为金融、教育研发等服务业的迅速扩大以及信息通讯等高新技术的应用和普及(刘湘丽,1998)。

② 空间面板数据固定效应估计(SAR-FE)方法可详见李郇等(2013),对该方法的模型构建本书不作累赘罗列。

通过变换空间加权矩阵的选择(见表8-6)等方法以检验实证结果的稳健性。

(一)产业结构合理化的生态效应

表8-3实证分析的被解释变量是生态效率(btr),主要解释变量是产业结构合理化指数(SR),选用的空间加权矩阵是地理距离加权阵(wd)。其中,列(1)—列(3)是基于空间纠正系统GMM估计量的广义动态空间面板模型的实证分析,列(4)—列(5)是系统广义矩估计的实证分析,列(6)—列(7)是空间面板数据固定效应估计的实证分析。根据表8-3实证结果,可以得出以下结论:

1. 各省(自治区、直辖市)间生态效率存在正的空间外溢效应

表8-3列(1)—列(3)的广义动态空间面板模型估计中,生态效率的空间加权项($Wbtr$)的系数都为正,且至少在5%统计水平上显著,说明中国省域的生态效率存在正的外溢效应。这种外溢效应,在空间上,表现为生态效率水平相近的省(自治区、直辖市)的彼此邻近,这与中国省域生态效率呈现"东高西低"的空间集聚梯度分布格局是相互印证的。在行为上,外溢效应表现为各省(自治区、直辖市)之间在促进生态效率提高过程中的相互模仿、学习与竞争,也即若某省(自治区、直辖市)采取了政策措施以提高当地生态效率,则周边其他省(自治区、直辖市)也会随之跟进"空间趋同效应"。这正是李永友和沈坤荣(2008)所提出的地方政府的策略性区域竞争行为在生态效率方面的表现;而省域生态效率之间所呈现的相互模仿现象与黄亮雄等(Huang等,2011)提出的中国各省(自治区、直辖市)之间污染减排的榜样效应也是高度吻合的。从列(3)$Wbtr$的回归系数0.33来看,这意味着其他相关省(自治区、直辖市)的生态效率提高1个标准差,则本省(自治区、直辖市)的生态效率会有0.33个标准差幅度的提升。中国近年来的总体生态效率提升,与各省(自治区、直辖市)之间的相互模仿与竞争密不可分。为了验证这一发现的稳健性,列(6)—列(7)采用了空间面板固定效应估计方法进行考察,列(7)的结果显示,与列(3)相比,生态效率的空间加权项($Wbtr$)的系数数值与显著程度都表现良好,表明此基础发现是可信的。

表8-3 产业结构合理化的生态效应

变量	广义动态空间面板模型			系统广义矩估计		空间面板固定效应	
	（1）	（2）	（3）	（4）	（5）	（6）	（7）
$Wbtr$	0.902*** (0.028)	0.760*** (0.053)	0.329** (0.145)			0.816*** (0.109)	0.428*** (0.150)
$L.btr$	−0.024 (0.017)	−0.049*** (0.015)	−0.111** (0.054)	−0.056*** (0.020)	−0.125*** (0.040)		
SR		0.001 (0.001)	0.003 (0.003)	0.001 (0.001)	0.001 (0.004)	0.001 (0.003)	0.004 (0.003)
WSR		0.014*** (0.002)	0.006*** (0.002)	0.040*** (0.002)	0.008*** (0.002)	0.009** (0.004)	0.009* (0.005)
$Constant$	0.384 (0.345)	4.700*** (0.974)	17.655*** (2.810)	17.453*** (0.342)	22.929*** (1.343)	—	—
cv	no	no	yes	no	yes	no	yes
ll	—	—	—	—	—	−843.09	−803.93
r^2	—	—	—	—	—	0.310	0.436
$ar1p$	0.000	0.000	0.000	0.000	0.000		
$ar2p$	0.675	0.627	0.263	0.452	0.317	—	—
$hansenp$	1.000	1.000	1.000	1.000	1.000		
$Moran\ I$	0.000	0.000	0.000	0.000	0.000	0.000	0.000
N	390	390	390	390	390	390	390

注：***、**、*代表显著性水平1%、5%与10%；括号中是标准误差；ll代表最大似然估计值；r^2代表拟合优度；$L.$符号代表取变量一阶滞后；cv代表估计模型中的其他控制变量；$ar1p$、$ar2p$是残差的自相关检验；$hansenp$是工具变量的有效性检验；$Moran\ I$是$Mora'I$检验，均报告p值。

2.各省（自治区、直辖市）间生态效率存在负的时间滞后效应

表8-3列（1）—列（3）的广义动态空间面板模型估计中，除列（1）外，生态效率的时间滞后项（$L.btr$）系数均至少在5%统计水平上显著为负，说明各省（自治区、直辖市）生态效率在上期的下降会导致该地区本期生态效率的上升，而在上期生态效率的上升则很可能导致本期的倒退。这表明，中国省域生态效率在时间维度上存在上下波动的动态特征，而不是呈现持续向上的连贯态势。这一实证结果，是与中国的地区经济发展模式相吻合的。中国长期以来推行"经济建设为中心"的基本路线，并在此过程中逐步加入生态环境保护的维度。在经济增长较快的时期，可能也会产生相对严重的

环境污染问题,环境污染问题则成为上级考核部门关注的重点。据此,下级官员则在下一期相应地调整发展策略,相应更加注重环境保护,而稍微降低经济增长速度,使之更加符合上级考核偏好。这种上下级政府的互动机制,构成了生态效率时间维度波动性的体制性根源。比较有代表性的例子如国家环境保护模范城市的考核机制。若某地在某期环境保护方面表现不合格,将被予以通报批评和限期整改,并面临被"摘牌"的风险,此时,地方政府往往会加大力气、调配大量资源进行节能减排和环境保护工作,使下一期该地的环境生态状况得到较大的改善。相反,若某地一旦"创模"成功,伴随而来的往往是该地环境生态状况出现较大的停滞甚至倒退,环境保护"走过场"的现象也常常发生(黄亮雄和才国伟,2012)。实际上,生态效率的负向时间效应,从另一个角度也说明了各地区在改变本地生态效率的可操作性,当本地区的生态效率较低时,该地区能在较短时间内提高本地的生态效率,这种行为,在一定程度上也引起了生态效率相互的正向空间外溢效应。列(4)—列(5)采用系统广义矩估计方法,重新对这一发现进行了稳健性检验,结果显示生态效率的时间滞后项仍然在1%统计水平上显著为负,且系数值与列(2)—列(3)大致相同,表明此基础发现具有可信性。

3. 各省(自治区、直辖市)自身的产业结构合理化显著提高了其他省(自治区、直辖市)的生态效率

表8-3列(2)—列(3)的广义动态空间面板模型估计中,产业结构合理化指数(SR)系数仍为正,但显著性水平有所下降;而新加入的产业结构合理化指数空间加权项(WSR)的系数则均为正,并在1%统计水平上显著。这表明产业结构合理化对生态效率的影响更多体现在各省(自治区、直辖市)互动的维度,本省产业结构的合理化显著促进了其他省(自治区、直辖市)生态效率的提高,或其他省(自治区、直辖市)产业结构合理化显著促进了本省生态效率提高),也即说明产业结构合理化对省域生态效率突出表现为"正外部效应"。

从理论机制上看,产业结构合理化调整的空间溢出效应既体现在各省(自治区、直辖市)之间的产业转移,同时也体现在各省(自治区、直辖市)间的商品与要素流动。发达省(自治区、直辖市)产业结构协调均衡和要素重置的过程往往伴随着生产要素向落后省(自治区、直辖市)的转移。虽然转

移的产业要素在发达省(自治区、直辖市)是相较落后的,但相较落后省(自治区、直辖市)同类更为落后的企业而言,这些产业要素很可能就是相对高效率和低污染的[①],这显然有利于落后地区的生态效率提高。这些产业要素的转移也会进一步通过挤出承接省(自治区、直辖市)同行业的低效污染的产业要素,间接实现了承接地区的生态效率的提升。此外,其他省(自治区、直辖市)产业结构的合理化,能够给本省(自治区、直辖市)提供更加先进和清洁的生产资料与消费产品,也有利于本省(自治区、直辖市)生态效率的提升。因此,产业结构合理化的空间互动作用表现为生态效率的"正外部效应"。

(二)产业结构高度化的生态效应

表8-4进一步分析产业结构高度化的环境效应。被解释变量仍是生态效率(btr),主要解释变量则更换为反映产业结构优化升级的另一个指标——产业结构高度化(SH),空间加权矩阵仍是地理距离加权阵(wd)。实证估计同样采用广义动态空间面板模型[列(1)—列(3)]、系统广义矩估计[列(4)—列(5)]、空间面板数据固定效应[列(6)—列(7)]三种。表8-4实证分析可得出以下结论。

表8-4　产业结构高度化的生态效应

变量	广义动态空间面板模型			系统广义矩估计		空间面板固定效应	
	(1)	(2)	(3)	(4)	(5)	(6)	(7)
$Wbtr$	0.993*** (0.021)	0.597*** (0.062)	0.717*** (0.260)	—	—	0.751*** (0.192)	0.405*** (0.145)
$L.btr$	-0.039** (0.020)	-0.083*** (0.021)	-0.146*** (0.056)	-0.082*** (0.014)	-0.078** (0.035)	—	—
SH	—	0.035*** (0.003)	0.184*** (0.049)	0.025*** (0.003)	0.129*** (0.044)	0.043** (0.018)	0.105*** (0.032)
WSH	—	0.048*** (0.009)	0.103** (0.050)	0.164*** (0.005)	0.163*** (0.040)	0.183*** (0.025)	0.132*** (0.036)

---

① 事实上,从《国务院关于中西部地区承接产业转移的指导意见》第五款"将资源承载能力、生态环境容量作为承接产业转移的重要依据,加强资源节约和环境保护,推动经济发展与资源、环境相协调"也可发现,促进本地区的生态效率提高是中西部承接东部地区产业转移的关键标准。资料来源:中华人民共和国中央人民政府。

续表

变量	广义动态空间面板模型			系统广义矩估计		空间面板固定效应	
	(1)	(2)	(3)	(4)	(5)	(6)	(7)
Constant	0.557** (0.235)	5.226*** (0.865)	6.639*** (2.329)	11.557*** (0.158)	12.657*** (0.867)	—	—
cv	no	no	yes	no	yes	no	yes
ll	—	—	—	—	—	−855.61	−785.17
r^2	—	—	—	—	—	0.217	0.454
ar1p	0.000	0.000	0.000	0.000	0.000	—	—
ar2p	0.932	0.970	0.372	0.990	0.650	—	—
hansenp	1.000	1.000	1.000	1.000	1.000	—	—
Moran I	0.000	0.000	0.000	0.000	0.000	0.000	0.000
N	390	390	390	390	390	390	390

注:***、**、*代表显著性水平1%、5%与10%;括号中是标准误;ll代表最大似然估计值;r^2代表拟合优度;L.符号代表取变量一阶滞后;cv代表估计模型中的其他控制变量;ar1p、ar2p是残差的自相关检验;hansenp是工具变量的有效性检验;Moran I是Mora'I检验,均报告p值。

1.各省(自治区、直辖市)间生态效率存在正的空间外溢效应

当以产业结构高度化为核心解释变量时,生态效率的空间加权项(Wbtr)系数在列(1)—列(3)和列(6)—列(7)结果中均显著为正,再次验证了中国省域生态效率存在显著的正的空间外溢效应。

2.各省(自治区、直辖市)间生态效率存在负的时间滞后效应

当以产业结构高度化为核心解释变量时,生态效率的时间滞后项(L.btr)系数在列(1)—列(5)结果中均显著为负,再次验证了中国省域生态效率存在显著的负的时间滞后效应。

3.各省(自治区、直辖市)的产业结构高度化同时显著地提高了本省(自治区、直辖市)及其他省(自治区、直辖市)的生态效率

表8-4列(2)—列(7)的回归结果一致显示,三种方法估计的产业结构高度化指数(SH)的系数虽大小有所差异,但均在1%统计水平上显著为正,再次验证了中国省域产业结构高度化能显著提高本省(自治区、直辖市)的生态效率;产业结构高度化的空间加权项(WSH)系数至少在5%统计水平上显著为正,表明产业结构高度化在各省(自治区、直辖市)间的空间互动作用显著,本省(自治区、直辖市)产业结构的高度化显著促进了其他省(自

治区、直辖市)生态效率的提高[或其他省(自治区、直辖市)产业结构高度化显著促进了本省(自治区、直辖市)生态效率提高]。

从理论机制上看,考虑各省(自治区、直辖市)间的空间互动时,本省(自治区、直辖市)产业结构的高度化显著提高其他地区生态效率的作用机制可从三方面进行解析:若从产业置换或承接的角度,产业结构高度化主要是通过本地次优产业的省际转移带动周边省(自治区、直辖市)的高度化水平和生态效率提升。这点与产业结构合理化的空间效应是相似的,但高度化主要通过产业整体的转移,合理化则更多体现为要素和企业的转移。若从技术置换的角度,空间效应主要来自产业结构高度化升级过程中的技术溢出,本省(自治区、直辖市)的高度化发展通过产业链上下游的关联效应和扩散效应等渠道向周边省(自治区、直辖市)溢出先进的生产技术和环保技术,从而带动周边省(自治区、直辖市)的产业结构高度化和生态效率提高。再者,其他所有不通过影响周边省(自治区、直辖市)产业结构而为周边省(自治区、直辖市)带去的生态效率改进,均可表现为空间外溢效应。例如,本地产业结构高度化可经由省际贸易渠道,通过更为清洁先进的中间产品和消费品的流出,以促进周边省(自治区、直辖市)提高生态效率。因此,产业结构高度化对生态效率的空间互动作用表现为"正外部效应"。

(三)稳健性检验

本章分别通过线性面板模型与动态空间面板模型回归,发现产业结构合理化能够提高本地区生态效率,并且更显著地促进了其他地区的生态效率的提升,产业结构高度化则同时显著地促进了本地区与其他地区的生态效率的提升。本小节通过以下方式进行稳健性检验。第一,在上述实证回归中,本书仅是分别考察产业结构合理化和产业结构高度化对生态效率的影响,而没有同时考虑它们的作用。下面将在实证回归中同时加入合理化和高度化指数作为关键解释变量,考察原有结果的稳健性。第二,更改空间加权矩阵,考察合理化和高度化的外部效应是否仍然存在。[1]

---

① 本章还采用了空间纠正差分 GMM 估计量等方法对模型进行了估计,结果与上文结论一致。

表 8-5　稳健性检验：一般均衡效应

变量	（1）	（2）	（3）	（4）
Wbtr	0.776 *** (0.042)	0.463 *** (0.144)	0.485 * (0.260)	0.517 *** (0.192)
L.btr	−0.049 ** (0.022)	−0.065 * (0.033)	−0.062 ** (0.024)	−0.082 *** (0.029)
SR	0.016 (0.033)	0.117 (0.098)	0.028 (0.037)	0.086 (0.232)
WSR	—	—	0.002 (0.009)	0.003 (0.011)
SH	0.053 *** (0.008)	0.109 *** (0.033)	0.035 *** (0.012)	0.069 *** (0.020)
WSH	—	—	0.071 (0.077)	0.376 *** (0.096)
Constant	2.617 *** (0.666)	7.459 ** (3.065)	5.570 ** (2.631)	5.891 *** (1.994)
cv	no	yes	no	yes
ar1p	0.000	0.000	0.000	0.000
ar2p	0.998	0.651	0.984	0.853
hansenp	1.000	1.000	1.000	1.000
Moran I	0.000	0.000	0.000	0.000
N	390	390	390	390

注：*** 、** 、* 代表显著性水平 1%、5% 与 10%；括号中是标准误；L. 符号代表取变量一阶滞后；cv 代表估计模型中的其他控制变量；ar1p、ar2p 是残差的自相关检验；hansenp 是工具变量的有效性检验；Moran I 是 Mora' I 检验，均报告 p 值。

表 8-5 报告了同时加入合理化和高度化指数作为关键解释变量的回归结果。列（1）—列（2）是加入合理化和高度化指数，但没有加入其空间加权项的回归结果，合理化变量（SR）的回归系数为正，但未达到基本的统计显著水平，而高度化变量（SH）的回归系数则在 1% 统计水平上显著为正。这表明，相对而言，产业结构高度化更加有效地提升了本地区的生态效率。列（3）—列（4）是既加入产业结构合理化和高度化变量，又加入两者的空间加权项为解释变量的回归结果，合理化变量（SR）的回归系数为正，但未达到基本的统计显著水平，而高度化变量（SH）的回归系数则在 1% 统计水平上显著为正；此外，产业结构合理化的空间加权项（WSR）回归系数为正，

而产业结构高度化的空间加权项（WSH）则在1%统计水平上显著为正。这表明，从空间外溢的角度来看，也是产业结构高度化更加显著地促进了其他省（自治区、直辖市）生态效率的提高，带来一种广泛的"正外部效应"。

表8-6　稳健性检验：更改空间加权矩阵

变量	（1）	（2）	（3）	（4）	（5）	（6）
	\(wr\)			\(wk\)		
$Wbtr$	0.014 (0.100)	0.130 (0.153)	0.032 (0.061)	0.259* (0.156)	0.208** (0.096)	0.197** (0.081)
$L.btr$	−0.134** (0.054)	−0.190** (0.079)	−0.113*** (0.029)	−0.165** (0.065)	−0.152*** (0.037)	−0.140*** (0.043)
SR	0.009 (0.006)	—	0.026 (0.116)	0.006 (0.005)	—	0.109 (0.072)
WSR	0.024** (0.010)	—	0.005 (0.004)	0.030*** (0.007)	—	0.004 (0.015)
SH	—	0.269*** (0.085)	0.052** (0.025)	—	0.204*** (0.033)	0.054*** (0.010)
WSH	—	0.129** (0.058)	0.072** (0.034)	—	0.076*** (0.026)	0.046 (0.068)
cv	yes	yes	yes	yes	yes	yes
$ar1p$	0.000	0.000	0.000	0.000	0.000	0.000
$ar2p$	0.851	0.894	0.354	0.678	0.785	0.806
$hansenp$	1.000	1.000	1.000	1.000	1.000	1.000
$Moran\ I$	0.024	0.056	0.111	0.117	0.000	0.000
N	390	390	390	390	390	390

注：***、**、*代表显著性水平1%、5%与10%；括号中是标准误；$L.$符号代表取变量一阶滞后；cv代表估计模型中的其他控制变量；$ar1p$、$ar2p$是残差的自相关检验；$hansenp$是工具变量的有效性检验；$Moran\ I$是Mora'I检验，均报告 p 值。

表8-6 报告了更改空间加权矩阵的回归结果。被解释变量仍是生态效率（btr），主要解释变量仍是产业结构合理化（SR）和产业结构高度化（SH），实证选用表8-4 和表8-5 列（3）做法，并依次把空间加权矩阵从地理距离加权阵（wd）换成 Rook 邻近空间加权矩阵（wr）和 K 值最邻近空间矩阵（wk）作为稳健性检验。结果表明，无论是采用 Rook 邻近空间加权矩阵（wr）还是 K 值最邻近空间矩阵（wk），生态效率的空间加权项（$Wbtr$）系数大

多显著为正;生态效率的滞后项($L.btr$)系数始终显著为负;产业结构合理化(SR)系数均为正;产业结构高度化(SH)系数均显著为正;产业结构合理化的空间加权项(WSR)系数部分显著为正,产业结构高度化的空间加权项(WSH)系数全部显著为正。这再次验证了在对生态效率的影响上,产业结构合理化主要表现为"正外部效应",产业结构高度化既表现为本地提升效应,也具有显著的"正外部效应"。

从上述实证结果可见,中国省域生态效率存在相互模仿、学习与竞争的正向空间效应,产业结构合理化对生态效率突出表现为"正外部效应",产业结构高度化对生态效率既能直接提升本地生态效率,也带来显著的"正外部效应"。无论是中央还是地方,都应推进全面深化改革,加大对产业结构优化升级的重视,通过推动产业结构的高度化和合理化,促进产业生态可持续化转型和经济发展方式转变。

第四节 产业结构升级生态效应的进一步检验

产业结构优化和升级,确实能够提升地区生态效率。中国作为一个发展中大国,三十多年的快速经济增长,人均收入水平大幅提高,对环境生态状况的关注也空前提高。这些方面,在一个大国内部可能呈现了巨大的异质性,这些异质性使我们能够考察产业结构升级提升生态效率的效果,究竟取决于哪些重要因素。库兹涅茨环境曲线认为,随着一国人均产出水平的不断提高,一国的环境状况会经历恶化然后逐步改善的过程。因此,本书预期,产业结构升级对生态效率的影响,可能是随着人均产出水平的提升而逐步增强的。这是因为,唯有一个地区的人均产出水平达到一定程度,其才有足够的物质资本、优秀的人力资本、先进的技术条件和成熟的管理经验来应用产业结构优化和升级带来的各种好处。此外,环境生态状况是否能够改善,往往是产业技术结构提升和环境管制加强的交互作用的结果。因此,产业结构升级对生态效率的影响,也可能随着环境规制程度的不同而有所不同。对环境规制的强度大小,很大程度上体现了地方政府的目标与行为偏好。由于中国各地实施的环境规制程度大多较为宽松,因此可以预期相对严格的环境规制反而有利于产业结构升级对生态效率促进效应的发挥。为了识别上述理论假说,本节在上一部分的实证回归基础上,通过添加交乘项方法(与人均 GDP 的交乘项,与环境规制的交乘项),剖析上述两大特征因素在产业结构合理化、高度化对生态效率作用过程中的影响,以更好地理解产业结构优化升级影响生态效率的机制。

表 8-7 报告了在回归模型中添加高度化和合理化变量($SR\&SH$)及其空间加权项($WSR\&WSH$)与人均 GDP 对数值(ly)的交乘项的回归结果。

表 8-7　产业结构优化升级影响生态效率:基于经济发展水平的考察

产业结构合理化		产业结构高度化	
$Wbtr$	0.597 ***	$Wbtr$	0.277
	(0.170)		(0.261)
$L.btr$	−0.052 **	$L.btr$	−0.082 **
	(0.026)		(0.034)
SR	0.003	SH	0.179 **
	(0.057)		(0.089)
WSR	0.116 **	WSH	0.409 **
	(0.060)		(0.190)
$SR×ly$	0.063 ***	$SH×ly$	0.032 **
	(0.022)		(0.016)
$WSR×ly$	−0.049	$WSH×ly$	−0.109
	(0.030)		(0.082)
cv	yes	cv	yes
$ar1p$	0.000	$ar1p$	0.000
$ar2p$	0.605	$ar2p$	0.216
$hansenp$	1.000	$hansenp$	1.000
$Moran\ I$	0.000	$Moran\ I$	0.023
N	390	N	390

注:*** 、** 、* 代表显著性水平 1%、5%与10%;括号中是标准误;$L.$ 符号代表取变量一阶滞后;cv 代表估计模型中的其他控制变量;$ar1p$、$ar2p$ 是残差的自相关检验;$hansenp$ 是工具变量的有效性检验;$Moran\ I$ 是 Mora' I 检验,均报告 p 值。

表 8-7 第 1 列和第 2 列结果显示,生态效率的空间加权项($Wbtr$)的系数为正,且在合理化作为解释变量的回归(第 1 列)中,显著性水平达到1%,表明生态效率变迁具有空间互动特征的基础发现仍然成立;生态效率的滞后项($L.btr$)在两列回归结果中,系数均在 5% 统计水平上显著为负,与上述发现仍然完全一致。在第 1 列回归中,合理化空间加权项(WSR)的回归系数在 5% 统计水平上显著为正,即正如基础回归所发现的,产业结构合理化对生态效率的影响,更多地体现为正外部效应。合理化与人均 GDP 的交乘项($SR×ly$)的回归系数在 1% 统计水平上显著为正,这表明产业结构合理化对本地区生态效率的积极影响,要在人均产出达到一定水平,才能够显著发挥出来。最后,产业结构合理化空间加权与人均 GDP 的交乘项($WSR×ly$)的回归系数不显著,即本节并未发现本地区生态效率受外部产业结构优化所带来的积极影响,具有人均产出水平门槛的证据。在第 2 列回归中,高度化(SH)、高度化的空间加权项(WSH)两者的回归系数均在 5% 统计水平上显著为正,与基础回归的发现完全一致。需要强调的是,产业结构高度化与人均 GDP 的交乘项($SH×ly$)的回归系数在 5% 统计水平上显著为正,即产业结构高度化对本地区生态效率的积极影响,将随着人均产出水平的提升而不断得到强化。最后,产业结构高度化空间加权与人均 GDP 的交乘项($WSH×ly$)的回归系数不显著,即本节也并未发现本地区生态效率受外部产业结构升级所带来的积极影响,具有人均产出水平门槛的证据。总之,本节稳健地发现了一个地区的产业结构优化升级所产生的生态效率促进效应,需要以一定的经济发展水平为基础。

表 8-8 报告了在回归模型中添加了高度化和合理化变量($SR\&SH$)及其空间加权项($WSR\&WSH$)与环境规制(reg)交乘项的回归结果。

表 8-8　产业结构优化升级影响生态效率:基于环境规制强度的考察

产业结构合理化		产业结构高度化	
$Wbtr$	0.722 *** (0.266)	$Wbtr$	0.688 *** (0.221)
$L.btr$	−0.120 ** (0.060)	$L.btr$	−0.084 ** (0.034)

续表

产业结构合理化		产业结构高度化	
SR	0.001 (0.004)	SH	0.027 (0.045)
WSR	0.010** (0.004)	WSH	0.178*** (0.064)
SR×reg	0.482** (0.194)	SH×reg	1.612** (0.732)
WSR×reg	−0.185 (0.519)	WSH×reg	−4.971 (4.019)
cv	yes	cv	yes
ar1p	0.000	ar1p	0.000
ar2p	0.930	ar2p	0.724
hansenp	1.000	hansenp	1.000
Moran I	0.000	Moran I	0.000
N	390	N	390

注：***、**、*代表显著性水平1%、5%与10%；括号中是标准误；L.符号代表取变量一阶滞后；cv代表估计模型中的其他控制变量；ar1p、ar2p是残差的自相关检验；hansenp是工具变量的有效性检验；Moran I是Mora'I检验，均报告p值。

表8-8第1列和第2列结果显示，生态效率的空间加权项(Wbtr)的回归系数均在1%统计水平显著为正，表明生态效率变迁具有显著的空间互动特征的基础发现稳健地成立；生态效率滞后项(L.btr)在两列回归结果中，系数均在5%统计水平显著为负，与上述发现仍完全一致。在第1列回归中，合理化空间加权项(WSR)的回归系数在5%统计水平上显著为正，即正如前所发现的，产业结构合理化对生态效率的影响，更多体现为正外部效应。合理化与环境规制强度的交乘项(SR×reg)的回归系数在5%统计水平上显著为正，这表明产业结构合理化对本地区生态效率的积极影响，要在环境规制达到一定强度后，才能够显著发挥出来。合理化空间加权与环境规制强度的交乘项(WSR×reg)的回归系数不显著，即本节并未发现本地区生态效率受外部产业结构优化所带来的积极影响，具有环境规制强度门槛的证据。在第2列回归中，高度化的空间加权项(WSH)的回归系数在1%统

计水平上显著为正,与基础发现一致。需要强调的是,高度化与环境规制强度的交乘项($SH×reg$)的回归系数在5%统计水平上显著为正,即产业结构高度化对本地区生态效率的积极影响,随着环境规制强度的提升而显著地呈现出来。高度化空间加权与环境规制强度的交乘项($WSH×reg$)的回归系数不显著,即本节并未发现本地区生态效率受外部产业结构升级所带来的积极影响,具有环境规制强度门槛的证据。总之,本节稳健地发现了一个地区的产业结构优化升级所产生的生态效率促进效应,需要以一定的环境规制强度为基础。

从表8-8实证可以发现产业结构合理化和高度化与环境规制的相互作用更有利于本省(自治区、直辖市)生态效率的提高[①]。交乘项的实证结果具有两层政策含义:一是只有以环境规制为政策导向来推动地区产业结构的合理化和高度化,才能促进生态效率的更快提高;二是只有结合本省(自治区、直辖市)产业结构合理化和高度化的进程特征来施行有针对性的环境规制,才能更有效地促进本省生态效率的进步。需要注意的是,只有充分发挥环境规制和产业结构调整的综合协同作用,方可更有效地提高地区的生态效率。

第五节　简要回顾

产业结构优化升级,目的在于改变过去"高污染"下不可持续的增长模式,通过全面深化改革和经济发展方式转型,实现人和自然和谐发展的生态文明状态。在中国"政治集权,经济分权"的治理背景下,区域经济现象

[①] 一般认为,环境规制能有效促进生态环境保护,但对经济增长可能造成两种效应,一种观点较为悲观,认为环境规制制约了经济增长,也即所谓的"增长极限"论(Barbera 和 McConnell,1990;Jorgenson 和 Wilcoxen,1990);另一种观点认为,环境规制能达到经济绩效和环境绩效同时改进的"双赢"状态("Porter 假说",Porter 和 Linde,1995)。由于生态效率强调的是生态环境与经济增长的协同进步,因此,环境规制对生态效率的作用效果取决于其对环境和经济两方面效应的综合。本书表8-2显示,环境规制(reg)对生态效率的回归系数显著为正,说明中国各省(自治区、直辖市)地方政府的环境规制行为显著促进生态效率的提高,也即地方政府在环境规制方面并未完全陷入"逐底竞争"效应(Race to the Bottom)(朱平芳等,2011)。

无不植根于区域间的相互影响之中,如产业结构优化升级的生态效应的空间相关作用。本章选取 1998—2012 年省域数据,主要采用 Bootstrap-DEA 生态效率指数反映各省(自治区、直辖市)生态状况,基于产业结构合理化和高度化两个维度指标衡量产业结构优化升级程度,建立广义动态空间面板计量模型,从本地效应和区际互动双重视角分析产业结构优化升级对省(自治区、直辖市)生态效率影响的驱动机理和作用效果。研究发现,中国各省(自治区、直辖市)生态效率存在显著为正的空间外溢效应以及显著为负的时间滞后效应。产业结构高度化既能提高本省(自治区、直辖市)的生态效率,也对其他省(自治区、直辖市)具有效率外溢效应;而产业结构合理化对生态效率则更多体现为正外部效应。从异质性上看,经济发展水平的提高,更加有利于产业结构合理化的本地正面效应以及产业结构高度化的双重正面效应的发挥;而产业结构合理化和高度化与环境规制的相互作用,则更有利于本省(自治区、直辖市)生态效率的提高。本章的发现为出台更加合理协调的产业政策和环境治理政策、更好地推动地方产业结构优化升级以及生态环境改善提供了具体化的实证基础。综合本章,可得到以下小结性启示。

第一,各省(自治区、直辖市)间生态效率存在正的空间外溢效应。这说明省(自治区、直辖市)间生态效率的提高存在相互正向的影响,地区的生态效率与其地理位置和周边省(自治区、直辖市)的生态效率水平密切相关。这要求加强跨省(自治区、直辖市)的生态文明建设合作,实行生态效率区域协同发展的政策。其一,生态效率水平较高的省(自治区、直辖市)应继续发挥生态文明建设的示范效应和扩散效应,加强与落后省(自治区、直辖市)在产业转移和生态环保方面的扶持和帮助,实现区域生态共赢;其二,中央政府需加强在生态环境事务上的协调和监督,各省地方政府应打破各自为政的樊篱,推动在生态环境规划、生态治理投资、突发性生态灾害应对等领域的跨省(自治区、直辖市)生态发展合作,以加强省际间的生态效率相互促进效应。

第二,省域生态效率存在负的时间滞后效应。这要求建立长效的生态文明治理和考核机制,杜绝“应付式闯关”的生态文明建设“面子工程”和政绩工程。逐步建立和完善生态文明建设的行政绩效考核框架,依靠系统科学的考核机制彻底根治环境治理中的"应付式"形式主义现象,保持生态环境政策的一致性和连贯性,防止地方环境污染反弹,保证地方政府对生态文明建设的长效行政性动力。

第三,各省(自治区、直辖市)自身产业结构合理化显著地提高了其他省(自治区、直辖市)的生态效率,突出表现为正外部效应。这要求各地注重要素禀赋和产业结构的协调耦合,提高产业结构的聚合质量,通过提高各地产业结构的合理化水平,推动生态效率的持续提高。其中要特别关注产业结构合理化变迁过程中对本地区经济、资源和环境的辩证作用机制。既要通过产业结构合理化效应为经济增长提供持续动力,也要尽量降低因要素重置对生态环境造成的不利影响,最终实现显著促进本地区生态效率进步的目标。

第四,各省(自治区、直辖市)自身产业结构的高度化显著提高当地以及其他省(自治区、直辖市)的生态效率,具有本地和外部双重正向效应。这要求各地应把产业结构的高度化放在更为突出的位置,注重产业结构内生的自主创新和技术进步。产业结构的持续高度化是产业发展的未来方向和必然趋势,既是推动经济长期稳健增长的核心动力,也是实现产业环境友好和节能减排的重要保证和必由之路。为此,应综合利用产业规划、产业政策等多种手段,积极促进各地产业结构的高度化,着力推动产业的信息化和高新技术化发展,并为战略性新兴产业和高端服务业等产业的培育创造空间,最终使各省(自治区、直辖市)高污染、高能耗、高排放的低端产业优化升级为"零污染"、"低能耗"、"零排放"的高端产业,达到生态效率持续提高的目的。

第五,基于经济发展水平维度,人均 GDP 较高的地区,产业结构合理化对生态效率的本地正面效应以及产业结构高度化对生态效率的双重正面效应更为强烈;基于环境规制体制维度,环境规制越强的地区,产业结构高度化和合理化对生态效率的本地正面效应越大,产业结构合理化和高度化与环境规制的相互作用更有利于本省(自治区、直辖市)生态效率的提高。这实际上意味着,各地应把科学发展观、实现中国梦等战略构想贯穿于生态文明建设的全过程之中;尊重省(自治区、直辖市)间的生态效率发展异质性,统筹区域间生态效率的协调发展关系,制定有针对性和有所侧重的政策措施,促进地区间生态文明的共同发展;重视制度建设和制度创新的重要作用,特别是要依据各省(自治区、直辖市)产业结构发展的进程和特点,针对性地制定与其相适应的环境规制水平,推动生态文明建设的制度化和规范化。

第九章　高质量发展下产业结构
升级驱动因素研究

　　本书分别分析了基于高质量发展的中国省域产业结构优化升级的增长效应和生态效应,发现各省(自治区、直辖市)产业结构的合理化和高度化发展对经济持续增长、生态效率提升、建设生态文明起着重要的推动作用。既然产业结构优化升级对实现高质量发展目标作用如此重要,接着需要研究探索的是,到底是什么因素驱动了中国产业结构的优化升级? 本书第九章正是在延续前文逻辑基础上,进一步探析中国产业结构合理化和高度化的驱动因素及其作用机理。其中,基于学术前沿研究之切入点以及中国产业经济发展之实践需要①,本章有选择地重点分析产业政策和有效市场两个核心因素对产业结构优化升级的驱动作用。

　　在新结构经济学(NSE)框架提出之前,学界曾出现了两波经济发展思潮(林毅夫,2012)。两波经济发展思潮主要围绕"市场"和"政府"两个方面展开。第一波经济发展思潮起源自第二次世界大战之后,该学派的经济学家又被称为"旧结构主义经济学家",他们主要以凯恩斯主义理论框架作为研究的理论基础,提倡政府的"直接控制教条"(Dirigiste Dogma)(Lal,1983),主张施行以政府为主导的干预型产业政策,强调发展中国家应通过"进口替代战略""工业化战略""重工业化战略"等策略以实现产业结构升级,缩小与发达国家的经济发展差距。第一波经济发展思潮虽得到拉丁美

---

① 一方面,产业政策和市场化是学界特别是"新结构经济学"学派近年来研究产业结构升级驱动因素的主要聚焦点,本章针对性的研究有作出学术边际贡献之需要;另一方面,在党的十八届三中全会提出"使市场在资源配置中起决定性作用和更好发挥政府作用"以及十八届四中全会提出"全面推进依法治国,加快建设社会主义法治国家"的重要观点的背景下,本章针对性的研究也有实践和政策指导之需要。

洲、东欧、亚洲和非洲等众多国家政府的采纳,但大部分国家的结果却不尽如人意。特别是在 20 世纪 70 年代爆发"石油危机"和"滞胀",80 年代爆发"拉美债务危机"之后,这些国家与发达国家的差距反而拉大了。此背景恰好又催生了第二波经济发展思潮的兴起。第二波思潮也被称为"新自由主义思想""理性预期思想"等。该学派的经济学家反驳了"结构经济学"学派的主要观点,他们强调政府失灵,认为市场应在资源配置和发展中发挥主导作用,也被称为"华盛顿共识"(Washington Consensus)。然而,只强调市场作用的"华盛顿共识"在 30 年的时间内,也未能帮助众多发展中国家实现可持续和包容性的增长,也未能为全球的减贫带来预期的贡献①。在"大萧条"以来最严重的 2008 年全球经济危机爆发之后,经济学界开始再次反思市场"自由放任"(Laissez-Faireist)思想的适用性,并由此催生了第三波经济发展思潮"新结构经济学"的出现。"新结构经济学"理论框架的核心观点是,强调市场应该发挥资源配置的基础性制度,同时,政府也应发挥"增长甄别"和"因势利导"作用,并应在促进地区的禀赋结构升级和转变中扮演重要的角色(Lin 和 Monga,2011;林毅夫,2012)。"新结构经济学"理论的提出具有极其重要的学术贡献和现实价值。基于产业数据的实证检验,恰能为"新结构经济学"理论的生命力提供重要的数据支撑。目前,亟待学界作出学术边际贡献的是,采用严谨的计量经济方法对"新结构经济学"理论思想的核心观点进行实证检验。中国过去三十多年,特别是加入世贸组织后,市场化进程与日俱进(樊纲等,2011),同时,在各级地方政府的产业政策引导、支持和扶持之下,各地的经济技术开发区、产业科技园和出口保税区也如雨后春笋般出现。这两者无疑都是中国经济持续增长、产业持续升级的主要因素和强大动力。因此,中国的实践经验是检验"新结构经济学"理论框架得天独厚的试验场。

基于此,本章首先利用与产业相关的地方性法规和地方政府规章对产业政策予以定量识别,进而结合中国省(自治区、直辖市)层面的面板数据,实证检验产业政策和市场体制在产业结构优化升级中的驱动作用。本章还

---

① 事实上,在第二次世界大战后仅有的实现了"后发崛起"的 13 个落后国家均未遵循第二波经济发展思潮的政策主张,参见林毅夫(2012)数据。

进一步考察了政策力量与市场力量的协同效应以及政府效率在产业政策影响机制中的作用。实证发现,产业政策的施行和市场化水平的提高均显著地促进了地区产业结构的合理化和高度化;政策力量与市场力量的协同更能推动产业结构优化升级;考虑了政府异质性因素之后,产业政策发挥积极作用是有条件的,其对产业结构优化升级的作用还取决于地方政府效率。本章是对"新结构经济学"框架的理论拓展和实证补充,具有一定的学术价值。在中国产业结构升级走到关键节点的背景下,本章的研究也具有实践价值和政策指导意义。

相较已有的研究成果,本章的边际贡献主要体现在:第一,系统地理论分析了产业结构调整的政策机制和市场机制,提出兼容市场的配置作用和产业政策的调控作用,产业政策和市场机制之间是共生互补关系而非此消彼长的关系。第二,针对"新结构经济学"同质的全知全能政府假定,提出应考虑政府的异质性特征,理论分析了产业政策的有效作用还决定于其制定和施行主体——政府的效率高低。第三,针对产业政策研究以理论和定性为主的现状,尝试系统定量识别产业政策这个政府行为变量,并采用严谨的计量方法对"新结构经济学"核心观点予以实证检验。

第一节　理论假说

一、基础性理论假说

发展经济学背后的社会哲学基础,无非是自由主义和干预主义,"旧结构主义"和"新自由主义"两波经济发展思潮的先后出现正是体现了围绕这两个极端之间的摇摆(张曙光,2013)。诚然,经历"旧结构主义"和"新自由主义"的阶段发展后,必然会出现一个新综合,新结构经济学的"有效市场和因势利导型政府"框架也正是在此背景之下被提出来的。

(一)产业结构调整的政策机制

产业政策对产业结构优化升级的作用机制是一种单一的政府主体的集中决策机制。一方面,由于产业政策所传递的信息是经过大量收集和整理并经过反复研判得出的,具有前瞻性,有利于弥补市场外部性和信息不对称等固有缺陷,防止盲目投资和过度生产,减少产业结构不合理变动的摩擦,加快资源在产业间的优化配置,使要素重置成本降至最低水平,促进产业结构的合理化。另一方面,在产业政策的调节机制下,政府部门通过财政补贴支持、基础建设、经济计划等手段,较大程度上承担了技术研发等过程中的市场不确定性风险,集中力量推动新技术研发,发展战略性新兴产业,进而促进地区产业结构高度化。

(二)产业结构调整的市场机制

市场对产业结构优化升级的作用机制是一种无数个经济主体的独立分散决策机制。其过程主要表现为产业经济系统的自我调节,也就是企业主体在市场价格这个信号的导向下,基于对增加利润或规避损失的目的,通过对生产要素在产业部门内部和产业部门之间的流动,使产业结构尽可能适应需求结构变动和市场发展需要的过程。一方面,市场机制对产业结构失衡的反应相较灵敏,价格信号能随着产业部门供求状态的变化而迅速反映结构失衡,促使要素资源的流动以较快地纠正结构失衡;另外,市场的调节机制是每时每刻且不间断地进行的,能使产业结构不合理变动的现象能更顺畅和及时地得以解决,因而市场机制的完善能有效促进产业结构的合理化。另一方面,市场对产业结构的调节机制主要是由地区的禀赋结构和需求结构的变化所拉动和导向的,其调整的方向和产业结构变迁的一般规律趋势是相适应的,能避免产业结构调整的重大方向性错误和产生重大的结构失衡,在正确的产业结构调整方向下,市场竞争促进了企业的优胜劣汰和转型升级,从而保证了地区产业结构持续的高度化发展。市场竞争力量的强弱、市场配置资源是否有效,则决定于市场机制是否完善,也即地区的市场化水平。

根据上述理论分析,本书认为以产业为核心的发展战略应该超越"市场还是政府"的狭隘争辩,兼容并包,推动地区产业结构的优化升级既要不断提高地区市场化的发展水平,发挥市场配置资源的基础性作用,也要发挥产业政策的作用。因此,本书提出理论假说1和理论假说2:

理论假说1:政府产业政策的实施能推动产业结构优化升级。

理论假说2:市场化水平的提高能推动产业结构优化升级。

二、拓展性理论假说

理论假说 1 和理论假说 2 是依循新结构经济学核心思想在产业结构转型方面的精要诠释和应用,是本章的基础性理论假说。然而,新结构经济学目前仍仅是框架性体系,尚待后续研究的不断完善和有益补充。本书在对产业转型众多理论文献和案例实践进行归纳思考的基础上,在新结构经济学框架下,尝试提出两点拓展性的理论假说,剖析相应的理论机理。

(一)产业政策和市场化之间是共生互补关系而非此消彼长的关系

在产业结构调整这个问题上,实践已证明,无论是"旧结构主义"的"直接控制教条"政策,还是"华盛顿共识"的"自由放任"思想,均不是帮助后发国家实现长效产业结构优化升级的良方。这也说明了,任何把政策机制和市场机制割裂开来的理论观点均是值得商榷的。问题的关键不在于选择何种调整机制,舍弃何种调整机制,而是在于如何把两者有机结合起来。事实上,政策调整机制和市场调整机制具有多重互补性。正是这些互补性的存在,使政策与市场相结合的产业结构调整机制成为可能与必要,也是强调市场决定性作用的同时也要发挥产业政策作用的理论根源。产业政策和市场调整机制的互补关系主要表现为:(1)顶层规划和灵活调节的互补。产业政策的调整机制具有目标明确和措施有力等特点,其对产业发展的顶层调控和诱导作用比较显著。但是,即使是经过最为周密分析和严谨预测而拟定的产业政策,也不可能完全适应产业发展的瞬时变迁。一定程度上,越是事无巨细和面面俱到的产业政策,其调节的适应性和精确度反而越低。所以,产业政策调节应该是方向性和宏观性的,必须结合自主性和适应性的市场调节机制,才能增强政策调节的效果。新结构经济学也强调"市场在资源配置中的核心作用""市场应该成为经济的基础性制度",同时也主张"政府政策应服从比较优势,解决外部性问题和协调问题,帮助企业进行产业升级"(林毅夫,2012)。因而,只有基于要素禀赋结构比较优势的产业政策的正确引导,并在要素相对价格充分反映要素稀缺程度的完善市场调节机制下,要素禀赋的结构升级才是最快的,也即产业政策要尊重和依托市场机制才能更有效地推动产业结构优化升级。(2)差别调整和无差异调整的互补。市场调整机制是一种无差异的调整机制,既有利于一般产业的发展也有利于重点产业的发展(周振华,1991)。但是,单纯依靠无差异调整是无法加快重点产业的发展的。特别是对后发国家而言,施行差异性的产业政策,恰当分配公共资源,援助和扶持重点产业,是实现产业跨越式发展的重要手段。经验数据也已证明,重点产业政策对产业生产效率的提升作用是显著的(宋凌云和王贤彬,2013)。(3)硬性调整和软性调整的互补。产业政策是硬性调节措施,对保障公平竞争和平等交易,建设法治营商环境等方面有基础作用。带强制性的产业政策对解决产业升级的"瓶颈"制约以及产业发展的突发紧迫性问题①更具有直接作用。但是,硬性调整可能不完全与企业目标一致,甚至有可能影响企业的积极性和激励机制,特别是当硬性调整措施出现误差之时更是如此。因此产业转型升级也要发挥市场机制的软性调节作用,让企业在价格机制下作出自身选择,发挥企业的积极性,保证产业系统的长效健康发展。由此提出以下理论假说3。

理论假说 3:政策力量与市场力量的协同配合更能推动产业结构优化升级。

(二)"增长甄别和因势利导政策"理论中的政府异质性特征

近年已有学者验证,地方政府及其官员在地方经济发展中扮演着重要的角色(徐现祥等,2007)。然而,基于新古典理论的产业研究忽视了政府的认知"瓶颈"、"信息失误"、"寻租"腐败等政府失灵问题,只是理想化地假设政府或其代理人是全知全能并且是无私正直的(王廷惠,2005)。这些政府行为特征也是遵循新古典理论假定的新结构经济学所不能回避的问题。"新结构经济学"的"增长甄别和因势利导政策"理论的论证实际上暗含了两个前提:一是好人政府假定,即政府和官员都一心一意谋发展(林毅夫,2013);二是高效能政府假定,即政府能够有效地运用产业政策。诚然,这两个前提是需要进一步验证的。事实上,对政府特征的简化假定,正是学者们对新结构经济学理论的主要质疑之处(韦森,2013;张曙光,2013;余永定,2013;黄少安,2013;张军,2013 等),也是"林毅夫、张维迎十年之争"的

---

① 如对落后产业的限期迁移、对污染产业的整治和关停等。

关键所在①。本书认为,产业政策问题的论证,一是论证产业政策是否有必要(必要性),二是论证产业政策的实施是否有成功的可能(可能性),也即既要有"必要性"也要有"可能性"的推理逻辑。显然,新结构经济学者们着重于论证产业政策的必要性,特别是发展中国家可利用产业政策,发挥与发达国家技术差距的"后发优势"来促进产业发展;而否定论者则更着重于论证产业政策成功的低可能性(或无效、低效性)。否定论者从政府失灵的角度来判断产业政策不可能有效实施的观点是片面的,因为无论是从日本、韩国等发达国家,还是中国等后起新兴国家的产业实践均已证明,政府是有能力通过施行产业政策实现产业升级的。不过,质疑者对产业政策有效性的质疑也不无道理。就产业政策而言,其比货币政策和财政政策对产业经济有更直接、更主观、更强烈的作用,因而也往往更难以正确拿捏和有效施行,对地方政府的能力和行为的要求也更为严格和苛刻。对于不同素质或能力的(异质性)政府而言,一个相同内容的产业政策,哪怕是已完全满足新结构经济理论所要求的"符合地区禀赋结构所决定的比较优势"等条件,也可能会产生截然相异的政策效果。在政府的异质性这个问题上,新结构经济学理论的论证是不够充分的。若把同质的全能全知的政府作为既定前提来论证"增长甄别和因势利导"产业政策的必然性,容易让人们产生一种误解,认为似乎产业政策总是积极有效的、毫无缺点的,是能治百病的特效药。不能否认,产业政策的作用也是有限度的,在全球范围出现失效情况也并不鲜见②,而且这种失效往往比市场失灵所造成的危害更大。认清这一点,并不是否定产业政策,而是要强调,政府特征是产业政策取得成功的关键前提

---

①　以林毅夫教授为代表的新结构主义经济学派认为,过去35年绝大多数的政策都是正确的,不然中国不可能连续保持年均9.8%的增长且没发生经济危机。政府协调,有可能失败,但是没有政府协调更失败。讨论的重点应该是哪一种政府干预能够真正促进经济发展,哪一种干预会失败。张维迎教授融合了奥地利经济学派与英国古典经济学,从洛克《政府论》立场出发,认为政府无论怎么做都不可能做得更好,政府不仅不能解决问题,自身反而成了问题。如果没有政府的参与,经济发展可能更好。资料来源于新浪财经,"林毅夫张维迎十年之争"。

②　可归纳为两方面:一方面是过分热心的政府,容易出台不合适的产业政策,陷入"好心干坏事"的错误;另一方面是以推行产业政策实现"赶超"之名,行"寻租"贪污腐败、积累个人财富或者家族集团资本之实。

条件。只有注重地方政府在行政能力、激励机制、廉政建设、政企关系等方面的完善提高，"增长甄别和因势利导"的产业政策才能更有效地促进地区的产业结构优化升级，才能减少实施产业政策的成本和不良效应。因此，产业政策不但是必要的，而且是有可能的，但此种可能性是有条件的，决定于政府的运作效率高低①。综上提出理论假说 4。

理论假说 4：产业政策对产业结构优化升级的影响作用取决于地方政府效率的高低。

第二节　产业政策的定量识别

产业政策是指政府通过政策手段对资源配置和利益分配进行干预，对企业行为进行限制（强制型）和诱导（激励型），并对产业发展的方向施加影响的一系列政策（汪同三和齐建国，1996）。对于产业政策，学界有广义、狭义之争。广义论认为，产业政策泛指国家用于调控经济的所有政策的总和。狭义论认为，产业政策指对产业结构、产业组织、产业技术和产业布局等进行调控和指引的政策措施（金泽良雄，1985；刘文华和张雪楳，2001），其多以"规划""目录""纲要""决定""通知""复函"等形式出现，如《船舶工业调整振兴规划》《国家产业政策指导目录》等。皮克曼斯（Pelkmans，2006）将广义和狭义定义形象地区别为"影响产业的政策集合"（Policies Affecting Industry）和"针对产业的政策集合"（Policies for Industry）。为区别于另外两大宏观经济调控政策（财政政策和货币政策），更有针对性地分析地方政府的"因势利导"作用，本书认为在研究中选用产业政策的狭义定义更为恰当和准确。②

产业政策的定量评估是一个学术前沿问题，相关研究仍十分薄弱（赵

---

① 政府研究的全球权威机构瑞士洛桑学院（IMD）把政府能效定义为政府效率（Government Efficiency），并以一个包括完善激励体系、科学决策、优质服务、管理到位、廉洁奉公等方面的指标体系对其进行刻画。

② 事实上，英美法系国家的学者一般选择广义的定义，而大陆法系国家的学者更多地选择狭义的定义，如日本等。中国作为社会主义法系国家，更多地继承了大陆法系的成文法系渊源（法律多以具体系统的法律文件和条文的形式存在）。这也是本书认为采用狭义定义更为适宜的原因。

英和倪月菊,2012)。目前,对产业政策的研究,仍以理论分析和定性研究为主,如林毅夫(Lin,2003)、潘士远和金戈(2008)、江飞涛和李晓萍(2010)、徐朝阳和林毅夫(2010)、刘澄等(2011)等,定量研究不多。新结构经济学核心思想之一是要发挥政府因势利导的作用,引领产业结构的优化升级。因此,要实证检验新结构经济学理论的实践性,首先需要对"产业政策"这个政府政策行为变量进行高度抽象和量化。部分学者进行了有益的探索尝试,如郭晔和赖章福(2011)、张同斌和高铁梅(2012)使用银行信贷、财政支出等变量研究了货币政策和财政政策对区域产业结构调整的影响,但货币政策和财政政策只能算是广义的产业政策。阿基翁等(Aghion等,2012)、舒锐(2013)选用税收优惠、财政补贴、研发补贴指标作为产业政策的度量指标,分别从微观和宏观角度分析产业政策对中国工业行业全要素生产率的作用,但税收优惠和财政补贴变量事实上应归类为财税政策而不是产业政策[①]。宋凌云和王贤彬(2013)通过收集中国"九五""十五"和"十一五"三个五年规划,整理出各省(自治区、直辖市)的重点产业政策指标,但该指标存在三大缺陷:第一,五年规划的制定时间间隔较长,仅有3期样本也影响研究结论的可信性,与庞大的产业政策体系相比,略显单薄;第二,五年规划更多地体现为各省(自治区、直辖市)的地区经济发展远景目标和方向,与具体的产业政策措施相比,不够准确;第三,该研究采用的是虚拟变量赋值方法,只能把对应省份和规划期年份属于重点产业政策的取"1",否则取"0",而"1""0"虚拟变量的设置方法未能有效体现出不同省(自治区、直辖市)地方政府对产业政策措施重视程度的差异。

中国的产业政策多以行政法规及规范性文件、地方性法规、部门规章和地方政府规章文件的形式出现,根据对中国法律法规总库数据的分析,截至2011年12月31日,中国共颁布各类效力级别的法律、法规、司法解析等法律文件672430件。本书通过对此数据库的整理并经手工筛选,初步得到涉及产业方面的政策法规文件共计6514件,其中,国际公约、双边条约、多边条约1件,最高法院司法解释及文件3件,行政法规及规范性文件72件,部

[①] 例如,即使是带产业偏向的结构性财税政策,其制定的首要目的还是在于获取财政收入。

门规章及文件 672 件,地方性法规及文件 59 件,地方政府规章及文件 5671 件,行业规定 5 件,团体规定 31 件。

通过对各省(自治区、直辖市)产业政策样本的进一步筛选与处理①,可得到各省(自治区、直辖市)各年产业政策的地方性法规及文件和地方政府规章及文件的累积数,并且分别定义为变量(POLICY_LAW)和变量(POLICY_NORM),数据统计性描述可见图 9-1 和图 9-2。从图 9-1 可发现,无论是以地方性法规还是以地方政府规章为载体,各省产业政策的数量均在逐步增加,说明中国的地方政府是一个发展型的政府,地方的产业政策体系正不断地系统化和完备化。另外,相较程序更为严谨的地方法规,制定、实施过程更灵活和简易的政府规章是地方推行产业政策的主要形式和载体。从图 9-2 产业政策数量的区位分布可发现,总体而言,经济发达的省(自治区、直辖市)所施行的产业政策的数量也相对更多,但各省(自治区、直辖市)对以地方法规还是政府规章作为产业政策的载体,有一定的省

① 根据法的效力位阶规制,国际条约、司法解释、行政法规和部门规章作为上位法,对全国各省(自治区、直辖市)均具有普遍约束或指导效力,本书予以剔除(事实上,在面板数据模型中,对各省(自治区、直辖市)个体都有相同作用效力的变量也会被面板固定效应所识别而剔除)。行业规定(如《关于做好沙糖桔产业灾后复产工作的通知》,广东省沙糖桔协会,2008 年 2 月 21 日)和团体规定(如《北京房地产业协会关于换发〈土地估价师资格证书〉的通知》,北京房地产业协会,2003 年 7 月 22 日)由于仅能对个别的行业协会或社团的成员产生效力,本书也予以剔除。对于地方性法规及文件(如《河南省促进高新技术产业发展条例》,河南省人民代表大会常务委员会,2011 年 6 月 13 日)和地方政府规章及文件(如《关于促进本市服务外包产业发展若干意见的通知》,北京市人民政府办公厅,2009 年 5 月 8 日),虽然制定的主体主要为省、自治区、直辖市的人民代表大会及其常务委员会或人民政府,但个别较大的市的人民代表大会及其常务委员会和人民政府也分别具有制定地方性法规和地方政府规章的权力(根据《中华人民共和国立法法》第六十三条"较大的市的人民代表大会及其常务委员会根据本市的具体情况和实际需要,在不同宪法、法律、行政法规和本省、自治区的地方性法规相抵触的前提下,可以制定地方性法规,报省、自治区的人民代表大会常务委员会批准后施行。本法所称较大的市是指省、自治区的人民政府所在地的市,经济特区所在地的市和经国务院批准的较大的市";第七十三条"省、自治区、直辖市和较大的市的人民政府,可以根据法律、行政法规和本省、自治区、直辖市的地方性法规,制定规章"),由于本书的研究维度定义在省域,而市一级的地方性法规和地方政府规章对该省的其他地区并无普遍约束力。所以,本书进一步把较大的市的地方性法规和地方政府规章样本予以剔除。最后,从时效性考虑,各类产业政策性文件具有现行有效、已被修订、已被修正、已失效和部分失效五种状态,本书做以下处理,从各年的地方性法规和地方政府规章中,剔除已失效的样本,对已被修订、已被修正和部分失效的文件,则仍视为是原政策的持续施行,不作删除。

际偏好的差异。

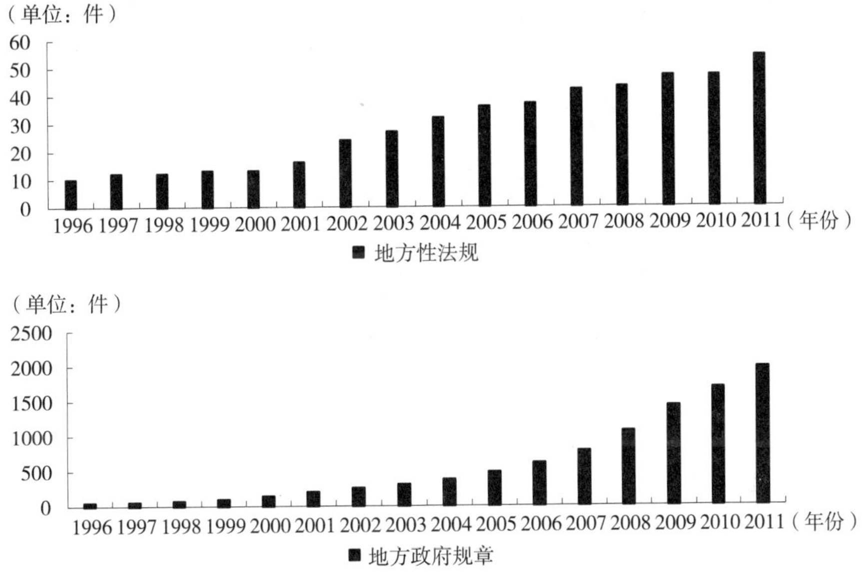

（单位：件）

■ 地方性法规

（单位：件）

■ 地方政府规章

图 9-1　中国各省（自治区、直辖市）产业政策数量的时间演变

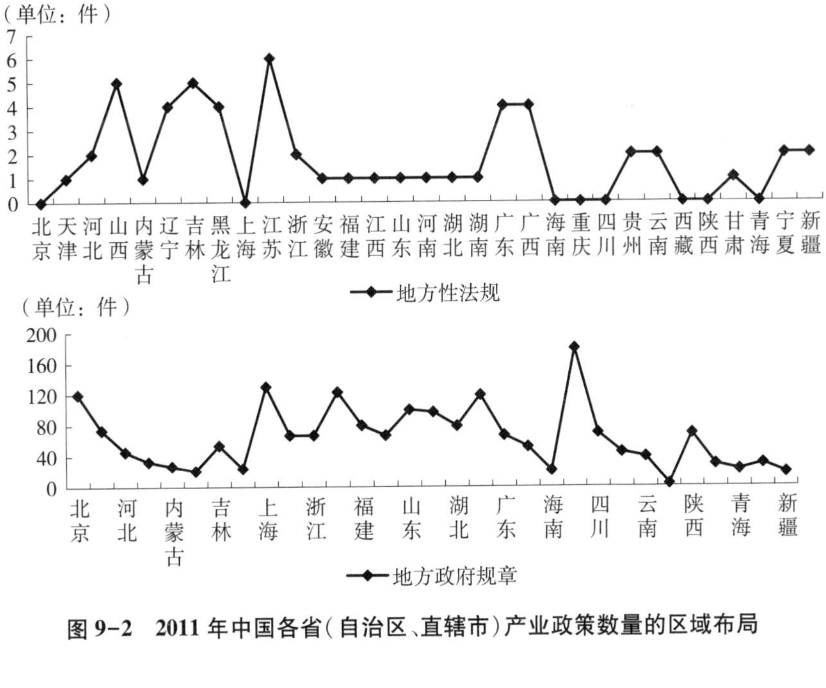

（单位：件）

■ 地方性法规

（单位：件）

■ 地方政府规章

图 9-2　2011 年中国各省（自治区、直辖市）产业政策数量的区域布局

第三节　产业政策效应的模型设定和变量测量

一、实证模型设定

为了考察中国地区产业结构优化升级的驱动因素,特别是验证政府产业政策和市场化对产业结构优化升级的影响,借鉴阿西莫格鲁等(Acemoglu等,2001)等法律和制度变量的实证建模思路,本章构造以下实证模型:

$$I_{it} = \beta_0 + \beta_1 policy_{it} + \theta X_{it} + \varepsilon_{it} \tag{9-1}$$

$$I_{it} = \beta_0 + \beta_1 market_{it} + \theta X_{it} + \varepsilon_{it} \tag{9-2}$$

$$I_{it} = \beta_0 + \beta_1 policy_{it} + \beta_2 marke t_{it} + \theta X_{it} + \varepsilon_{it} \tag{9-3}$$

式中,i 表示地区,本章采用的是中国省际数据。t 表示时间,本章采用的是年度数据。I 是反映地区产业结构优化升级的指标,本章采用测算的产业结构高度化指数(SH)和合理化指数(SR)。$policy$ 是表征政府产业政策的变量,包括地方性法规及文件数($policylaw$)、地方政府规章及文件数($policynorm$)。$market$ 是反映地区的市场化程度的变量,涉及市场化程度($market$)以及樊纲市场化指数($marketf$)。X 为表征其他控制变量的向量。

系数 β_1 衡量区域产业政策对产业结构升级的影响。例如,对于产业结构高度化指数(SH)来说,如果 β_1 显著大于零,表明产业政策显著推动产业结构高度升级。系数 β_2 衡量区域市场化程度对产业结构升级的影响。例如,对于高度化指数(SH)而言,如果 β_2 显著大于零,表明市场化显著推动产业结构高度升级。

二、被解释变量

产业结构优化升级指标是本章的被解释变量,分别选用产业结构合理化指数(SR)[①]和产业结构高度化指数(SH),指标的具体数据描述见第三章。

[①] 合理化指标是一个逆向指标,数值越小,表示产业结构越合理。为使实证结果解释能更清晰和易于理解,在不影响结论的前提下,本章对合理化指标做相反数的正向化处理。此时指标值越大,表示产业结构越合理。

三、核心解释变量

新结构经济学理论认为,地区持续性的技术创新和产业升级关键要发挥"有效市场和因势利导型政府"的共同作用(Lin 和 Monga,2011)。竞争性市场体系和有效市场机制是保障产业经济依循比较优势发展的必要体制保障;同时,产业转型发展过程中,政府也应发挥积极的政策引导作用,解决信息不对称、产业协调和外部性等方面的问题,为地区产业结构优化升级提供良好支持。依据上节的理论假说分析,设定如下两个驱动地区产业结构优化升级的核心变量。

(一)产业政策变量(POLICY)

依据上节对各省(自治区、直辖市)产业政策样本的处理方法,把产业政策变量(POLICY)定义为变量 policy_law(关于产业的地方性法规及文件数)和变量 policy_norm(关于产业的地方政府规章及文件数)。此处不再赘述。

采用法规和规章文件的数量作为产业政策变量还需作两点说明:一方面,从产业政策数量的角度展开研究,可能未能区分出不同产业政策的不同影响效果,但事实上,采用法律法规件数作为核心变量是有较多的研究先例的。例如,以环境法律法规的数量考察环境规制变量的强度(Low,1992;包群和彭水军,2006;李永友和沈坤荣,2008;王兵等,2010)。另一方面,部分学者对中国书面法律立法的重要性持怀疑态度,主要原因在于认为这些书面法律的执行效率相对低效(Allen 等,2005),部分书面法律更存在"非完全执行"(incomplete enforcement)的问题(Wang 等,2003)。然而,法规规章制定数量的多寡,起码能在一定程度上反映地方政府治理的努力程度。事实上,近年也已有不少学者采用了倍差法等严谨的实证方法,验证了中国书面立法的重要性,有力地驳斥了中国立法低效论的观点(李树和陈刚,2013)。

(二)市场化变量(MARKET)

市场化程度的测度,是一项非常具体、复杂和困难的工作,指标既需具有科学性,也要具有现实性,还要考虑到数据的质量和获取的成本(张曙光和赵农,2000)。目前,学界衡量中国市场化程度比较权威的数据是樊纲等(2001、2003、2004、2006、2009、2011)所设计的"中国各地区市场化指数",该指数从政府与市场的关系、非国有经济的发展、产品市场的发育程度、要素市场的发育程度、市场中介组织的发育和法律制度环境五方面度量了中国的市场化进程，已被众多学者所采纳（孙铮等，2005；方军雄，2006；姜付秀和黄继承，2011；徐明东和田素华，2013）。本书据此采用该指数对中国各省（自治区、直辖市）市场化程度进行度量。然而，遗憾的是，由于最新版的"中国各地区市场化指数"数据只更新到 2009 年，为保证本书实证分析样本的数据完整性，本书同时也使用各省的非国有企业固定资产投资占地区总固定资产投资的比重来度量市场化程度，进行稳健性检验。非国有经济的比重也是学者们衡量地区市场化程度的重要指标①，如张晏和龚六堂（2005）、王文剑等（2007）、王小鲁等（2009）、邵帅和杨莉莉（2011）等。

四、控制变量

实证模型式（9-1）至式（9-3）中，X 是一系列的控制变量，θ 是各控制变量的系数，对于控制变量的选取参照以下分析。根据现有研究进展，产业结构优化升级的驱动因素可从供给和需求两个角度加以归纳（周振华，1990；刘志彪，2000；李博和曾宪初，2010；王宇等，2013）。

（一）供给因素

国内外学者较多地从供给因素的角度研究产业结构优化升级的动因，相关因素可归纳为人力因素、制度因素和外来因素三项。对各供给因素变量作以下阐述：（1）人力资本（HC）②。相对旧结构经济学，新结构经济学把人力资本放在了一个关键的位置，并超越新古典经济学关于教育的传统观点，提出产业转型发展战略应该包括人力资本投资政策（林毅夫，2012）。本书遵从卢卡斯（Lucas，2002）的思路，认为人力资本具有数量和质量两个维度，人力资本 HC 采用各省人口数与人均受教育年限的乘积表示。（2）制度因素是产业结构优化升级的催化剂，主要包括资源配置制度（市场配置和计划配置）、产业政策③，本书制度因素指标也即前述的核心解释变量。

---

① 学者们对非国有经济比重的变量有固定资产投资占比、职工人数占比、企业产值占比等不同的选择，其中选择固定资产投资比重的比较多，本章也采用固定资产投资比重。

② 新加坡正是依靠人力资本提升实现产业转型升级战略的成功典范（Osman-Gani，2004）。

③ 也有学者将制度因素称为广义供给因素（王宇等，2013）、软件基础（林毅夫，2012）等。

(3)外来因素主要指外商直接投资(*FDI*)。新结构经济学认为,外商直接投资与其他外方资本相比,稳定性比较强,不会像高流动性的债务和资产组合投资为东道国带来金融危机威胁;更重要的是,外商直接投资的目标往往是与东道国比较优势一致的产业,这将会为东道国带去技术、管理和市场渠道,而这正是地区产业结构升级所必需的(林毅夫,2012;邹建华和韩永辉;2013)。本书 *FDI* 指标用各省外商直接投资表示。

(二)需求因素

从需求视角研究产业结构优化升级驱动因素的研究相对较少(Silva 和 Teixeira,2008),主要包括国内需求和国外需求因素,其中,国内需求因素包括居民消费和政府支出,国外需求主要是出口。(1)居民消费(*C*)。居民消费对产业结构优化升级驱动作用的理论基础源自恩格尔定律(Engel's Law)和马斯洛需求层次理论(Maslow's Hierarchy of Needs),也即随着居民收入水平的提高,居民消费结构也会相应调整,依次从生存资料到发展资料再到享受资料,从生理需求、安全需求、社交需求、尊重和自我实现需求再到自我超越需求的由较低层次到较高层次的转变。在居民消费水平的提高和多样化过程中,也带动了相应产业结构的调整和升级(Foellmi 和 Zweimüller,2008)。本书各省(自治区、直辖市)居民消费水平变量的数据来自中经网。(2)政府支出(*G*)。中国实行政府主导投资发展经济的战略模式,政府支出对产业结构优化升级具有一定的作用(秦学志和张康,2011;张大儒,2013)。一方面,政府通过调整财政拨款、专项支出、贴息补贴等投资的大小能影响产业结构优化升级的强度;另一方面,政府通过调整对公共服务领域、农业生产领域、工业生产领域等不同领域的投资支出影响产业结构优化升级的方向。本书政府支出(*G*)变量选用各省(自治区、直辖市)地方政府财政支出衡量。(3)出口需求(*EX*)。由于各地资源禀赋结构的不同,不同地区具有不同的比较优势,比较优势的不同影响着各地区的出口结构,并从而影响各地区的产业结构演进(周振华,1990;姜泽华和白艳,2006)。与主张进口替代内向型战略的旧结构经济学派观点不同,新结构经济学认为,在长期,外向型的出口导向战略更有利于地区产业的转型升级,是产业升级过程的重要特征。本书国外需求(*EX*)指标用各省各年的出口额表示。

表9-1 变量数据的描述性统计

变量	符号	观测值	均值	标准差	最小值	最大值
合理化指数	SR	465	1.238	0.687	0.037	4.429
高度化指数	SH	465	0.558	0.440	0.091	3.129
地方性法规及文件	$Policy\_law$	465	0.978	1.300	0.000	6
地方政府规章及文件	$Policy\_norm$	465	20.465	26.627	0.000	179
市场化程度(非国有经济比重)	$market$	465	0.563	0.159	0.042	0.871
市场化程度(樊纲指数)	$marketf$	400	5.680	2.208	0.000	11.8
政府效率指数	$goveff$	465	0.871	0.165	0.071	1.392
消费(居民消费/人均GDP)	$cumr$	465	39.439	8.447	22.923	77.985
政府支出(政府支出/GDP)	gcr	465	7.594	2.460	3.357	18.498
人力资本对数	lhc	465	1.990	0.190	0.958	2.407
人均FDI对数	$lpfdi$	464	3.410	1.599	-4.860	6.871
出口(出口总额/GDP)	exr	465	2.040	2.480	0.217	12.022

五、相关性检验散点图

本章首先使用产业结构合理化指数(SR)和高度化指数(SH)分别与核心解释变量产业政策POLICY(地方法规 $policylaw$ & 政府规章 $policynorm$)、市场化程度MARKET(非国有经济比重指标 $market$ & 樊纲指数 $marketf$)、产业政策变量和市场化变量的交乘项(POLICY×MARKET)、政府效率变量和产业政策变量的交乘项($goveff$×POLICY)的散点图(见图9-3至图9-6),考察被解释变量和核心解释变量之间可能存在的联系。显然,图9-3至图9-6中拟合线均具有正的斜率。这种现象可初步验证"地方政府产业政策的施行以及市场化水平的提高均能推动产业结构优化升级,但政策力量与市场力量的协同作用更为关键,而产业政策的影响作用还取决于地方政府的效能高低"的结论(理论假说1-4)。当然,这只是一个初步的观察,后面本章将用更严格的计量方法反复验证。

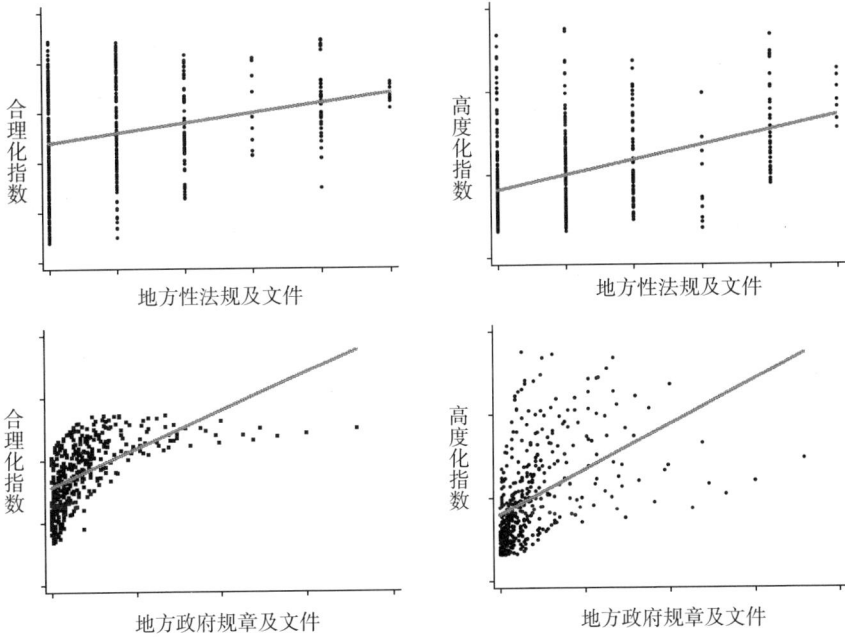

图9-3　变量相关性检验散点图（理论假说1）

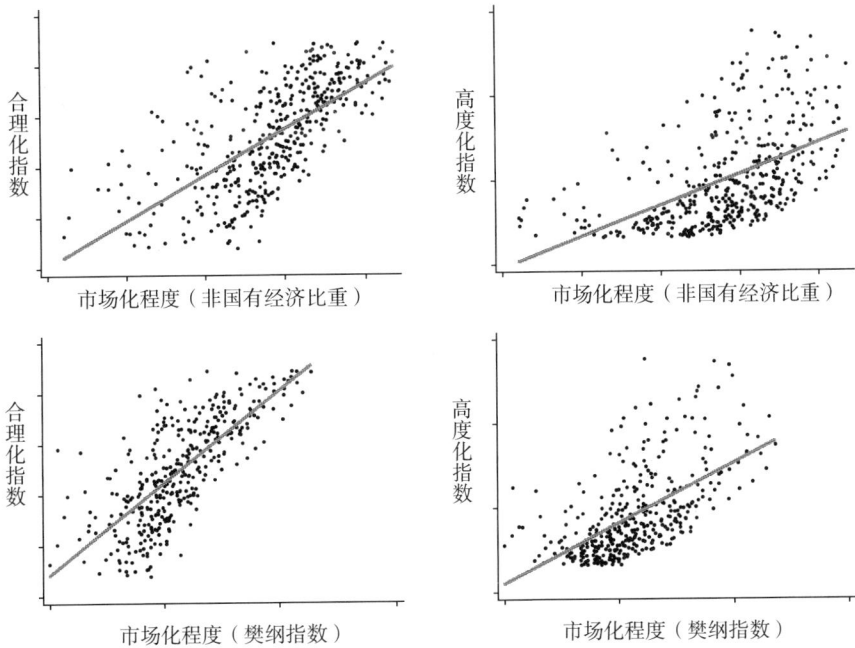

图9-4　变量相关性检验散点图（理论假说2）

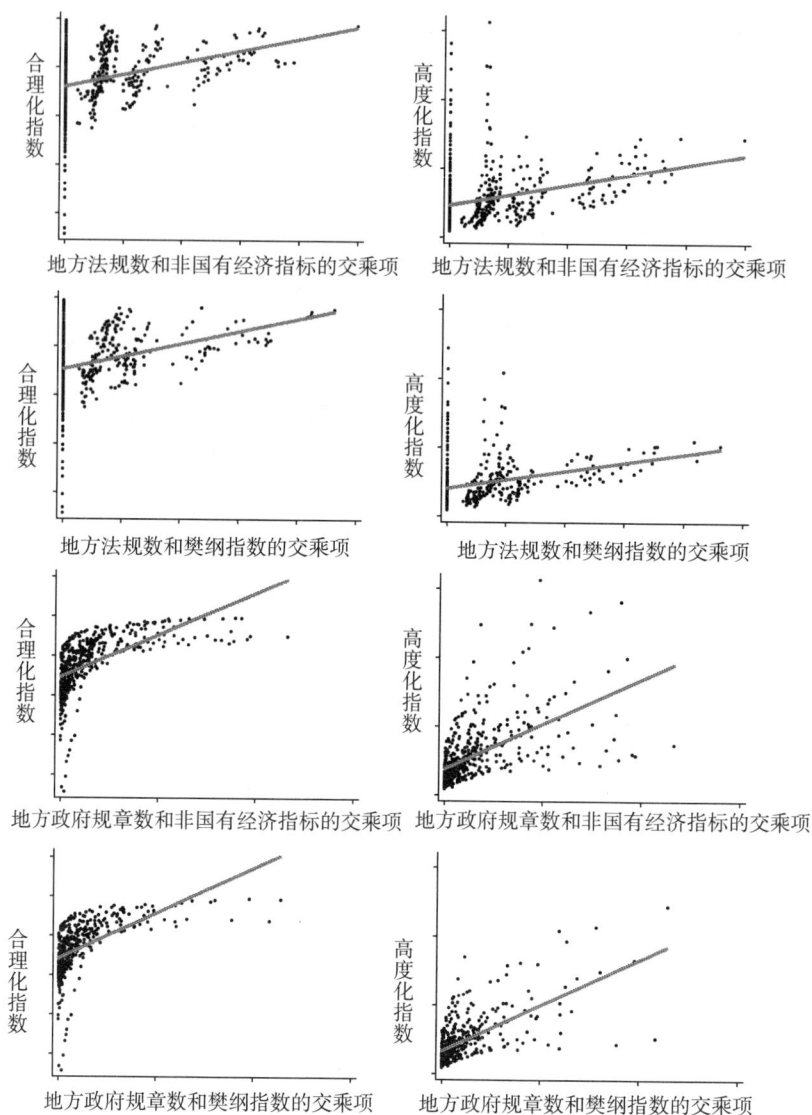

图9-5　变量相关性检验散点图（理论假说3）

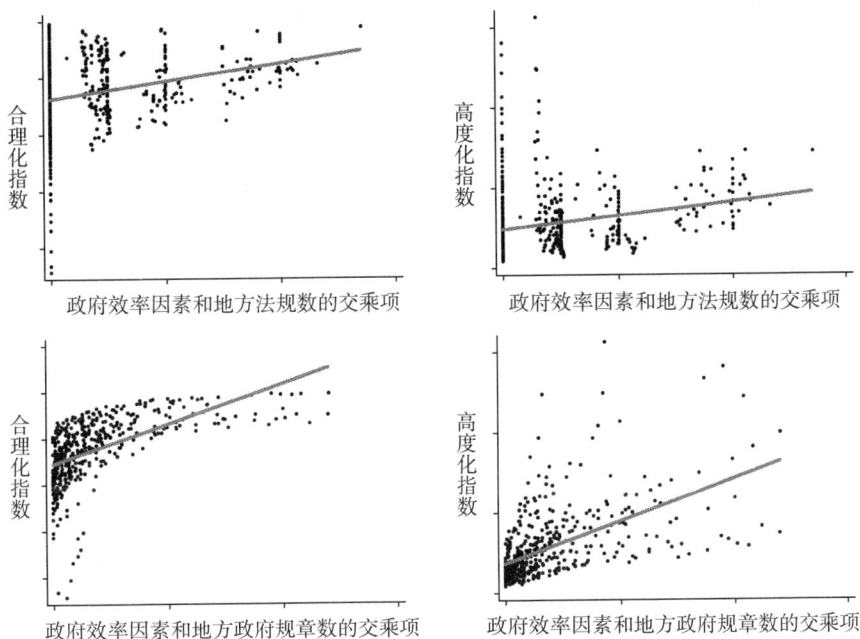

图9-6 变量相关性检验散点图(理论假说4)

第四节 产业结构升级驱动因素实证分析

下面对基础性理论假说进行实证检验,表9-2是产业政策与产业结构优化升级关系的检验结果(理论假说1);表9-3是市场化与产业结构优化升级关系的检验结果(理论假说2);表9-4至表9-8是相关的稳健性检验。

一、产业政策与基于高质量发展的产业结构优化升级

表9-2报告的是基于实证模型(9-1)式的检验产业政策对产业结构合理化和高度化作用的实证结果。列(2)和列(5)未引入控制变量,可发现,无论是以地方法规数 *policylaw*,还是以地方政府规章数 *policynorm* 作为衡量产业政策的变量,无论被解释变量采用产业结构合理化指数,还是采用产业结构高度化指数,产业政策变量的回归系数均显著为正。这一致说明了与

产业相关的地方性法规及文件和地方政府规章及文件的制定和实施显著地促进了地区产业结构合理化和高度化，初步验证了理论假说1——地方政府产业政策能够推动产业结构的优化升级。列（1）中，核心解释变量 *policylaw* 的回归系数为 0.1875，且在 1% 统计水平上显著。从经济意义来看，该回归系数值表明，以地方性法规形式颁布的产业政策文件的数量每增加 1 件，能够显著促进地方产业结构合理化指数提高 0.1875 个单位，或 0.2729 个标准差。列（2）中，核心解释变量 *policynorm* 的回归系数为 0.0081，且在 1% 统计水平上显著。这说明，若以地方政府规章形式衡量产业政策，其文件数量每增加 1 件，产业合理化指数将显著提高 0.0081 个单位，或 0.0118 个标准差。列（5）中，核心解释变量 *policylaw* 的回归系数为 0.1195，在 1% 统计水平上显著，表明以地方性法规形式颁布的产业政策文件的数量每增加 1 件，将显著促进地方产业结构合理化指数提高 0.1195 个单位，或 0.2716 个标准差。列（6）中，核心解释变量 *policynorm* 的回归系数为 0.0077，在 1% 统计水平下显著，说明以地方政府规章形式衡量产业政策，其文件的数量每增加 1 件，地方产业高度化指数将显著提高 0.0077 个单位，或 0.0175 个标准差。

横向对比可得出，地方性法规对地区产业结构合理化和高度化的促进作用基本相等（0.2729—0.2716），但就地方政府规章而言，其对产业结构高度化的推动作用效果更为强烈（0.0118—0.0175）。此实证结果可从产业政策的制定主体角度予以分析，地方性法规的制定主体是地方人大，而政府规章的制定主体是地方行政机关，地方人大立法可能会更多地兼顾当地产业结构合理化和高度化的协同优化，而地方规章等地方行政机构颁布的政策性文件则可能更偏向于促进地区产业结构的高度化。

纵向对比可发现，无论是推动地区的产业结构合理化还是结构合理化，相较地方政府规章，地方性法规形式的产业政策的边际促进效应更大（0.2729—0.0118；0.2716—0.0175）。究其原因，由于地方产业相关规章政策不具备严格的法律效力，具有地方区域上更大的灵活性和随意性，地方政府具有更大的权力与空间去制定与推行行政规章，因此地方行政规章总体推动作用相对较大。

表9-2列（3）、列（4）和列（7）、列（8）是在前 2 列的基础上加入其他控

制变量的回归结果。可以发现,加入控制变量后,虽然衡量产业政策的地方法规 *policylaw* 和政府规章 *policynorm* 变量的回归系数的数值有所下降,但仍在 1% 和 5% 的统计水平上显著为正,说明上述实证结论较为稳健。控制变量系数方面,人力资本变量 *lhc* 系数均显著为正,反映了人力资本在推动地区产业结构优化升级的突出作用,这也是"新结构经济学"理论所一直强调的。政府支出变量 *gcr* 系数在高度化方程中显著为正,这也再次印证了上述地方行政机关行为更偏向促进地区产业结构高度化的结论。地区消费变量 *cumr* 系数的显著性并不稳定,说明中国居民消费需求对产业结构优化升级的驱动作用仍有待挖潜(刘瑞翔和安同良,2011)。利用外资变量 *lpfdi* 和出口变量 *exr* 系数均为正,但未通过显著性检验。

表 9-2　产业政策与产业结构优化升级

变量	被解释变量:产业结构合理化(*SR*)				被解释变量:产业结构高度化(*SH*)			
	(1)	(2)	(3)	(4)	(5)	(6)	(7)	(8)
policylaw	0.1875 *** (0.0234)	—	0.0819 *** (0.0197)	—	0.1195 *** (0.0193)	—	0.0304 ** (0.0193)	—
policynorm	—	0.0081 *** (0.0007)	—	0.0041 *** (0.0008)	—	0.0077 *** (0.0006)	—	0.0024 *** (0.0006)
cumr	—	—	-0.0126 *** (0.0037)	-0.0112 *** (0.0037)	—	—	-0.0028 (0.0028)	-0.0019 (0.0028)
gcr	—	—	0.0151 (0.0127)	0.0144 (0.0142)	—	—	0.1069 *** (0.0098)	0.0888 *** (0.0109)
lhc	—	—	2.1023 *** (0.2616)	2.3790 *** (0.2511)	—	—	0.8098 *** (0.2026)	0.9141 *** (0.1938)
lpfdi	—	—	0.0274 (0.0221)	0.0054 (0.0217)	—	—	0.0077 (0.0171)	0.0177 (0.0167)
exr	—	—	0.0125 (0.0177)	0.0075 (0.0176)	—	—	0.0178 (0.0217)	0.0140 (0.0136)
Constant	-0.0645 (0.0836)	-0.6067 *** (0.0957)	-4.9518 *** (0.6195)	-5.3526 *** (0.5989)	1.3673 *** (0.0688)	0.8375 *** (0.0721)	-1.9627 *** (0.4798)	-2.0721 * ** (0.4623)
地区虚拟变量	有	有	有	有	有	有	有	有
时间虚拟变量	有	有	有	有	有	有	有	有

续表

变量	被解释变量:产业结构合理化(SR)				被解释变量:产业结构高度化(SH)			
	(1)	(2)	(3)	(4)	(5)	(6)	(7)	(8)
ll	−83.11	−58.45	37.15	41.52	7.55	73.39	156.02	161.91
r^2	0.822	0.840	0.894	0.896	0.706	0.779	0.845	0.849
N	465	465	465	465	465	465	465	465

注:***、**、*代表显著性水平1%、5%与10%;括号中是标准误;ll代表最大似然估计值;r^2代表拟合优度。

二、市场化与基于高质量发展的产业结构优化升级

表9-3报告的是基于实证模型式(9-2)的结果,考察市场化对地区产业结构合理化和高度化的影响作用。

表9-3 市场化与产业结构优化升级

变量	被解释变量:产业结构合理化(SR)				被解释变量:产业结构高度化(SH)			
	(1)	(2)	(3)	(4)	(5)	(6)	(7)	(8)
$market$	2.9861*** (0.1566)	—	0.5681*** (0.2150)	—	1.9505*** (0.1217)	—	0.5355*** (0.1517)	—
$marketf$	—	0.2152*** (0.0106)	—	0.1345*** (0.0204)	—	0.1324*** (0.0052)	—	0.0673*** (0.0099)
$cumr$	—	—	−0.0225*** (0.0040)	−0.0165*** (0.0043)	—	—	−0.0013 (0.0028)	−0.0035* (0.0021)
gcr	—	—	0.0409*** (0.0127)	0.0110 (0.0174)	—	—	0.1261*** (0.0090)	0.0675*** (0.0084)
lhc	—	—	1.2758*** (0.2565)	0.7526*** (0.2641)	—	—	0.3799** (0.1810)	0.2267* (0.1278)
$lpfdi$	—	—	0.0767*** (0.0236)	0.0579** (0.0241)	—	—	0.0071 (0.0167)	0.0070 (0.0117)
exr	—	—	0.0454*** (0.0175)	−0.0231 (0.0210)	—	—	0.0085 (0.0124)	0.0096 (0.0102)
$Constant$	−2.0691*** (0.1294)	−1.8543*** (0.1102)	−3.8833*** (0.6135)	−2.7575*** (0.6558)	−0.0332 (0.1005)	0.0713 (0.0542)	−1.7506*** (0.4330)	−0.7753** (0.3174)
地区虚拟变量	有	有	有	有	有	有	有	有

续表

变量	被解释变量:产业结构合理化(*SR*)				被解释变量:产业结构高度化(*SH*)			
	(1)	(2)	(3)	(4)	(5)	(6)	(7)	(8)
时间虚拟变量	有	有	有	有	有	有	有	有
ll	−115.72	−27.69	−24.53	7.05	1.71	256.10	137.54	297.37
r^2	0.795	0.852	0.862	0.875	0.699	0.862	0.832	0.888
N	465	400	465	400	465	400	465	400

注:*** 、** 、* 代表显著性水平 1% 、5% 与 10%;括号中是标准误;*ll* 代表最大似然估计值;r^2 代表拟合优度。

表 9-3 结果显示,无论是采用非国有经济比重 *market*[列(1)、列(3)和列(5)、列(7)],还是采用樊纲指数 *marketf*(第 2、4 列和第 6、8 列)作为衡量市场化程度的指标,无论是选取产业结构合理化,还是高度化作为被解释变量,无论是否有添加控制变量,市场化变量 *market&marketf* 的回归系数均能在 1% 的统计水平上显著为正。这说明市场化进程的推进有利于地区产业结构的合理化和高度化,验证了理论假说 2——市场化水平的提高能推动产业结构的优化升级,同时也在数量层面反映出市场在资源配置中起决定性作用。例如,列(3)和列(7)结果显示,变量 *market* 的回归系数分别在 1% 统计水平上显著,数值分别为 0.5681 和 0.5355。从经济意义看,表示市场化程度 1 个标准差的提升,分别能为地区带来产业结构合理化的 0.131 个标准差提升以及高度化的 0.194 个标准差提升。市场化改革,是过去三十多年来中国产业结构持续优化升级的重要原因,其作用渠道突出表现为要素配置和激励机制的完善,不少学者的研究也佐证了表 9-3 的发现(如王小鲁等,2009;姜付秀和黄继承,2011;盛丹和王永进,2011;戴魁早和刘友金,2013;等)①。

① 如王小鲁等(2009)实证验证了市场化进程显著促进了中国全要素生产率的提高,姜付秀和黄继承(2011)检验了市场化显著优化了中国的资本配置结构,盛丹和王永进(2011)验证了市场化显著提高了中国产业的技术复杂度,戴魁早和刘友金(2013)检验了市场化进程显著提高了中国产业的创新效率。

三、产业政策、市场化与基于高质量发展的产业结构优化升级

表9-4在表9-2和表9-3的基础上同时加入了反映地方政府产业政策和市场化程度的变量,即实证模型式(9-3),考察产业政策和市场化程度对地区产业结构合理化和高度化的联合影响作用。

表9-4 产业政策、市场化与产业结构优化升级

变量	被解释变量:产业结构合理化(SR)				被解释变量:产业结构高度化(SH)			
	(1)	(2)	(3)	(4)	(5)	(6)	(7)	(8)
market	0.4362 ** (0.2181)	0.5034 ** (0.2075)	—	—	0.4006 ** (0.1562)	0.4920 *** (0.1470)	—	—
marketf	—	—	0.1137 *** (0.0210)	0.1047 *** (0.0210)	—	—	0.0487 *** (0.0094)	0.0518 *** (0.0101)
policylaw	0.1087 *** (0.0214)	—	0.0862 *** (0.0247)	—	0.0515 *** (0.0153)	—	0.0296 ** (0.0120)	—
policynorm	—	0.0048 *** (0.0008)	—	0.0056 *** (0.0013)	—	0.0032 *** (0.0006)	—	0.0029 *** (0.0006)
cumr	-0.0129 *** (0.0036)	-0.0212 *** (0.0039)	-0.0159 *** (0.0042)	-0.0169 *** (0.0042)	-0.0075 *** (0.0026)	-0.0004 (0.0028)	-0.0085 *** (0.0019)	-0.0037 * (0.0020)
gcr	0.0480 *** (0.0124)	-0.0066 (0.0148)	0.0122 (0.0172)	-0.0253 (0.0189)	0.1181 *** (0.0089)	0.0942 *** (0.0105)	0.0652 *** (0.0082)	0.0487 *** (0.0091)
lhc	0.8417 *** (0.1971)	1.3621 *** (0.2477)	0.6147 ** (0.2631)	0.8499 *** (0.2586)	0.0246 (0.1412)	0.4378 ** (0.1754)	0.0390 (0.0990)	0.2772 ** (0.1246)
lpfdi	0.1399 *** (0.0195)	0.0583 ** (0.0230)	0.0684 *** (0.0239)	0.0507 ** (0.0235)	0.0086 (0.0140)	0.0053 (0.0163)	0.0010 (0.0096)	0.0033 (0.0113)
exr	0.0251 (0.0167)	0.0435 ** (0.0169)	-0.0208 (0.0207)	0.0081 (0.0207)	0.0093 (0.0120)	0.0072 (0.0120)	0.0256 *** (0.0096)	0.0174 * (0.0100)
Constant	-3.5835 *** (0.4317)	-3.6072 *** (0.5934)	-2.3920 *** (0.6543)	-2.5606 *** (0.6412)	-0.3620 (0.3092)	-1.5651 *** (0.4203)	-0.0184 (0.2178)	-0.6730 ** (0.3090)
地区虚拟变量	有	有	有	有	有	有	有	有
时间虚拟变量	有	有	有	有	有	有	有	有
ll	-28.76	-6.94	13.71	17.56	126.46	153.42	280.29	309.52

续表

变量	被解释变量:产业结构合理化(SR)				被解释变量:产业结构高度化(SH)			
	(1)	(2)	(3)	(4)	(5)	(6)	(7)	(8)
r^2	0.859	0.872	0.879	0.882	0.824	0.843	0.878	0.895
N	465	465	400	400	465	465	400	400

注:***、**、*代表显著性水平1%、5%与10%;括号中是标准误;ll代表最大似然估计值;r^2代表拟合优度。

从表9-4可发现,无论是以地方法规数 policylaw[列(1)、列(3)和列(5)、列(7)],还是以地方政府规章数 policynorm 作为衡量产业政策的变量[列(2)、列(4)和列(6)、列(8)],无论是采用非国有经济比重指标 market[列(1)、列(2)和列(5)、列(6)],还是采用樊纲指数 marketf[列(3)、列(4)和列(7)、列(8)]作为衡量市场化程度的指标,也无论是选取产业结构合理化,还是高度化作为被解释变量,产业政策变量 policylaw & policynorm 系数的方向和显著性并未发生改变,而市场化变量 market & marketf 的系数均至少在5%统计水平上显著为正。这再次说明产业政策的推行和市场化进程的推进同样有利于地区产业结构的合理化和高度化,共同验证了理论假说1和理论假说2。

四、地方法规与政府规章作用的联合检验

在上述实证回归中,仅分别用与产业相关的地方性法规和政府规章以表征产业政策,考察其对地区产业结构优化升级的影响,而没有同时考虑它们的作用。本小节,我们在实证回归中同时加入地方法规 policylaw 和政府规章 policynorm 作为产业政策变量,考察原有结果的稳健性。

表9-5报告了同时加入地方法规 policylaw 和政府规章 policynorm 作为关键解释变量的回归结果。列(1)—列(3)考察其对产业结构合理化的作用,列(4)—列(6)列则考察其对产业结构高度化的作用。结果显示,无论是否添加市场化变量,也无论采用非国有经济比重 market 还是樊纲指数 marketf 作为市场化程度的度量指标,地方法规 policylaw 和政府规章 policynorm 两个变量的回归系数均同时在1%统计水平显著为正,再次稳健地验证了产业政策施行能推动产业结构优化升级的结论。从系数数值大小

来看,也是地方法规 *policylaw* 变量系数大于政府规章 *policynorm*,再次表明地方法规对产业结构优化升级的边际推动作用强于政府规章的边际推动作用。此外,同时加入地方法规和政府规章变量后,表征市场化程度的变量(非国有经济比重 *market* 和樊纲指数 *marketf*)均显著为正,也再次验证了市场化水平的提高能显著推动产业结构优化升级的结论。其他控制变量的显著性和符号也并未因同时纳入地方法规和政府规章作为产业政策变量而发生改变。综上,可以初步认为上文实证结论是较为稳健的。

表 9-5　稳健性检验:地方法规与政府规章的联合作用

变量	被解释变量:产业结构合理化(SR)				被解释变量:产业结构高度化(SH)			
	(1)	(2)	(3)	(4)	(5)	(6)	(7)	(8)
policylaw	0.0884 *** (0.0191)	0.1072 *** (0.0208)	0.1061 *** (0.0242)	0.0342 ** (0.0150)	0.0503 *** (0.0148)	0.0382 *** (0.0117)	—	—
policynorm	0.0043 *** (0.0008)	0.0040 *** (0.0008)	0.0065 *** (0.0012)	0.0025 *** (0.0006)	0.0033 *** (0.0006)	0.0032 *** (0.0006)	—	—
market	—	0.3688 * (0.2127)	—	—	0.3458 ** (0.1511)	—	—	—
marketf	—	—	0.0745 *** (0.0217)	—	—	0.0285 *** (0.0099)	—	—
cumr	-0.0106 *** (0.0036)	-0.0109 *** (0.0035)	-0.0161 *** (0.0041)	-0.0016 (0.0028)	-0.0059 ** (0.0025)	-0.0081 *** (0.0018)	—	—
gcr	-0.0201 (0.0139)	0.0092 (0.0144)	-0.0295 (0.0185)	0.0866 *** (0.0109)	0.0865 *** (0.0102)	0.0475 *** (0.0087)	—	—
lhc	2.0889 *** (0.2530)	0.9750 *** (0.1937)	0.6953 *** (0.2547)	0.8020 *** (0.1990)	0.1329 (0.1376)	0.1030 (0.0966)	—	—
lpfdi	0.0194 (0.0214)	0.1309 *** (0.0191)	0.0625 *** (0.0231)	-0.0123 (0.0168)	-0.0160 (0.0136)	-0.0002 (0.0093)	—	—
exr	0.0025 (0.0172)	0.0287 * (0.0163)	-0.0029 (0.0203)	0.0121 (0.0135)	0.0123 (0.0116)	0.0352 *** (0.0095)	—	—
Constant	-4.7122 *** (0.6008)	-3.6290 *** (0.4203)	-2.0796 *** (0.6351)	-1.8246 *** (0.4727)	-0.3990 (0.2985)	0.0092 (0.2109)	—	—
地区虚拟变量	有	有	有	有	有	有	—	—
时间虚拟变量	有	有	有	有	有	有	—	—

变量	被解释变量:产业结构合理化(SR)				被解释变量:产业结构高度化(SH)			
	(1)	(2)	(3)	(4)	(5)	(6)	(7)	(8)
ll	53.26	−15.66	28.03	164.80	143.46	293.78	—	—
r^2	0.901	0.867	0.888	0.851	0.836	0.886	—	—
N	465	465	400	465	465	400	—	—

注:*** 、** 、*代表显著性水平1%、5%与10%;括号中是标准误;ll代表最大似然估计值;r^2代表拟合优度。

五、内生性考虑

上面通过省级面板数据模型的回归,实证验证了产业政策和市场化均能显著推动地区产业结构的合理化和高度化。由于政府政策的制定和实施可能是依据经济发展及产业调整形势而作出的,我们不能不考虑到,这里可能存在被解释变量和解释变量之间内生的双向因果偏误,既可能是本书所强调的产业政策的颁布推动了地区产业结构的优化升级;也可能是产业结构合理化和高度化水平更高的地区本身具有更强的意识和动机去制定和出台产业政策,其往往也是产业政策体系更为完善的地方。为此,本书尝试采用四种方法对政策变量的内生性问题进行检验和讨论。

针对产业政策变量的内生性问题,本节采用四种方法进行检验,重新验证基础性理论假说,分别是:(1)采用产业政策与市场化的滞后项作为解释变量进行回归;(2)以产业政策与市场化的滞后项作为工具变量进行回归;(3)引入产业结构合理化 SR 和高度化 SH 的滞后项作为控制变量,并采用GMM方法估计;(4)采用弱内生性样本,即采用合理化 SR 和高度化 SH 水平相对较低的弱内生性子样本进行回归检验。

1. 采用产业政策与市场化的滞后项作为解释变量进行回归[①]

以产业政策与市场化的一阶滞后项替换它们的当期项作为解释变量的

———————

① 内生性产生的原因有很多,处理方法也各种各样。使用解释变量的滞后项作为解释变量以缓解内生性是一种较为初级的方法,常用于处理由双向因果产生的内生性。其主要思想源于"未来不可能导致过去,但过去却有可能造成未来",详细的理论原理和推导可参看古扎拉蒂(2013)《计量经济学原理与实践》。诚然,仍需指出的是,滞后项方法也并不必然能完全消除内生性,严谨性仍有待提高,因为解释变量依然有可能与误差项相关。

实证结果见表9-6。结果显示,无论被解释变量是产业结构合理化*SR*还是高度化*SH*,产业政策与市场化变量的回归系数均为正,并大部分达到1%的显著性水平。这个结果再次表明,产业政策和市场化发展均能有力地推动地区产业结构优化升级。

表9-6　稳健性检验:滞后项法

变量	被解释变量:产业结构合理化(*SR*)				被解释变量:产业结构高度化(*SH*)			
	(1)	(2)	(3)	(4)	(5)	(6)	(7)	(8)
L.policylaw	0.0968 *** (0.0223)	0.0936 *** (0.0233)	—	—	0.0703 *** (0.0166)	0.0370 *** (0.0140)	—	—
L.policynorm	—	—	0.0045 *** (0.0010)	0.0029 ** (0.0012)	—	—	0.0044 *** (0.0007)	0.0031 *** (0.0007)
L.market	0.7946 *** (0.2138)	—	0.9232 *** (0.1977)	—	0.2872 * (0.1589)	—	0.4704 *** (0.1457)	—
L.marketf	—	0.1110 *** (0.0208)	—	0.1186 *** (0.0214)	—	0.0704 *** (0.0113)	—	0.0839 *** (0.0125)
cv	有	有	有	有	有	有	有	有
地区虚拟变量	有	有	有	有	有	有	有	有
时间虚拟变量	有	有	有	有	有	有	有	有
ll	−5.48	37.51	19.48	31.81	123.25	213.48	151.82	247.45
r^2	0.868	0.891	0.883	0.888	0.831	0.868	0.852	0.888
N	434	400	434	400	434	400	434	400

注:***、**、*代表显著性水平1%、5%与10%;括号中是标准误;*ll*代表最大似然估计值;r^2代表拟合优度;*L.*符号代表取变量一阶滞后项;*cv*代表估计模型中的其他控制变量。

2. 采用产业政策与市场化的滞后项作为工具变量进行回归①

以产业政策与市场化的一阶滞后项作为产业政策与市场化的工具变量,并使用两阶段最小二乘法(2SLS)进行回归的实证结果见表9-7。结果

---

① 使用产业政策和市场化(解释变量)的滞后项作为产业政策和市场化当期的工具变量,也是源于产业政策和市场化变量与产业结构合理化和高度化变量所可能存在的相互因果关系。工具变量设定的相关理论原理和推导同样可参看古扎拉蒂(2013)《计量经济学原理与实践》。

显示,无论是对于产业结构合理化还是高度化,产业政策与市场化变量的系数均显著为正,并大部分达到 1% 显著水平。这再次验证了产业政策和市场化都显著促进产业结构优化升级的结论。

表 9-7　稳健性检验:工具变量法

变量	被解释变量:产业结构合理化(SR)				被解释变量:产业结构高度化(SH)			
	(1)	(2)	(3)	(4)	(5)	(6)	(7)	(8)
policylaw	0.1067 *** (0.0249)	0.0931 *** (0.0290)	—	—	0.0574 *** (0.0197)	0.0339 ** (0.0146)	—	—
policynorm	—	—	0.0037 *** (0.0008)	0.0031 ** (0.0013)	—	—	0.0038 *** (0.0006)	0.0022 *** (0.0007)
market	0.9877 *** (0.2991)	—	1.2593 *** (0.2656)	—	0.4095 * (0.2294)	0.6192 *** (0.2003)	—	—
marketf	—	0.1504 *** (0.0270)	—	0.1540 *** (0.0279)	—	0.0675 *** (0.0121)	—	0.0865 *** (0.0142)
cv	有	有	有	有	有	有	有	有
地区虚拟变量	有	有	有	有	有	有	有	有
时间虚拟变量	有	有	有	有	有	有	有	有
弱工具 F 检验	223.107	171.697	298.462	169.867	208.25	230.616	298.462	169.867
r^2	0.870	0.892	0.884	0.891	0.838	0.881	0.847	0.896
N	434	369	434	369	434	369	434	369

注:*** 、** 、* 代表显著性水平 1%、5% 与 10%;括号中是标准误;ll 代表最大似然估计值;r^2 代表拟合优度;cv 代表估计模型中的其他控制变量。

3. 引入产业结构高度化和合理化(被解释变量)的滞后项作为控制变量并采用系统 GMM 方法进行动态面板回归[①]

引入产业结构合理化 SR 和高度化 SH 滞后项作为控制变量并使用系

———————————

① 加入被解释变量的滞后项作为控制变量,主要是担心因遗漏重要变量而导致的内生性问题。一般而言,被解释变量的滞后一期就包含了大部分控制变量的信息。另外,由于被解释变量滞后项可能与扰动项相关,其作为解释变量进入模型又可能带来新的内生性,所以采用系统 GMM 方法进行动态面板估计(Blundell 和 Bond,1998)。

统 GMM 方法进行动态估计的结果见表 9-8。表 9-8 显示,产业政策
(*policylaw & policynorm*)和市场化变量(*market & marketf*)系数仍显著为
正,同样呈现了政府产业政策和市场化均有利于地区产业结构优化升级的
结论。动态面板模型的统计检验显示,在 10% 显著性水平下,不能拒绝模
型残差存在一阶自相关的假设,但拒绝模型残差存在二阶自相关的假设,而
Hansen 检验也通过了工具变量选取的有效性检验,由此说明系统 GMM 模
型的估计结果是令人满意的。

表 9-8　稳健性检验:系统 GMM 法

变量	被解释变量:产业结构合理化(*SR*)				被解释变量:产业结构高度化(*SH*)			
	(1)	(2)	(3)	(4)	(5)	(6)	(7)	(8)
L.SR	0.9226 *** (0.0060)	0.9093 *** (0.0157)	0.9219 *** (0.0190)	0.9223 *** (0.0094)	—	—	—	—
L.SH	—	—	—	—	1.1543 *** (0.0134)	1.1212 *** (0.0080)	1.1488 *** (0.0128)	1.0471 *** (0.0209)
policylaw	0.0140 ** (0.0071)	0.0097 * (0.0053)	—	—	0.0052 *** (0.0017)	0.0041 *** (0.0015)	—	—
policynorm	—	—	0.0005 ** (0.0002)	0.0007 ** (0.0004)	—	—	0.0004 * (0.0002)	0.0009 *** (0.0002)
market	0.2951 *** (0.0459)	—	0.4395 *** (0.0842)	—	0.0213 * (0.0120)	—	0.0524 *** (0.0200)	—
marketf	—	0.0332 *** (0.0019)	—	0.0401 *** (0.0045)	—	0.0018 ** (0.0009)	—	0.0045 *** (0.0013)
cv	有	有	有	有	有	有	有	有
ar1p	0.0017	0.0021	0.0019	0.0035	0.0240	0.0421	0.0238	0.0435
ar2p	0.1184	0.3276	0.0746	0.2167	0.2194	0.2058	0.2429	0.1705
hansenp	1.0000	1.0000	1.0000	1.0000	1.0000	1.0000	1.0000	1.0000
N	434	370	434	370	434	370	434	370

注:*** 、** 、* 代表显著性水平 1%、5% 与 10%;括号中是标准误;*L.* 符号代表取变量一阶滞后项;
　cv 代表估计模型中的其他控制变量;*ar1p*、*ar2p* 是残差的一阶和二阶自相关检验;*Hansenp* 是工
　具变量的有效性检验;均报告 p 值。

4.采用弱内生性子样本法

即采用合理化和高度化水平的弱内生性子样本进行回归(采用合理

化、高度化程度较低的中部与西部地区子样本）①。基于弱内生性的中部与西部地区子样本的估计结果见表9-9。表9-9的回归结果中，核心解释变量的系数大部分依然显著为正。弱内生性子样本结果再次验证了基础性理论假说1和假说2的结论。

表9-9　稳健性检验：弱内生性子样本法

中部子样本							
被解释变量：产业结构合理化（SR）				被解释变量：产业结构高度化（SH）			
变量	(1)	(2)	(3)	(4)	(5)	(6)	(7)	(8)
policylaw	0.0527* (0.0290)	0.0429* (0.0222)	—	—	0.0298* (0.0174)	0.0457*** (0.0130)	—	—
policynorm	—	—	0.0073*** (0.0014)	0.0140*** (0.0022)	—	—	0.0002 (0.0014)	0.0037* (0.0022)
market	0.8229*** (0.2272)	—	0.7313** (0.3568)	—	0.6602*** (0.2183)	—	0.4157* (0.2431)	—
marketf	—	0.1753*** (0.0226)	—	0.1629*** (0.0374)	—	0.0519*** (0.0136)	—	0.0210 (0.0223)
cv	有	有	有	有	有	有	有	有
地区虚拟变量	有	有	有	有	有	有	有	有
时间虚拟变量	有	有	有	有	有	有	有	有
ll	20.67	18.77	33.89	59.13	11.83	55.84	14.28	47.74
r^2	0.790	0.753	0.832	0.887	0.669	0.724	0.682	0.678
N	120	104	120	104	120	104	120	104

西部子样本							
被解释变量：产业结构高度化（SH）				被解释变量：产业结构合理化（SR）			
变量	(9)	(10)	(11)	(12)	(13)	(14)	(15)	(16)
policylaw	0.1535*** (0.0396)	0.1088** (0.0444)	—	—	0.0638*** (0.0145)	0.0555*** (0.0106)	—	—

①　若产业结构水平与产业政策之间存在反向的因果关系，即产业结构合理化和高度化水平更高的地区政府有意识地去制定和出台更多更完善的产业政策，则会使样本回归存在内生性问题，而这种内生性在合理化和高度化水平更高的地区样本将更为明显和严重。因此，合理化和高度化水平较低的中部和西部地区子样本的内生性程度将较低。

续表

西部子样本							
	被解释变量:产业结构合理化(SR)				被解释变量:产业结构高度化(SH)		
变量	(9)	(10)	(11)	(12)	(13)	(14)	(15)	(16)
policynorm	—	—	0.0031 ** (0.0015)	0.0081 *** (0.0028)	—	—	0.0016 *** (0.0004)	0.0016 *** (0.0005)
market	1.0716 *** (0.3646)	—	1.4857 *** (0.3587)	—	0.2733 *** (0.0757)	—	0.3480 *** (0.1105)	—
marketf	—	0.2013 *** (0.0286)	—	0.1627 *** (0.0427)	—	0.0126 ** (0.0053)	—	0.0138 * (0.0080)
cv	有	有	有	有	有	有	有	有
地区虚拟变量	有	有	有	有	有	有	有	有
时间虚拟变量	有	有	有	有	有	有	有	有
ll	−29.24	−15.91	−34.83	−79.49	119.70	189.56	119.33	166.79
r^2	0.846	0.854	0.836	0.665	0.713	0.832	0.712	0.773
N	180	153	180	153	180	153	180	153

注:*** 、** 、* 代表显著性水平 1%、5% 与 10%;括号中是标准误;*ll* 代表最大似然估计值;r^2 代表拟合优度;*cv* 代表估计模型中的其他控制变量。

第五节　产业结构升级驱动因素的进一步检验

上文已经验证,产业政策和市场化都显著地促进了产业结构优化升级,下面进一步对拓展性理论假说进行实证检验,考察产业政策作用效应的异质性。首先,考察政策力量与市场力量的协同对产业结构优化升级影响的检验结果(理论假说3);此外,考察政府效率在产业政策对产业结构优化升级的影响机制中的作用(理论假说4)。

一、政策力量与市场力量的协同效应

我们在实证模型式(9-3)基础上,添加反映政策力量与市场力量协同效应的交乘项变量 *policy×market* 作为解释变量,扩展为实证模型式(9-4):

$$I_{it} = \beta_0 + \beta_1 policy_{it} + \beta_2 market_{it} + \beta_3 policy_{it} + market_{it} + \theta X_{it} + \varepsilon_{it} \quad (9-4)$$

添加政策和市场变量交乘项的回归结果见表9-10。表9-10列(1)——

列(8)结果显示,无论是以地方法规数 *policylaw*,还是以地方政府规章数 *policynorm* 衡量产业政策;也无论是采用非国有经济比重指标 *market*,还是采用樊纲指数 *marketf* 衡量市场化程度,产业政策和市场化的交乘项 *policy×market* 均为正,并且至少达到10%的显著性水平,这说明政策力量与市场力量的联合作用显著地促进了地区产业结构优化升级,验证了理论假说3。

表9-10　产业政策与市场化联合作用的检验

变量	被解释变量:产业结构合理化(*SR*)				被解释变量:产业结构高度化(*SH*)			
	(1)	(2)	(3)	(4)	(5)	(6)	(7)	(8)
policylaw	0.1219*** (0.0221)	0.0996*** (0.0251)	—	—	−0.0582 (0.0488)	−0.0250 (0.0276)	—	—
policynorm	—	—	0.0076 (0.0054)	0.0055 (0.0060)	—	—	−0.0023 (0.0032)	−0.0033 (0.0023)
market	0.7959*** (0.1991)	—	0.5195** (0.2294)	—	0.2761*** (0.0975)	—	0.2187* (0.1129)	—
marketf	—	0.1212*** (0.0211)	—	0.0466* (0.0243)	—	0.0786*** (0.0089)	—	0.0916*** (0.0100)
policylaw× market	0.4774*** (0.1138)	—	—	—	0.1696** (0.0744)	—	—	—
policylaw× marketf	—	0.0292** (0.0144)	—	—	—	0.0078** (0.0034)	—	—
policynorm× market	—	—	0.0156** (0.0076)	—	—	—	0.0083* (0.0044)	—
policynorm× marketf	—	—	—	0.0011* (0.0006)	—	—	—	0.0006** (0.0003)
cv	有	有	有	有	有	有	有	有
地区虚拟变量	有	有	有	有	有	有	有	有
时间虚拟变量	有	有	有	有	有	有	有	有
ll	−10.38	18.12	−183.34	−133.37	−23.01	290.09	23.39	310.02
r²	0.870	0.882	0.726	0.748	0.665	0.884	0.725	0.895
N	465	400	465	400	465	400	465	400

注:***、**、*代表显著性水平1%、5%与10%;括号中是标准误;*ll* 代表最大似然估计值;*r²* 代表拟合优度;*cv* 代表估计模型中的其他控制变量。

就经济含义而言,一方面,表明了在市场机制更完善的地区,产业政策的施行对地区产业结构优化升级的边际推动作用更大。地方政府在推行产业政策时,要秉持市场配置核心作用。另一方面,产业政策体系的补充和完善也有助于市场调节效率的改善,使市场调节机制对产业结构优化升级的促进效应更为显著。这也为"增长甄别和因势利导"等产业政策施行的必要性提供了经验依据。

添加产业政策和市场化的交乘项 *policy×market* 后,市场化变量(*market & marketf*)的系数依然显著为正,再次表明发挥市场在资源配置中的决定性作用对地区产业结构的优化升级至关重要;而产业政策变量(*policylaw & policynorm*)系数的显著性则有所下降,特别是当被解释变量选择高度化(*SH*)时的结果更为明显。这表明只有尊重和依托市场机制的产业政策才能有效推动产业结构高度升级,不遵循市场规律而制定的产业政策很可能是低效或者是失败的。这从侧面验证了新结构经济学理论的正确性,即只有基于要素禀赋结构的比较优势制定产业政策,在要素相对价格充分反映要素稀缺程度的市场机制下,产业结构升级更快。

二、政府效率对产业政策效果的影响

各国和各级政府往往热衷于制定和实施产业政策,但产业政策的后果却存在巨大差别,这在很大程度上是因为一些政府尽管出台了产业政策,但这些政府本身在动机、能力和效率等方面的差异使得产业政策的效果显著不同。因此,我们在此验证政府产业政策的效果依赖于政府效率。那些运行效率较高的政府所实施的产业政策相对地起到积极效果,而那些效率较差的政府的产业政策可能损害了产业发展。

在实证模型式(9-3)的基础上,我们假定产业政策作用系数 β_1 是政府因素变量 *goveff* 的函数,即 $\beta_1 = \theta_1 + \theta_1 \times goveff_{it}$,$\theta_2$ 表示的是政府效率因素对产业政策作用的影响,θ_1 则表示与政府效率无关的其他因素。本章将其展开后有 $\beta_1 \times policy_{it} = \theta_1 \times policy_{it} + \theta_2 \times goveff_{it} \times policy_{it}$,进而代入模型式(9-3),可得出如下带有政府效率影响机制的实证模型式(9-5)[①]:

$$I_{it} = \beta_0 + \theta_1 \times policy_{it} + \theta_2 \times goveff_{it} \times policy_{it} + \beta_2 market_{it} + \theta X_{it} + \varepsilon_{it}$$

$$(9-5)$$

---

① 在展开式中,*goveff×policy* 作为解释变量。与常见的实证方程设定保持一致,也加入了 *goveff* 变量作为控制变量,以保证实证方程的一般性及实证结果的可信性。

　　本章政府效率度量参照唐天伟和唐任伍（2011）的做法。唐天伟和邓久根（2007）、唐任伍和唐天伟（2011）、唐天伟和唐任伍（2011）、北京师范大学政府管理学院和政府管理研究院（2014）在借鉴全球研究政府效率的权威机构 IMD（瑞士洛桑国际管理学院）和 WEF（瑞士日内瓦世界经济论坛）对政府效率指标的测度方法的基础上，构建了涵盖政府公共服务、公共物品、政府规模和居民经济福利等维度的中国省级政府效率指标，是国内对省级政府效率比较有代表性的定量研究。本章依照其测算方法，将该效率指标拓展更新。

　　考虑了政府效率影响机制的实证结果见表 9-11。表 9-11 列（1）—列（8）显示，变量 $goveff \times policylaw$ 和 $goveff \times policynorm$ 的系数均显著为正，说明政府效率因素对产业政策的有效施行有重要的影响，政府效率的提高，能增强产业政策对产业结构优化升级的促进作用。

表 9-11　政府效率影响机制的检验

变量	被解释变量:产业结构合理化(SR)				被解释变量:产业结构高度化(SH)			
	（1）	（2）	（3）	（4）	（5）	（6）	（7）	（8）
$policylaw$	0.1014 (0.0780)	0.1724 ** (0.0853)	—	—	0.2327 *** (0.0687)	0.1002 ** (0.0475)	—	—
$policynorm$	—	—	-0.0042 (0.0029)	-0.0041 (0.0040)	—	—	0.0029 (0.0024)	0.0012 (0.0026)
$goveff \times$ $policylaw$	0.1842 ** (0.0830)	0.1725 * (0.0912)	—	—	0.2021 *** (0.0736)	0.1223 ** (0.0506)	—	—
$goveff \times$ $policynorm$	—	—	0.0113 *** (0.0034)	0.0116 ** (0.0047)	—	—	0.0047 * (0.0028)	0.0056 * (0.0031)
$market$	0.3706 * (0.2219)	—	0.3880 * (0.2196)	—	0.3791 *** (0.1294)	—	-0.0427 (0.0985)	—
$marketf$	—	0.1221 *** (0.0186)	—	0.0548 ** (0.0234)	—	-0.0090 (0.0083)	—	0.0416 *** (0.0059)
$goveff$	0.1332 (0.1034)	-0.0444 (0.1151)	-0.0345 (0.1002)	-0.0570 (0.1093)	0.1074 (0.0811)	0.1532 *** (0.0574)	0.2487 *** (0.0796)	-0.1071 (0.0675)
cv	有	有	有	有	有	有	有	有
地区虚拟变量	有	有	有	有	有	有	有	有

续表

	被解释变量:产业结构合理化(SR)				被解释变量:产业结构高度化(SH)			
变量	(1)	(2)	(3)	(4)	(5)	(6)	(7)	(8)
时间虚拟变量	有	有	有	有	有	有	有	有
ll	9.34	10.17	4.37	19.21	43.11	224.37	29.83	143.94
r^2	0.880	0.877	0.878	0.883	0.748	0.839	0.733	0.759
N	465	400	465	400	465	400	465	400

注:***、**、*代表显著性水平1%、5%与10%;括号中是标准误;ll代表最大似然估计值;r^2代表拟合优度;cv代表估计模型中的其他控制变量。

结果还显示,在考虑政府效率因素后,政策变量无论是 $policylaw$ 还是 $policynorm$ 的回归系数的统计显著性均有所下降;而且相较地方法规 $policylaw$,政府规章 $policynorm$ 的回归系数的统计显著性下降更为明显。这一方面说明了若不注重地方政府效能的提高,随意批量推出产业政策,对地区产业结构的优化升级很可能收效甚微;另一方面也说明了相较制定和执行更为严格的地方法规,灵活性和随意性更大的政府规章的有效施行更加依赖于一个高效的政府主体。综上所述,理论假说4得到了验证,产业政策发挥积极作用取决于地方政府效率的高低。

第六节 简要回顾

"新结构经济学"理论框架的提出,对指导产业结构的升级和转型有重要的指导意义。但该理论框架也亟待学界对其进行理论拓展以及提供经验证据。本章首先利用与产业相关的地方性法规和地方政府规章对产业政策予以定量识别,解决了产业政策效应实证评估中的定量难题。进而依托中国省级面板数据,实证检验产业政策和有效市场在产业结构合理化和高度化中的驱动机理,并考察了政策力量与市场力量的协同效应以及政府效率在产业政策影响机制中的作用。本章实证发现:产业政策和市场化均显著地推动了省(自治区、直辖市)产业结构的合理化和高度化;政策力量与市场力量的协同更能推动产业结构优化升级;产业政策发挥积极影响作用还取决于地方政府效率的异质性。

　　本章发现具有重要的政策启示。第一,产业政策能显著促进地区产业结构优化升级。这肯定了产业政策的存在价值,我们应科学地把握产业政策"增长甄别"和"因势利导"的作用,不断完善产业政策体系以推动产业结构升级转型。第二,市场化水平的提高显著地推动了产业结构优化升级。这要求落实市场在资源配置中的决定性作用,完善社会主义市场经济制度,加快推动市场化进程。第三,产业政策和市场化之间是共生互补关系而非此消彼长的关系。产业发展战略既要发挥市场配置资源的基础性作用,也要发挥产业政策的调控作用。第四,政府效率的持续提高是产业政策有效施行的重要前提。这要求深化政府体制改革,强化公务员队伍建设,建立法治政府以提升政府效率。

　　本章的研究丰富了"新结构经济学"理论,并为该理论提供了新的经验证据。本章也具有较为重要的政策含义,对于政府更好地理解政策和市场在产业结构转型中的作用具有启示意义,对于那些正努力谋求通过产业结构升级以缩小与发达国家经济差距的发展中国家和地区而言,也有借鉴意义。

第十章 高质量发展下产业结构升级的政策启示

中国经济已进入新常态,高质量发展是适应经济发展新常态的主动选择,其根本在于经济的活力、创新力和竞争力。产业结构升级是中观层面供给侧结构性改革的重要一环,成功的产业结构升级既可带来其他结构性问题的有效改善,又可促进微观层面生产要素、生产力、全要素效率的提高,最终破除旧动能、培育新动能,实现宏观层面更加均衡的经济高质量发展。高质量发展要求正确把握好生态保护和经济发展的关系,产业结构升级正是经济持续发展和生态环境保护的重要桥梁和有效实现途径。需从经济高质量发展、生态环境保护、产业结构升级三大交叉共生的视角出发,为未来中国的高质量发展建言献策。

第一节 产业和生态协调共生,环境保护与经济发展互促共荣

随着经济不断发展,中国正面对资源约束趋紧、环境污染严重、生态系统退化的严峻形势,且生态环境问题是全球性问题。在此背景下,产业发展必须树立尊重自然、顺应自然、保护自然的生态文明理念,走高质量发展道路。习近平总书记指出,中国生态文明建设正处于关键期、攻坚期、窗口期,生态环境是关系党的使命宗旨的重大理论问题,也是关系民生的重大社会问题。① 生态文明体系构建共包含五大方面,其中产业生态化和生态产业化是生态经济体系建设的主体内容。产业生态化和生态产业化是中国产业

---

① 《习近平出席全国生态环境保护大会并发表重要讲话》,新华社,2018 年 5 月 19 日。

高质量发展、降低生产成本、提高生产效益、驱动创新突破、实现产业升级的必经之路。促进产业结构升级、生态环境保护和经济高质量发展将是协调共生、互促发展的关系。

树立生态优先的产业发展理念,提高环境适应性。构建高效生态产业体系,抛弃以 GDP 贡献为产业发展目标的传统观念,树立生态优先,经济、社会和生态效益有机统一的新理念。产业结构的调整首先要求发展思路的转变,需在产业发展全过程中需始终秉承"生态优先、绿色发展"理念,坚持融经济持续发展、生态环境保护和资源节约有效利用为一体,以促进人与自然和谐发展作为根本目标的产业发展模式。鼓励深入探究产业生态系统的发展机制和特性,从根本上提高产业生态网络的稳定性和成熟度,打破不平衡、不稳定的动态过程。开发使用循环经济生产管理技术,通过探究模仿自然生态系统自循环模式,构造产业经济生态系统,提高产业资源利用效率的同时降低生产对生态运行的人为外部干扰。充分放大资源节约型、环境友好型产业结构对生态文明全体系形成的带动作用,联通纵向上下游产业关联和横向产业集群,将产业生态效应拓展到包括生产、销售、消费在内的多维经济领域,倒逼生态人居、生态文化、生态制度的体系建设加速,相辅相成、协调发展。

调整比例关系,促进产业多样化发展。引导调整三产业比例,对接当前实现供给侧结构性改革和经济高质量发展的内在要求,构造以链带网的配套衔接关系。发展多元化城乡生态农业,突破农业在农村发展的限制,关注都市农业、基因农业等新兴产业领域,延长产业链,稳定农业比例关系。加快第二产业污染企业改造,推进有条件的工业制造业产业首先采纳新兴高新技术生态环保模式,加速工业体系的现代化进程、向知识和技术密集型结构转变。着力缓解放松技术、信息、市场机制、政策导向等因素对产业多样化发展的影响和制约,在产业集聚发展的基础上提高产业内部产品、技术、文化等各个环节和要素的多样性。

推进传统产业生态化改造,构建绿色循环体系。以生态高效为核心目标,重新设计定位对传统产业的未来发展路径,降低生态环境污染强度较高的产业在经济系统的比重,控制高耗能、高污染行业。加大对"三高"污染痼疾企业的监管惩治力度,在最小限度妨碍经济有效运行的前提下以强制性和规范化的手段帮助其尽快实现知识和技术专项的生态化改造。从产业组织管理的角度出发，关注产业体系和各个产业部门的生产性、商品性、求利性和组织性差异，多层次、多步骤推进生态技术研发和应用常态化，运用"互联网+"、智能装备及先进工艺等进行生态化改造，整合做大，以技术为纽带补齐关键环节，延伸产业链。鼓励企业探索良性循环的先进生产模式，从末端治理等单纯技术事后污染补偿措施转向生产过程的源头预防和产品结构升级，实现企业生态效益的根本性质转变。

发展新型节能环保产业，推进生态化塑造品牌赋予价值。依托低碳经济、循环经济、生态经济的发展，坚持高质量发展的产业结构生态化转型升级理念，积极培育和发展节约资源、保护环境的战略性新兴产业，优化产业结构，转变生产方式，寻找焕发中国经济新活力的生态产业化路径方向。做好区域生态产业的转移与承接，大力挖掘新兴节能环保产业发展潜力，拓展有机农业、循环农业及其他环境友好型农业活动，致力于节能降耗、资源循环利用的工业技术研发和装备制造，培育设计、规划、咨询、总集成、总承包、维护、管理、运营、碳交易、绿色金融等方面的新兴节能环保服务业。关注节能环保产业与一般制造业工业产业的互动渠道的畅通性和供给需求的匹配性，推进节能环保产业的市场化发展，削弱其对政策驱动的过度依赖，发挥价值上以生态优势为产业塑造品牌赋予价值的效用，赢得和拓展产业发展空间，带来经济与生态效益的双提升。

第二节　加强跨省生态建设合作，释放
差异化产业升级红利

优良的生态环境是有益的，具有较强的外部性特征，加强生态文明建设，首先需要抛弃各省（自治区、直辖市）地区之间互不相关、各自为政的狭隘观念，坚定联防联控、共护碧水蓝天的决心，才能明确目标责任，既实现联动发展、合作共建，又能够因地制宜、灵活创新。相关产业之间的影响力与牵引力要求产业上下游和区域的产业结构升级实现先动带后动、配套升级、协调发展、联动突破。生态文明建设和产业结构升级之间是互惠互利的关系，未来都将需要各省之间基于地区差异性和互补性密切配合，才能将两大

方面的全国"一盘棋"下实下好,释放协作红利。

跨省生态保护补偿联防联治。中央政府应加强对地方政府在生态环境事务上的协调和监督,打破各自为政、分区而治的显性和隐性樊篱,推动在环境规划、生态治理投资等领域的地方跨省合作,推动跨省生态环境保护补偿联防联治,明确细化责任,为试点的高效实施和整体的有效推进提供政策保障。跨省邻省应坚持共编规划、强化精准保护,鼓励共设点位、强化信息共享,促进共建平台、强化保护合作,实现共谋合作、强化区域协同发展。缩小省际观念理念分歧、完善科学支出责任划分、生态保护补偿机制、实现有效的社会监督。具体试点实施政策方案应秉持生态环境改善结果导向,基于"成本共担、利益共享"的共识,坚持"保护优先,合理补偿;地方为主,中央监管;监测为据,以补促治;合作主线,落实为点"原则,通过协议方式明确相邻省份各自职责和义务,积极推动上下游省份搭建合作共治平台,创新保护治理体制机制,实施环境补偿,促进各省环境共同改善。

区域生态文明建设经验共享帮扶。生态效率较高省(自治区、直辖市)应发挥示范效应和扩散效应,加强与落后省(自治区、直辖市)在产业转移和生态环保的扶持和帮助。根据中国现阶段省域生态文明发展"西低东高"的空间分布特征和四大梯队之间的显示发展差距,建立起高效生态文明省份和梯度下游省份、名次显著上升省份和名次显著下降省份的经验对接,开展生态环境特点相似省份的定点帮扶,在生态文明建设的顶层政策、关键战略、实施路径、保障构建等各主要方面精准结对帮扶,在项目引建、资金筹集、技术突破、成本控制等各具体措施机制上共享实践经验,并设置生态文明建设外围帮扶和落地实施双向绩效考核机制,促进生态效率稳步提高。

构建省域产业合理化、高度化差异矩阵。利用产业结构的省域阶段性差异所带来的发展空间和潜力,进一步释放后发地区的"结构红利",为中国未来的经济增长提供持续的动力。中国各省产业结构的发展阶段存在较大差异,产业结构调整的目标和重点也应不同。应针对省域要素禀赋和产业结构的阶段性差异,结合区域发展整体方向和定位,以生态优先和创新驱动为重要指引,理性识别适合各省(自治区、直辖市)自身的最优产业结构和具体布局发展方式,引导各省、各城市群、各地区之间做好产业转移、引入和升级突破发展工作,抛弃好高骛远的无序式大跨步升级理念,循序渐进、拾级而上,实现小步快跑、脚踏实地的阶梯式产业升级。

开展跨省产业合作示范。开展跨省产业合作,就是要力求实现产业的跨领域、跨行业、跨省(自治区、直辖市)、跨地区融合,建设具有活力、创新力和竞争力的产业集群,实现产业集群式融合,为区域经济发展注入新活力。坚持利益共享、风险共担的原则,将跨省产业合作园区和基地作为产业集群发展的先行现象、核心抓手和试验田,深入发展并力求突破园区限制,加快各省全域式产业发展与经济规划、走廊建设、科技合作、市场一体化等方面的对接,推进产业合作互补和企业间协作配套突破地域限制,纵向完善上下游产业链、横向提升区域产业集中度,打造更具活力和竞争力的区域现代产业集群。

第三节 推进市场化进程,发挥市场 竞争驱动的基础性作用

党的十九大报告指出:"必须坚持质量第一,效益优化,以供给侧结构性改革为主线,推动经济发展质量变革、效率变革、动力变革,提高全要素生产率,着力加快建设实体经济、科技创新、现代金融、人力资源、协调发展的产业体系。"[1]把质量变革摆在首位、以效率变革为导向、抓住动力变革这个关键,以优化结构促产业发展水平有效提升。而市场化进程的加快、市场机制的完善和适当的市场竞争是淘汰落后产能、推动各类市场主体提高生产溢出价值积极性、形成优质高效多样化市场体系的有效手段,是激发技术创新积极性、实现生产要素利用提质增效的直观推动力,是倒逼新兴产业发展、促进转变经济发展方式的有力支撑。未来,市场力量将在解决目前中国产业体系创新驱动薄弱、抵御风险能力有待强化、高端有效供给不足等问题中发挥基础性作用。

规范要素和产品市场交易制度。构建更加完善的产品和要素市场化配

---

① 习近平:《决胜全面建成小康社会 夺取新时代中国特色社会主义伟大胜利——在中国共产党第十九次全国代表大会上的报告》,人民出版社 2017 年版,第 303 页。

置体制机制。既注重有形物质产品或劳务交换的产品市场交易制度完善，又注重资本市场、土地市场、劳动力市场、房地产市场、技术市场、信息市场等交换的要素市场交易制度构建。原则上需以供给侧结构性改革为主线，继续扩大高水平开放、深化市场化改革，加速破除阻碍商品和要素自由流动的体制机制障碍，扩大产品和要素市场化配置范围，健全市场体系，推进市场制度建设，降低要素和商品配置扭曲对生产和消费的消极影响。合理调整存量要素的产业间分布，拉升中高级生产要素份额，通过要素价格市场化推动产业结构效率的提升。具体地，逐步消除二元结构双轨运行现象、纠正价格扭曲、破除市场壁垒、深化投资体制改革，实现商品和要素价格由市场决定、流动自主有序、配置高效公平，疏通价格机制对资源配置调节的核心作用渠道、盘活资本存量、优化资本增量，形成统一、开放、竞争、有序的市场体系，为推动产业结构升级、促进经济高质量发展、建设现代化经济体系打下坚实的制度基础。

完善产权保护制度。将产权制度作为新时代经济体制改革和促进产业结构升级的重点，完善物权、债权、股权、自然资源资产产权、人力资本产权等多种产业发展相关权的保护制度，实现对企业微观主体的有效产权激励，为企业的创新驱动、自我革新创造良好外部氛围，促进产业结构升级稳步推进。完善产权界定制度，逐步扩大产权界定涵盖范围，做到归属清晰、实现产权有效激励。完善产权配置制度，坚持"合理配置"原则，调整国有资产的配置布局和结构、提高国有资产配置效率、促进不同产权交叉持股、相互融合，做到合理配置、促进产权有效激励。完善产权交易制度，通过一定程序的产权运作（交易）使产权各种权能的所有人获得产权收益，解决交易前资产评估不准确、交易过程不透明、交易价格不合理、交易后资金不到位等问题，进一步探索自然资源资产有偿使用、农村产权交易流转机制的建立与规范，实现流转顺畅、推动产权有效激励。完善产权保护制度，更加全面深入地保护企业家财产权和创新权益，做到保护严格、推进产权有效激励。

保障市场公平竞争。进一步引导"放管服"改革、营造良好发展环境的决策部署深入贯彻落实，疏通市场竞争机制，坚持"问题导向，标本兼治"的原则，营造公平正义、开放文明、服务高效的产业发展升级环境。首先，从市场集中度、产品差别化、新企业进入壁垒等方面考察中国各地区现有市场结构，确定适宜产业结构优化升级的市场竞争强度。其次，持续进行科学有效的制度安排，严格控制执法人员的自由裁量权，堵住权力"寻租"的灰色空间。着力优化发展的外部硬环境，合理利用政策资源，将破除制约实体经济发展的瓶颈因素纳入重要日程。严格落实已出台的各项收费清理政策，集中大力整治对企业乱收费现象，切实减轻企业生产经营负担，营造良好的营商环境。规范经营者市场决策行为的合法性，防止经营者为谋取自身的经济利益而采取损害社会公益的不正当手段，破坏市场竞争秩序。加大对市、县、乡政府的考核管理力度，更加注重税收等指标，更加注重项目落地后招商引资企业的成长和发展，更加注重倾听企业主体对发展环境的评价。保障市场公平竞争，充分激发经营者的积极性和创造性，从而推动整个社会的资源配置，提高资源配置效率和生产效率，实现产业结构稳步升级。

促进非国有经济发展。促进新兴重点产业非国有经济发展，推动垄断行业、公用事业行业及时有序放开，支持混合所有制经济发展，增强企业经济活力，推动产业结构优化升级。持续完善现代企业制度，不断推进产权保护法治化，增强重点产业企业活力，优化经济结构布局。积极鼓励引导有条件、具备资质的民营企业和中小企业进入新兴产业、基础设施和公用事业产业，给予其足够的市场机会，支持发展混合所有制经济，充分有效激发非公有制经济的创造性。

第四节　完善产业政策体系，提高政府服务产业结构升级效率

随着中国产业技术水平的不断提升、产业价值链攀升意识的不断增强和技术、知识密集型产业地位的不断凸显，产业发展对过去政府给予式外部力量的路径依赖效应日益明显，且带有一定的消极意味。在产业不断发展并积累相关要素、资本和生产能力的过程中，因其发展阶段、发展特征、发展水平和发展程度而异，对市场自主性的接受程度不同，另外，其所处的发展环境也应各省（自治区、直辖市）经济、社会、生态等方面的发展水平而异。因而，特定产业、领域、对象的发展需要政府扮演不同的角色，予以不同的支

持和结构性安排。新时期以产业强国为目标的产业政策体系作为政府识别并因势利导支持产业发展的重要工具,对推动增强产业创新力、国际竞争力和高质量发展能力具有重大意义,需从科学合理的产业政策制定和高效有力的产业政策实施两个角度入手,更好地发挥政府在产业结构升级过程中对市场的补充纠正作用。

以改善营商环境为核心。着力完善市场主体在设立生产经营全环节中涉及的政务环境、市场环境、法治环境、人文环境等有关外部因素和条件,以期加快打造市场化、法治化、国际化的营商环境,更大力度为各类市场主体投资兴业、转型升级破堵点、解难题。对企业营商环境改善需采取行政改革和司法改革同步的方式,先易后难,从税费成本、政务服务标准化、市场准入和退出、融资约束、公平竞争环境营造等方面各个突破。主动向外看,对标国际化、权威性营商环境测评中各维度提出的要求,与内部改革政策相协调,以吸引更优质、更符合地区产业结构调整发展方向和要求的外来投资。

突出创新引领。促进产业政策与创新政策的融合转变,将创新驱动作为产业政策设计的核心原则,利用选择性和功能性产业政策促进产业链和创新链的双向对接。产业政策不仅需要关注产业发展过程中面临的传统三大市场失灵(创新活动正外部性、信息的公共品性质、新兴产业在初期的市场资源约束),更要关注在促进产业创新过程中所面临的基于创新主体、创新网络和创新制度不当引起的系统失灵,不仅重点关注产业系统,更要关注嵌入到产业系统内部的创新系统,关注创新主体与创新系统互动的通畅性和高效性,减少创新系统中的要素错配现象,缓解创新政策工具与产业政策其他方面(如财政、金融手段)的冲突,从而提升产业政策实施有效性,加速技术进步步伐,实现真正的创新驱动产业结构升级。

完善重点财政政策。贯彻产业结构升级目标,优化运用财政传统经济政策工具的支出和收入两方面引导产业发展方向的能力,适当影响企业供给需求结构、利用产量和收入效应影响企业生产结构服务,最终促进产业结构向合理方向升级转变。支出方面,充分合理利用税式支出,推动因地制宜的财政优惠政策制定,既要因势利导侧重推动重点产业加速发展,又要遏制产业链各环节不公平、不协调、不均衡发展现象,着眼产业差异化有序升级;充分整合产业发展基金,针对具体地区产业特征,科学调整扶持力度与扶持方式;以农业、工业制造业为着力点,适当地在现有基础上更多关注第三产业企业财政政策支持,关注制造业服务化发展现象。收入方面,确立调整企业宏观税负水平,形成有利于产业创新、转型升级、竞争力增强、可持续发展和国际化发展的合理税收结构。深入贯彻落实增值税改革措施,有效利用营改增政策取向引导产业结构调整;更多落实符合条件的中小微企业所得税优惠;关注科研技术投入支持,对符合政策标准的科技企业孵化器等创新创业空间给予财政优惠,根据省域和地区规划支持培育发展前后向联动关系强的特色地区新兴产业,提高产业体系核心竞争力。

提高服务型政府效率。理清政府与市场关系,明确政府在产业结构升级过程中应当发挥的职能,将"不该管""管不好""管不了"的事还权于市场和企业,更好发挥市场和各类经济主体的"辅助之手"作用。在此基础上,保证政府服务产业发展的成熟度和高效性,从政府职能充分发挥、政府体制深化改革和政府绩效体系构建完善三方面发力,深化行政体制改革。大力推进商事制度改革迈上新台阶,推动商事登记深层次改革、企业准入准营同步提速、民营经济高质量发展、市场监管机制创新、市场监管执法水平提升、市场监管共建共治共享以及市场退出便利化。同时,着力分阶段降低市场壁垒,提高产业结构调整阶段产业间和产业内资源动态配置的效率和公平性。

第十一章　研究结论与展望

　　行文至此,本书的主体部分基本表达结束,下面笔者对全书内容做简单的归纳,同时提出本书后续研究的拓展空间。

第一节　主要结论

　　本书的核心观点是:"稳增长"与"生态保护"看似矛盾,其实不然,破解之法在于"调结构"。这是因为,经济持续增长和高质量发展依赖于产业结构优化升级,生态环境治理同样要依赖于产业结构优化升级。基于经济高质量发展理念,不断推进中国产业结构的优化升级,是实现经济增长与环境保护协调发展的最优路径。中国产业结构优化升级的推进,应超越"市场还是政府"的狭隘争辩,兼容并包,既要发挥市场配置资源的决定性作用,也要发挥政府对产业政策的调控作用,还要注重产业政策制定和施行的主体——政府的效率提高。

　　为了论证本书的核心观点,笔者秉持理论与实践相结合的思路,沿着"发现问题,分析问题,解决问题"的步骤开展研究。

　　首先,本书对产业结构优化升级和生态发展水平这两个核心变量予以定量识别。包括中国省域经济高质量发展指数、产业结构合理化和高度化指数、生态效率、生态文明发展指数。诚然,这是一项工作量巨大的任务,枯燥乏味,既要收集整理大量数据指标,还要细致且深入的分析,但这又是一项十分重要的基础性工作,既为本书后续研究奠定数据支撑,也为本领域学者进行研究予以方便,更完整地提供了一幅中国省域产业结构优化升级和高质量发展进程的全景图。具体包括:

一、中国省域高质量发展水平整体上升，存在区域不平衡特征

对中国经济高质量发展的定量研究。基于经济高质量发展的内涵，构建了中国经济高质量发展评价指标体系，依托全局主成分分析法，测算出中国省域经济高质量发展指数，并采用 K 均值聚类方法，对中国省域经济高质量发展水平进行了梯度划分和空间格局衍化分析。研究发现：第一，中国东部、中部、西部各省（自治区、直辖市）经济高质量发展指数都有明显的进步，但表现出一定的地域不平衡特征。第二，从区域排名分析，2019 年区域经济高质量发展评价指数排名较高的地区依然集中在东部，而中部省（自治区、直辖市）和西部省（自治区、直辖市）的评价指数排名相对较低，高质量发展地域不平衡的状态也未有明显改善。其中，名次上升最多的依次是山东、重庆、河南、贵州、湖南，下降最多的依次是青海、宁夏、黑龙江、青海、新疆。第三，分位聚类分析图显示，中国经济高质量发展存在"东高西低"的空间分布特征，从东部到中部，再到西部依次梯度递减。

二、中国产业结构越发合理，产业结构高度持续升级，区域差距逐步缩小

对中国产业结构优化升级的定量研究。先对产业结构合理化和高度化传统的指数予以改良，进而利用核密度分析法和马尔可夫转移概率矩阵法，细致刻画了 1978—2012 年省域产业结构合理化和高度化发展的空间分布格局、动态演进过程和稳态趋势。研究发现：第一，样本期内，无论是全国还是区分东部、中部、西部分析，总体趋势是产业结构越来越合理，产业结构高度也在持续升级。其中，东部地区产业结构相比中部、西部而言，更为合理和高级。第二，从全国整体和东部、中部、西部区域内部分析，发现省（自治区、直辖市）之间合理化水平的差距都在逐步缩小，但各省（自治区、直辖市）之间高度化水平的差距却在逐步扩大。第三，全国和西部地区合理化水平的极化现象不明显，但东部和中部地区经历了从多极分化到单极收敛的过程。高度化方面，在样本期内，全国整体和东部、中部、西部区域内部的分析都显示，随着时间推移，产业结构高度水平的分布都从单波峰分布逐步演

变为多波峰分布,虽然全国整体和东部、中部、西部区域波峰收敛的陡峭程度有所差异,但都经历了从单极收敛到多极分化的相同过程。第四,从马尔可夫链模型分析可知,中国省域合理化和高度化的分布都具有较强的稳定性,组间流动性较小,合理化和高度化水平在下一期仍保持上一期状态的概率比它们转变到其他状态空间的概率更大;合理化和高度化在 $t+1$ 期转向更高水平状态空间的概率比它们跌至更低水平状态空间的概率更大;省域的合理化和高度化转型更多地体现为循序渐进的"拾级而上",而不是"跨跃式"升级。

三、中国生态效率水平逐步提升,东部和东北区域上升幅度较大

对中国生态发展水平的定量研究,基于稳健性,采用了省域生态效率和生态文明指数两种指标。用生态效率表征生态发展水平。为解决中国环境数据之短时间维度、传统 DEA 模型小样本有偏且不能统计检验等问题,基于 Bootstrap-DEA 模型对省域生态效率予以测算,进而分析其变动趋势、省域差异以及时空演进 σ 收敛性质。研究发现:第一,省域生态效率的 DEA 效率值和 Bootstrap-DEA 效率值并不相等,传统 DEA 效率值存在一定的高估偏差,偏差值达到测算值的 10%—20% 不等,偏差在各省之间也不相等。第二,1998—2012 年,东部、中部、西部和东北地区区域的生态效率都有一定程度的提升,相比东部、中部、西部和东北地区的生态效率提升的幅度更大。第三,从区域排名分析,2012 年生态效率排名较高的省(自治区、直辖市)集中在东部和东北地区,中部和西部大部分省(自治区、直辖市)相对靠后,而生态效率提升最多的省(自治区、直辖市)依次是贵州、陕西、山西、宁夏、内蒙古和四川。第四,根据 σ 收敛性检验发现,样本期内全国范围的生态效率省际差距在缩小,但东部和中部生态效率差距呈现台阶式下降的"L"型收敛过程,西部和东北地区呈现了先收敛后发散的"U"型过程。

四、中国生态文明水平总体上升,地域不平衡特征明显

用生态文明指数表征生态发展水平。基于经济高质量发展的生态文明内涵,构建了包含三大方面维度、六个细分项目、二十三个基础指标的生态

文明发展评价指标体系,采用2001—2012年省域面板数据,依托全局主成分分析法,测算出中国省域生态文明发展指数,进而分析其动态发展趋势、省际排名及变化,更采用K均值聚类方法,对其进行了梯度划分和空间格局衍化分析。研究发现:第一,样本期内,中国东、中、西部各省(自治区、直辖市)生态文明指数都有明显的进步,但表现出一定的地域不平衡特征。第二,从区域排名分析,2012年生态文明指数排名较高的省(自治区、直辖市)依然集中在东部,中部、西部大部分省(自治区、直辖市)相对靠后,未出现"俱乐部现象"。其中,名次上升最多的依次是内蒙古、天津、山西、陕西、北京,下降最多的依次是广西、黑龙江、湖北、福建、吉林。第三,根据K均值聚类分析,将各省(自治区、直辖市)划分为四个梯队类别,省域生态文明发展存在"西低东高"的空间分布特征,也即存在从东部到中部再到西部地区依次递减的梯度现象。

五、中国产业结构升级显著促进经济增长,呈现出"结构性减速"倾向

解决核心变量的定量识别问题之后,是分析问题部分。本书主要回答,产业结构优化升级对经济增长和生态环境产生什么样的影响?"增长效应"和"生态效应"的作用机制又是怎样的?具体包括:

分析中国产业结构优化升级的增长效应。为解决线性参数模型的多重共线性和难以刻画动态变化的问题,基于1978—2012年省域数据,利用非参数面板模型均值估计和逐点估计方法,对中国产业结构优化升级与经济增长的动态关系展开实证分析。结果显示,结构合理化和高度化都显著促进了区域经济增长,但无论是采用合理化还是高度化指标,产业结构优化升级的产出弹性均呈现随着产业结构的优化升级、资本积累和劳动投入的增加而先加速增大,达到一定峰值后再缓慢下降的"结构性加速"到"结构性减速"的倒"U"型动态演进过程。虽然各省(自治区、直辖市)所处动态路径的阶段有所差异,但中国整体正处在倒"U"型曲线的拐点,面临"结构性加速"向"结构性减速"转变的困境。这一方面要求利用产业结构的省域阶段性差异所带来的发展空间和潜力,继续推进省域产业结构合理化和高度化进程,以进一步释放后发地区的"结构红利"以实现"稳增长";另一方面

也要清楚地认识到,在"新常态"下,产业结构合理化和高度化调整并不主要是为了获取高速的经济增长,而更应注重经济增长的质量和效益。

六、中国产业结构升级对生态效率具有积极的空间溢出效应

分析中国产业结构优化升级的生态效应。基于1998—2012年省域数据,建立广义动态空间面板计量模型,从本地效应和区际互动双重视角分析产业结构优化升级对省(自治区、直辖市)生态效率影响的驱动机理和作用效果。研究发现,中国各省(自治区、直辖市)生态效率存在显著为正的空间外溢效应以及显著为负的时间滞后效应。产业结构高度化既能提高本省(自治区、直辖市)也能提高其他省(自治区、直辖市)的生态效率,即存在本地和外部双重正面效应;而产业结构合理化对生态效率则更多地体现为正外部效应。从异质性上看,经济发展水平的提高,更加有利于产业结构合理化的本地正面效应以及产业结构高度化的双重正面效应的发挥;而产业结构合理化和高度化与环境规制的相互作用,则更有利于本省(自治区、直辖市)生态效率的提高。此发现为出台更加合理协调的产业政策和环境治理政策、更好地推动地方产业结构优化升级以及生态环境改善提供了具体化的实证基础。

七、产业政策和有效市场是驱动中国产业结构升级的重要因素

在分析问题之后,是解决问题的对策部分。主要是从产业政策和市场化两个维度剖析它们对中国产业结构优化升级的驱动作用。具体为:理论分析了产业结构调整的产业政策机制和市场机制,提出应超越"市场还是政府"的狭隘争辩,既要发挥市场配置资源的作用,也要发挥政府产业政策的调控作用。针对"新结构经济学"全知全能政府的假定,理论分析了产业政策有效作用还决定于其制定和施行的主体——政府的效率高低的异质性特征。创新地利用产业相关的地方性法规和地方政府规章对产业政策予以定量识别,结合中国省域面板数据,实证检验产业政策和有效市场在产业结构合理化和高度化中的驱动机理,并考察了政策力量与市场力量的协

同效应以及政府效率在产业政策影响机制中的作用。实证发现,产业政策的施行和市场化水平的提高均显著地促进了地区产业结构的合理化和高度化;政策力量与市场力量的协同更能推动产业结构优化升级;考虑了政府异质性因素之后,发现产业政策发挥积极作用是有条件的,其对产业结构优化升级的作用还取决于地方政府效率。这部分是对"新结构经济学"框架的理论拓展和实证补充,具有一定的学术价值。在党的十八届三中全会提出"使市场在资源配置中起决定性作用和更好发挥政府作用"以及党的十八届四中全会提出"全面推进依法治国,加快建设社会主义法治国家"的重要观点的背景下,这部分的研究也具有实践价值和政策指导意义。

总之,基于经济高质量发展之视角,本书通篇都是在围绕中国产业结构优化升级论题做文章,既探讨它的作用效应也分析它的驱动因素。相较现有文献,本书可能的贡献和创新主要在于:

(1)指标测算方面。针对基于经济高质量发展的产业结构优化升级和生态文明评估方法框架匮乏、评价指标散乱的现状,采用更先进的技术手段,对中国产业结构优化升级和生态环境发展水平进行更完善和全面的定量研究,并分析它们的时空特征。包括:采用改良的产业结构合理化和高度化指标表征产业结构优化升级的状况,相较第二、第三产业比例或产业结构绝对值变动等指标,能更好地反映产业结构优化升级的内涵和本质。采用核密度估计分析法和马尔可夫转移概率矩阵法描画中国产业结构的高度化和合理化过程,能更细致地刻画出其空间格局及动态演进过程。采用基于Bootstrap-DEA方法的生态效率指数以及基于全局主成分分析法的生态文明评价指数定量描画中国省域生态发展水平,相比单一的排放指标或传统的测量方法,这两个指数能更全面且准确地反映生态环境全方位变迁以及生态文明建设的内涵。

(2)基于经济高质量发展的产业结构优化升级的增长效应和生态效应方面。增长效应方面采用非参数面板模型均值估计和逐点估计方法,描画中国经济"结构性加速"向"结构性减速"转变的动态进程,剖析"结构性加速到减速"现象的理论成因,判断中国整体及各省(自治区、直辖市)在动态进程中所处的阶段。生态效应方面以区域互动的视角,采用广义动态空间面板模型,捕捉产业结构合理化和高度化对生态环境影响的空间效应与时间效应,该效应不但包含对本省(自治区、直辖市)的影响,还包含对其他省(自治区、直辖市)的影响。这既在理论上丰富了现有的中国区域产业的经济和生态治理模式理论,也在实践层面为以产业结构优化升级实现"稳增长"以及推动生态文明建设提供政策方面的参考。

本书研究与现有基于经济高质量发展的产业结构优化升级的增长效应和生态效应的研究有本质的不同,当前文献主要用理论或实证方法告诉大家"产业结构优化升级是影响高质量发展或生态环境的重要因素"这一客观事实,是结果导向的,而本书的研究也有如此结论,但更注重解释产业结构优化升级对"增长效应"和"生态效应"的作用机制,是过程导向的。特别地,增长效应重在研判中国经济"结构性减速"来临的可能性和存在性以及理论成因;生态效应则着重从本地效应和区际互动的双重视角,分析产业结构优化升级对省(自治区、直辖市)生态效率影响的作用机理。这两种研究思路在国内外均不多见。从这两种过程作用关系中寻找促进经济发展方式转变的产业结构调整方向和产业政策取向,也具有重要的理论和应用价值。

(3)产业结构优化升级的驱动因素方面。理论研究上,本书剖析产业政策和市场化对产业结构合理化和高度化的机理作用,提出政策力量与市场力量的共融更能推动产业结构优化升级;产业政策不但是必要的,而且是有可能的,但此种可能性是有条件的,即决定于产业政策制定和施行主体——政府的效率高低。经验研究上,一方面,通过手工收集各省与产业相关的地方性法规和地方政府规章,创新性地对产业政策予以定量识别,弥补了学界对产业政策以理论分析和定性研究为主、定量研究薄弱的不足;另一方面,实证检验了产业政策和有效市场在产业结构优化升级中的驱动作用,考察了政策力量与市场力量的协同效应以及政府效率在产业政策影响机制中的作用。这部分也是对"新结构经济学"框架的理论拓展和实证补充,具有一定的学术价值,同时对有的放矢地制定中国产业转型政策、发展生态经济、实施可持续发展战略、推动经济高质量发展也提供了理论和现实支撑。

第二节　研究展望

尽管本书的研究已经代表了笔者对基于经济高质量发展的中国产业结

构优化升级问题的最大努力思考,但是笔者研究水平有限,不可避免地存在诸多不完善的地方甚至错误,笔者期待更广泛的讨论和批评。

此外,在本书写作过程中,笔者还有一些新的想法,或者因工作量巨大没有来得及梳理,或者基于逻辑体系完整性的考虑暂且不能放入文中,或者受到客观约束条件的限制而未能实现,这里权且作为进一步的研究方向。

一、省域环境统计数据可进一步挖掘

可从城市维度或从企业微观维度分析基于经济高质量发展的产业结构优化升级的经济效应和生态效应,这或比省域研究更为准确,甚至还可能会得出新的结论,但又难以避免遇到数据收集的困难,其中又以资源和环境数据最难挖掘,这因为即使是省域的环境统计数据,在中国也只是在2000年前后才开始相较完备。

二、未来可开展跨学科研究

对生态效率和生态文明评价指数更多的是采用经济学相关方法,未来,若能更多地开拓跨学科的研究思路,考虑各地的生态特征及功能,结合生态学、城市规划等学科在此领域的方法(如生态足迹、主体功能区规划等方法),或许能发现一些新的结论。事实上,本书已摒弃了过往以单纯以GDP、工业增加值等指标作为抓手的工业文明的思维,更多地考虑了资源承载、污染排放、环境治理等众多指标去综合评价生态文明发展,是一次有益的尝试。

三、产业结构升级驱动因素可进一步拓展

驱动基于经济高质量发展的产业结构优化升级的因素变量非常多,学者们对此的观点也是众说纷纭,文中已从供给和需求两个角度进行了较为详细的阐述。本书有选择性地选取产业政策和市场化这两个产业结构优化升级的核心解释变量展开分析,这一方面是从学术边际切入点予以研究之需要;另一方面也是应实践和政策指导之急需。无所不备,则无所不寡。篇幅所限,是针对两个因素的深入分析,还是众多因素的泛泛而谈,本书选择了前者。当然,对产业结构优化升级的其他驱动因素也可另作更详细的机

理和实证研究。

四、产业政策可进行细分识别研究

本书从数以十万计的法律文件中整理出六千余件与产业相关的地方性法规和地方政府规章,对产业政策予以定量识别,这是一个艰巨而大胆的尝试,也是本书的一个重要创新。当然,这也是一个可供笔者学术生涯长期深挖的宝藏,针对产业政策的量化研究还大有可为。例如,可对这六千余件产业政策进行区分行业的再细化划分,探讨对重点产业的偏向是否会对地区的产业结构升级产生显著的影响,也是一个有趣的话题。又如,本书只从产业政策数量的角度展开研究,未来也可探寻一个可行且公允的方法,对产业政策的质量进行定量并分析其影响效果。再如,由于不同的法律文件所包含的法律条文数量并不一样,若精确到法律条文数目进行定量是否会得出新的结论,这也是可以进一步研究的。

附　　录

附　录　1

针对第 7 章实证模型式(7-2)中既添加了被解释变量的时间滞后项和空间滞后项(变量内生),也包括了空间误差项(扰动非球形)的设定,本书采用空间纠正系统 GMM 估计量模型进行估计。

空间纠正系统 GMM 估计量模型是把动态面板数据系统 GMM 模型应用于带有空间自相关项和空间误差项的估计中,主要通过三阶段估计法予以实现:

第一阶段,计算空间的系统 GMM 估计量,处理空间滞后项与时间滞后项所产生的内生性。构建解释变量矩阵 $z_t \equiv [Y_{t-1} \ W_N \ Y_t \ X_t]$,设定 $K + 2$ 维的列向量 $\theta \equiv [\lambda \delta \beta']'$,为消除 ε_{it} 的个体效应 η ,对第七章式(7-2)求一阶差分有:

$$\Delta Y_t = \Delta z_t \theta + \Delta u_t \quad \Delta u_t = (I_N - \rho W_n)^{-1}$$

其中, $t = 3, T$ (1)

根据布伦德尔和邦德(Blundell 和 Bond,1998),有:

$$\begin{bmatrix} \Delta Y_t \\ Y_t \end{bmatrix} = \begin{bmatrix} \Delta z_t \\ z_t \end{bmatrix} \theta + \begin{bmatrix} \Delta \mu_t \\ \mu_t \end{bmatrix} \tag{2}$$

在空间系统中,式(2)也可表示成:

$$Y_{BB}(t) = z_{BB}(t)\theta + \mu_{BB}(t) \tag{3}$$

空间系统 GMM 估计量可设定为:

$$\hat{\theta}_{SBB} = [Z'_{BB} H_{SBB} A_{SBB} H'_{SBB} z_{BB}]^{-1} z'_{BB} H_{SBB} A_{SBB} H'_{SBB} Y_{BB} \tag{4}$$

式(4)中, $A_{SBB} = [H'_{BB} G_{SBB} H_{SBB}]^{-1}$ 是 $NT \times NT$ 矩阵,其中, H_{SBB} 与 G_{SBB} 做以下定义:

$$H_{SBB} = \begin{bmatrix} H_D & 0 \\ 0 & H_L \end{bmatrix}, \quad G_{SBB} = \frac{1}{2}\begin{bmatrix} G_s & 0 \\ 0 & I \end{bmatrix} \tag{5}$$

式(5)中,参照科勒健和罗宾逊(Kelejian 和 Robinson, 1993)和雅各布斯等(Jacobs 等, 2009), H_D 是解释变量一阶差分的工具变量矩阵, H_L 是解释变量水平值的工具变量矩阵, I 是单位矩阵, $G_s = I_N \otimes G$ 是加权的 $N(T-2) \times N(T-2)$ 矩阵, G 的元素做如下定义:

$$G_{ij} \equiv \begin{cases} 2 & i = j \\ -1 & i = j+1, j = i+1 \\ 0 & otherwise \end{cases} \tag{6}$$

第二阶段,估算 ρ 和 σ_v^2 的一致估计量。将第一阶段得到的 $\widehat{\theta}_{SBB}$ 代入 $\widehat{u} = Y - z\widehat{\theta}_{SBB}$ (z 仅包括变量的水平值),进而根据卡普尔等(Kapoor 等, 2007)提出的矩条件,在第一阶段 GMM 估计得到的广义残差基础上,可求得总体矩条件的样本矩,通过非线性最小二乘(NLS)方法回归,求得 ρ 和 σ_v^2 的一致估计。

第三阶段,处理非球形扰动产生的误差并得到参数的有效估计。参照扰动项的时间自相关解决方法,采用基于空间的可行广义最小二乘(FGLS)方法估计(对所有变量实施科克伦-奥克特(Cochrane-Orcutt)转换,如对变量 y ,将其形式转换为 $\Delta \widetilde{y}(\widetilde{\rho}) = [I_T \otimes (I_N - \widetilde{\rho} W_N)] y$),经过变换后的数据,再施行 1 次第一阶段的估计,便得到空间纠正系统 GMM 估计量:

$$\widehat{\theta}_{SCBB} = [\widetilde{Z}_{BB} \widetilde{H}_{SBB} \widetilde{A}_{SBB} \widetilde{H}_{SBB} \widetilde{z}_{BB}]^{-1} \widetilde{Z}_{BB} \widetilde{H}_{SBB} \widetilde{A}_{SBB} \widetilde{H}_{SBB} \widetilde{Y}_{BB} \tag{7}$$

其中, $\widetilde{A}_{SBB} = [\widetilde{H}_{SBB} G_s \widetilde{H}_{SBB}]^{-1}$, $\widetilde{H}_{SBB}(t) = [I_N - \widehat{\rho} W_N] H_{SBB}(t)$ 。

附 录 2

对于产业结构优化升级的生态效应的考察,第七章主要采用 Bootstrap-DEA 生态效率指数(btr)度量各省(自治区、直辖市)的生态环境发展程度。诚然,基于全书逻辑完整性与探求实证结果稳健性,本章也尝试采用 GPCA 模型测算的生态文明指数(ec)替代生态效率指数(btr)衡量生态发展程度,并再次予以实证检验。相关结果见附表 1—附表 5。

附表 1 基础方程回归结果

变量	产业结构合理化				产业结构高度化			
	(1)	(2)	(3)	(4)	(5)	(6)	(7)	(8)
SR	0.031 *** (0.004)	0.032 *** (0.003)	0.004 ** (0.002)	0.004 ** (0.002)	—	—	—	—
SH	—	—	—	—	0.226 *** (0.021)	0.344 *** (0.012)	0.048 * (0.029)	0.049 * (0.029)
ly	—	—	0.139 *** (0.015)	0.172 *** (0.023)	—	—	0.052 *** (0.016)	0.056 *** (0.019)
$ly2$	—	—	0.066 *** (0.007)	0.062 *** (0.007)	—	—	0.066 *** (0.010)	0.065 *** (0.011)
reg	—	—	0.163 (0.108)	0.199 * (0.110)	—	—	-0.102 (0.131)	-0.085 (0.134)
$linv$	—	—	0.021 *** (0.006)	0.019 *** (0.007)	—	—	0.056 *** (0.005)	0.057 *** (0.006)
pey	—	—	-0.009 (0.011)	-0.026 * (0.015)	—	—	-0.032 *** (0.008)	-0.037 *** (0.010)
$open$	—	—	-0.080 *** (0.030)	-0.072 ** (0.032)	—	—	0.014 (0.017)	0.015 (0.018)
res	—	—	0.056 (0.041)	0.046 (0.042)	—	—	-0.019 (0.030)	-0.015 (0.031)
$lfdi$	—	—	0.000 (0.007)	-0.000 (0.007)	—	—	0.059 *** (0.004)	0.059 *** (0.005)
cir	—	—	0.111 *** (0.039)	0.136 *** (0.040)	—	—	-0.080 * (0.048)	-0.066 (0.050)

续表

变量	产业结构合理化				产业结构高度化			
	(1)	(2)	(3)	(4)	(5)	(6)	(7)	(8)
$wg2$	—	—	-0.002 * (0.001)	-0.003 ** (0.001)	—	—	-0.002 ** (0.001)	-0.002 ** (0.001)
$Constant$	-0.035 *** (0.012)	-0.145 *** (0.042)	-0.352 ** (0.156)	-0.203 (0.185)	-0.128 *** (0.016)	-0.306 *** (0.026)	-1.009 *** (0.088)	-0.973 *** (0.094)
region dummies	no	yes	yes	yes	no	yes	yes	yes
year dummies	no	no	no	yes	no	no	no	yes
ll	84.55	287.03	584.42	588.50	104.10	451.05	455.65	456.58
r^2	0.163	0.728	0.948	0.949	0.249	0.891	0.893	0.894
N	360	360	360	360	360	360	360	360

可发现,采用生态文明指数(ec)替代生态效率指数(btr)衡量生态发展程度之后,实证结论基本上与前文一致,中国省(自治区、直辖市)生态文明存在显著为正的空间外溢效应。产业结构高度化既能提高本省(自治区、直辖市)也能提高其他省(自治区、直辖市)的生态文明指数,即存在本地和外部双重正面效应;而产业结构合理化对生态文明指数则更多体现为正外部效应。唯一不同的是,生态文明指数的时间滞后项($L.ec$)系数较显著地为正,即中国省域生态文明指数存在正的时间滞后效应。这说明了中国省域的生态文明建设呈现了持续向上的连贯态势,此结论与第五章关于生态文明发展动态趋势的相关研究结论是相互印证的。

附表2　产业结构合理化与生态文明发展(考虑空间效应)

变量	广义动态空间面板模型			系统广义矩估计		空间面板固定效应	
	(1)	(2)	(3)	(4)	(5)	(6)	(7)
Wec	0.991 *** (0.021)	0.247 *** (0.068)	0.263 * (0.148)	—	—	0.824 *** (0.155)	0.031 (0.092)
$L.ec$	0.037 (0.024)	0.100 *** (0.037)	0.096 ** (0.049)	0.109 *** (0.016)	0.052 ** (0.026)	—	—

续表

变量	广义动态空间面板模型			系统广义矩估计		空间面板固定效应	
	（1）	（2）	（3）	（4）	（5）	（6）	（7）
SR	—	0.025 *** (0.004)	0.014 * (0.007)	0.038 *** (0.004)	0.014 ** (0.007)	0.024 *** (0.006)	0.013 *** (0.004)
WSR	—	0.058 *** (0.009)	0.024 *** (0.006)	0.078 *** (0.002)	0.034 *** (0.009)	0.093 *** (0.009)	0.032 *** (0.007)
Constant	−0.722 *** (0.089)	−5.025 *** (0.462)	−57.906 *** (10.153)	−6.728 *** (0.226)	−49.418 *** (4.571)	—	—
cv	no	no	yes	no	yes	no	yes
ll	—	—	—	—	—	−907.11	−705.20
r^2	—	—	—	—	—	0.299	0.818
ar1p	0.000	0.000	0.000	0.000	0.000		
ar2p	0.294	0.767	0.027	0.753	0.089		
hansenp	1.000	1.000	1.000	1.000	0.999		
Moran I	0.000	0.000	0.000	0.000	0.000	0.000	0.000
N	300	300	300	300	300	300	300

注：L. 符号代表取变量一阶滞后；cv 代表估计模型中的其他控制变量；ar1p 、ar2p 是残差的自相关检验；Hansenp 是工具变量的有效性检验；Moran I 是 Mora' I 检验，均报告 p 值，下同。

附表3　产业结构高度化与生态文明发展（考虑空间效应）

变量	广义动态空间面板模型			系统广义矩估计		空间面板固定效应	
	（1）	（2）	（3）	（4）	（5）	（6）	（7）
Wec	0.996 *** (0.021)	0.139 (0.189)	0.771 * (0.442)	—	—	0.519 *** (0.143)	0.065 (0.088)
L.ec	0.040 * (0.023)	0.132 ** (0.051)	0.038 (0.082)	0.112 *** (0.013)	−0.056 (0.036)	—	—
SH	—	0.124 *** (0.007)	0.112 (0.140)	0.192 *** (0.009)	0.043 (0.108)	0.107 *** (0.034)	0.117 *** (0.042)
WSH	—	0.403 *** (0.080)	0.357 *** (0.110)	0.303 *** (0.013)	0.211 *** (0.049)	0.408 *** (0.052)	0.264 *** (0.057)
Constant	−0.765 *** (0.091)	−11.816 *** (1.743)	−60.450 *** (10.930)	−11.112 *** (0.215)	−46.301 *** (5.686)	—	—
cv	no	no	yes	no	yes	no	、 yes
ll	—	—	—	—	—	−899.52	−703.39

续表

变量	广义动态空间面板模型			系统广义矩估计		空间面板固定效应	
	（1）	（2）	（3）	（4）	（5）	（6）	（7）
r^2	—	—	—	—	—	0.353	0.825
$ar1p$	0.000	0.000	0.000	0.000	0.000	—	—
$ar2p$	0.286	0.101	0.120	0.338	0.146	—	—
$hansenp$	1.000	1.000	1.000	1.000	0.996	—	—
$Moran\ I$	0.000	0.000	0.000	0.000	0.000	0.000	0.000
N	300	300	300	300	300	300	300

附表 4　稳健性检验：一般均衡效应

变量	（1）	（2）	（3）	（4）
Wec	0.162 *** (0.058)	0.252 ** (0.120)	0.880 * (0.452)	0.922 * (0.516)
$L.ec$	−0.034 (0.041)	0.008 (0.037)	0.004 (0.042)	0.007 (0.040)
SR	0.165 (0.259)	0.019 (0.271)	0.242 (0.361)	−0.050 (0.274)
WSR	—	—	0.002 (0.008)	0.001 (0.007)
SH	0.074 *** (0.006)	0.122 *** (0.029)	0.061 *** (0.006)	0.070 *** (0.021)
WSH	—	—	0.135 * (0.074)	0.136 * (0.071)
$Constant$	22.857 *** (2.274)	21.275 *** (3.089)	47.087 *** (10.771)	47.990 *** (12.349)
cv	no	yes	no	yes
$ar1p$	0.000	0.000	0.000	0.000
$ar2p$	0.703	0.577	0.453	0.618
$hansenp$	1.000	1.000	1.000	1.000
$Moran\ I$	0.000	0.000	0.051	0.051
N	300	300	300	300

附表 5　稳健性检验：更改空间加权矩阵

变量	（1）	（2）	（3）	（4）	（5）	（6）
	wr			wk		
Wec	0.944 *** (0.146)	0.959 *** (0.127)	0.812 *** (0.173)	0.204 ** (0.084)	0.276 * (0.149)	0.358 ** (0.171)
L.ec	−0.021 (0.070)	0.038 (0.055)	−0.056 (0.086)	−0.034 (0.042)	−0.089 (0.070)	−0.127 * (0.076)
SR	0.014 (0.009)	—	0.014 (0.011)	0.007 *** (0.002)	—	0.003 (0.003)
WSR	0.028 *** (0.010)	—	0.040 *** (0.010)	0.007 ** (0.003)	—	0.014 * (0.009)
SH	—	0.096 ** (0.046)	0.162 *** (0.055)	—	0.075 *** (0.013)	0.086 *** (0.018)
WSH	—	0.063 * (0.034)	0.010 (0.035)	—	0.004 (0.021)	0.068 (0.053)
cv	yes	yes	yes	yes	yes	yes
ar1p	0.000	0.000	0.000	0.000	0.000	0.000
ar2p	0.020	0.440	0.550	0.153	0.660	0.718
hansenp	1.000	1.000	1.000	1.000	1.000	1.000
Moran I	0.000	0.000	0.000	0.000	0.054	0.000
N	300	300	300	300	300	300

参 考 文 献

[1]安康、韩兆洲、舒晓惠:《中国省域经济协调发展动态分布分析——基于核密度函数的分解》,《经济问题探索》2012 年第 1 期。

[2]包群、彭水军:《经济增长与环境污染:基于面板数据的联立方程估计》,《世界经济》2006 年第 11 期。

[3]北京师范大学政府管理学院:《中国省级地方政府效率研究报告 2013》,经济管理出版社 2014 年版。

[4]蔡昉、都阳、王美艳:《经济发展方式转变与节能减排内在动力》,《经济研究》2008 年第 6 期。

[5]曹新:《产业结构与经济增长》,《经济学家》1996 年第 6 期。

[6]曾先峰、李国平:《我国各地区的农业生产率与收敛:1980—2005》,《数量经济技术经济研究》2008 年第 5 期。

[7]钞小静、任保平:《中国经济增长质量的时序变化与地区差异分析》,《经济研究》2011 年第 4 期。

[8]陈敢:《论产业结构对经济增长的影响》,《经济学家》1992 年第 6 期。

[9]陈静、叶文振:《产业结构优化水平的度量及其影响因素分析——兼论福建产业结构优化的战略选择》,《中共福建省委党校学报》2003 年第 1 期。

[10]陈浪南、王鹤:《我国房地产价格区域互动的实证研究》,《统计研究》2012 年第 7 期。

[11]陈立中:《中国城镇居民收入分布演进特征——基于非参数 Kernel 密度估计方法和省域区域视角》,《财贸研究》2010 年第 6 期。

[12]陈诗一:《能源消耗、二氧化碳排放与中国工业的可持续发展》,《经济研究》2009 年第 4 期。

[13]陈体标:《技术增长率的部门差异和经济增长率的"驼峰"形变化》,《经济研究》2008 年第 11 期。

[14]陈晓光、龚六堂:《经济结构变化与经济增长》,《经济学》(季刊)2005 年第

2 期。

[15]成金华、陈军、李悦:《中国生态文明发展水平测度与分析》,《数量经济技术经济研究》2013 年第 7 期。

[16]初善冰、黄安平:《外商直接投资对区域生态效率的影响——基于中国省际面板数据的检验》,《国际贸易问题》2012 年第 11 期。

[17]戴魁早、刘友金:《市场化进程对创新效率的影响及行业差异——基于中国高技术产业的实证检验》,《财经研究》2013 年第 5 期。

[18]单玉丽:《台湾生态农业发展及其借鉴》,《福建论坛》(人文社会科学版)2013 年第 12 期。

[19]邓波、张学军、郭军华:《基于三阶段 DEA 模型的区域生态效率研究》,《中国软科学》2011 年第 11 期。

[20]杜立民:《我国二氧化碳排放的影响因素:基于省级面板数据的研究》,《南方经济》2010 年第 11 期。

[21]樊纲、王小鲁、朱恒鹏:《中国市场化指数——各地区市场化相对进程 2011 年报告》,经济科学出版社 2011 年版。

[22]方军雄:《市场化进程与资本配置效率的改善》,《经济研究》2006 年第 5 期。

[23]干春晖、郑若谷、余典范:《中国产业结构变迁对经济增长和波动的影响》,《经济研究》2011 年第 5 期。

[24]干春晖、郑若谷:《改革开放以来产业结构演进与生产率增长研究——对中国 1978～2007 年"结构红利假说"的检验》,《中国工业经济》2009 年第 2 期。

[25]高珊、黄贤金:《基于绩效评价的区域生态文明指标体系构建——以江苏省为例》,《经济地理》2010 年第 5 期。

[26]古扎拉蒂:《计量经济学原理与实践》,中国人民大学出版社 2013 年版。

[27]郭克莎:《总量问题还是结构问题?——产业结构偏差对我国经济增长的制约及调整思路》,《经济研究》1999 年第 9 期。

[28]郭晔、赖章福:《政策调控下的区域产业结构调整》,《中国工业经济》2011 年第 4 期。

[29]胡鞍钢、郑京海、高宇宁等:《考虑环境因素的省级技术效率排名(1999—2005)》,《经济学》(季刊)2008 年第 3 期。

[30]胡飞:《产业结构升级、对外贸易与环境污染的关系研究——以我国东部和中部地区为例》,《经济问题探索》2011 年第 7 期。

[31]胡锦涛:《坚定不移沿着中国特色社会主义道路前进 为全面建成小康社会而奋斗——在中国共产党第十八次全国代表大会上的报告》,人民出版社 2012 年版。

[32]胡晓鹏:《中国经济增长与产业结构变动的联动效应探析》,《产业经济研究》2003 年第 6 期。

[33]胡学锋、王鹤:《基于密度函数核估计法的城乡居民收入差距分析》,《统计与决策》2009 年第 9 期。

[34]胡振华、周永文:《产业结构变动对经济增长的影响及其测算》,《数量经济技术经济研究》1997 年第 4 期。

[35]黄继忠:《对产业结构优化理论中一个新命题的论证》,《经济管理》2002 年第 4 期。

[36]黄亮雄、才国伟、韩永辉:《我国省(自治区、直辖市)财富结构及其发展模式研究》,《经济学家》2013 年第 7 期。

[37]黄亮雄、才国伟:《国家环保模范城市减排绩效实证分析》,《城市问题》2012 年第 8 期。

[38]黄亮雄、王鹤、宋凌云:《我国的产业结构调整是绿色的吗?》,《南开经济研究》2012 年第 3 期。

[39]黄茂兴、李军军:《技术选择、产业结构升级与经济增长》,《经济研究》2009 年第 7 期。

[40]黄蓉生:《"和谐共生"视野的生态文明建设论纲》,《改革》2013 年第 10 期。

[41]黄少安:《〈新结构经济学〉侧评》,《经济学》(季刊)2013 年第 3 期。

[42]黄慎、吴华清、胡珀:《我国产业结构调整的环境效应分析——以 2003—2010 年行业数据为例》,《商业时代》2014 年第 9 期。

[43]纪玉山、吴勇民:《我国产业结构与经济增长关系之协整模型的建立与实现》,《当代经济研究》2006 年第 6 期。

[44]江飞涛、李晓萍:《直接干预市场与限制竞争:中国产业政策的取向与根本缺陷》,《中国工业经济》2010 年第 9 期。

[45]姜付秀、黄继承:《市场化进程与资本结构动态调整》,《管理世界》2011 年第 3 期。

[46]金碚:《中国工业的转型升级》,《中国工业经济》2011 年第 7 期。

[47]金泽良雄:《经济法概论》,甘肃人民出版社 1985 年版。

[48]匡远凤、彭代彦：《中国环境生产效率与环境全要素生产率分析》，《经济研究》2012年第7期。

[49]黎波、迟巍、余秋梅：《一种新的收入差距研究的计量方法——基于分布函数的半参数化估计》，《数量经济技术经济研究》2007年第8期。

[50]李博、曾宪初：《工业结构变迁的动因和类型——新中国60年工业化历程回顾》，《经济评论》2010年第1期。

[51]李博、胡进：《中国产业结构优化升级的测度和比较分析》，《管理科学》2008年第2期。

[52]李国平、陈晓玲：《中国省(自治区、直辖市)经济增长空间分布动态》，《地理学报》2007年第10期。

[53]李腊生、翟淑萍、关敏芳：《证券市场收益率分布时变性的经济学分析及其我国的经验证据》，《统计研究》2011年第11期。

[54]李树、陈刚：《环境管制与生产率增长——以APPCL 2000的修订为例》，《经济研究》2013年第1期。

[55]李小平、陈勇：《劳动力流动、资本转移和生产率增长——对中国工业"结构红利假说"的实证检验》，《统计研究》2007年第7期。

[56]李小平、卢现祥：《中国制造业的结构变动和生产率增长》，《世界经济》2007年第5期。

[57]李郇、洪国志、黄亮雄：《中国土地财政增长之谜——分税制改革、土地财政增长的策略性》，《经济学》(季刊)2013年第4期。

[58]李永友、沈坤荣：《我国污染控制政策的减排效果——基于省际工业污染数据的实证分析》，《管理世界》2008年第7期。

[59]李永友、沈坤荣：《辖区间竞争、策略性财政政策与FDI增长绩效的区域特征》，《经济研究》2008年第5期。

[60]厉以宁：《经济改革、经济增长与产业结构调整之间的关系》，《数量经济技术经济研究》1988年第12期。

[61]梁君、杨霞：《印度发展文化产业的经验及其借鉴》，《特区经济》2011年第12期。

[62]梁文森：《生态文明指标体系问题》，《经济学家》2009年第3期。

[63]林江、周少君、黄亮雄：《区域合作与科技成果转化效率——基于"泛珠三角"区域框架的实证分析》，《财经研究》2011年第12期。

[64]林毅夫：《〈新结构经济学〉评论回应》，《经济学》(季刊)2013年第3期。

［65］林毅夫:《新结构经济学》,北京大学出版社2012年版。

［66］林毅夫:《新结构经济学——重构发展经济学的框架》,《经济学》(季刊)
2011年第1期。

［67］刘澄、顾强、董瑞青:《产业政策在战略性新兴产业发展中的作用》,《经济
社会体制比较》2011年第1期。

［68］刘红忠、何文忠:《股票收益率分布的核密度估计及蒙特卡罗模拟检
验——基于涨跌停板制度推出前后数据的比较研究》,《世界经济文汇》2010年第
2期。

［69］刘靖、张车伟、毛学峰:《中国1991—2006年收入分布的动态变化:基于核
密度函数的分解分析》,《世界经济》2009年第10期。

［70］刘乾:《俄罗斯能源战略与对外能源政策调整解析》,《国际石油经济》2014
年第4期。

［71］刘瑞翔、安同良:《中国经济增长的动力来源与转换展望——基于最终需
求角度的分析》,《经济研究》2011年第7期。

［72］刘伟、李绍荣:《产业结构与经济增长》,《中国工业经济》2002年第5期。

［73］刘伟、张辉、黄泽华:《中国产业结构高度与工业化进程和地区差异的考
察》,《经济学动态》2008年第11期。

［74］刘伟、张辉:《中国经济增长中的产业结构变迁和技术进步》,《经济研究》
2008年第11期。

［75］刘伟:《基于Bootstrap-Malmquist指数的高新技术产业技术创新效率分
析》,《经济学动态》2013年第3期。

［76］刘湘丽:《90年代日本产业结构的高度化及其政策》,《中国工业经济》
1998年第12期。

［77］刘晓欣、邵燕敏、张珣:《基于Bootstrap-DEA的工业能源效率分析》,《系统
科学与数学》2011年第3期。

［78］刘志彪:《产业升级的发展效应及其动因分析》,《南京师大学报》(社会科
学版)2000年第2期。

［79］逯元堂、吴舜泽、马欣:《我国产业结构调整的环境成效实证分析》,《中国
人口·资源与环境》2011年第S2期。

［80］罗国勋:《经济增长与劳动生产率、产业结构及就业结构的变动》,《数量经
济技术经济研究》2000年第3期。

［81］吕健:《产业结构调整、结构性减速与经济增长分化》,《中国工业经济》

2012 年第 9 期。

[82]吕铁、周叔莲:《中国的产业结构升级与经济增长方式转变》,《管理世界》1999 年第 1 期。

[83]吕铁:《制造业结构变化对生产率增长的影响研究》,《管理世界》2002 年第 2 期。

[84]吕政:《关于中国工业化和工业现代化的思考》,《中国工业经济》2000 年第 1 期。

[85]潘士远、金戈:《发展战略、产业政策与产业结构变迁——中国的经验》,《世界经济文汇》2008 年第 1 期。

[86]蒲勇健:《经济增长方式的数量刻画与产业结构调整:一个理论模型》,《经济科学》1997 年第 2 期。

[87]秦学志、张康:《基于产业结构和居民消费视角的政府投资效应研究》,《数量经济技术经济研究》2011 年第 12 期。

[88]任荣荣、郑思齐、王轶军:《基于非参数估计方法的土地价格空间分布拟合与分析》,《清华大学学报》(自然科学版)2009 年第 3 期。

[89]邵帅、杨莉莉:《自然资源开发、内生技术进步与区域经济增长》,《经济研究》2011 年第 2 期。

[90]沈丽、鲍建慧:《中国金融发展的分布动态演进:1978—2008 年——基于非参数估计方法的实证研究》,《数量经济技术经济研究》2013 年第 5 期。

[91]盛丹、王永进:《市场化、技术复杂度与中国省(自治区、直辖市)的产业增长》,《世界经济》2011 年第 6 期。

[92]舒锐:《产业政策一定有效吗?——基于工业数据的实证分析》,《产业经济研究》2013 年第 3 期。

[93]宋辉、李强:《从投入产出模型看科技进步对中国产业结构升级的影响》,《数量经济技术经济研究》2003 年第 1 期。

[94]宋凌云、王贤彬:《重点产业政策、资源重置与产业生产率》,《管理世界》2013 年第 12 期。

[95]苏东水:《产业经济学》,高等教育出版社 2000 年版。

[96]孙彦红:《欧盟产业政策研究》,社会科学文献出版社 2012 年版。

[97]孙铮、刘凤委、李增泉:《市场化程度、政府干预与企业债务期限结构——来自我国上市公司的经验证据》,《经济研究》2005 年第 5 期。

[98]唐任伍、唐天伟:《区域间地方政府运行效率测度:2000—2009》,《改革》

2011 年第 7 期。

[99]唐天伟、邓久根:《测度政府效率的理论依据与实践经验》,《经济管理》2007 年第 10 期。

[100]田新民、韩端:《产业结构效应的度量与实证——以北京为案例的比较分析》,《经济学动态》2012 年第 9 期。

[101]汪同三、齐建国:《产业政策与经济增长》,社会科学文献出版社 1996 年版。

[102]王兵、吴延瑞、颜鹏飞:《环境管制与全要素生产率增长:APEC 的实证研究》,《经济研究》2008 年第 5 期。

[103]王兵、吴延瑞、颜鹏飞:《中国区域环境效率与环境全要素生产率增长》,《经济研究》2010 年第 5 期。

[104]王恩旭、武春友:《基于超效率 DEA 模型的中国省际生态效率时空差异研究》,《管理学报》2011 年第 3 期。

[105]王美今、林建浩、余壮雄:《中国地方政府财政竞争行为特性识别:"兄弟竞争"与"父子争议"是否并存?》,《管理世界》2010 年第 3 期。

[106]王少平、欧阳志刚:《我国城乡收入差距的度量及其对经济增长的效应》,《经济研究》2007 年第 10 期。

[107]王廷惠:《微观规制理论研究——基于对正统理论的批判和将市场作为一个过程的理解》,中国社会科学出版社 2005 年版。

[108]王文剑、仉建涛、覃成林:《财政分权、地方政府竞争与 FDI 的增长效应》,《管理世界》2007 年第 3 期。

[109]王小鲁、樊纲、刘鹏:《中国经济增长方式转换和增长可持续性》,《经济研究》2009 年第 1 期。

[110]王宇、干春晖、汪伟:《产业结构演进的需求动因分析——基于非竞争投入产出模型的研究》,《财经研究》2013 年第 10 期。

[111]王宇、蒋彧:《中国经济增长的周期性波动研究及其产业结构特征(1992—2010 年)》,《数量经济技术经济研究》2011 年第 7 期。

[112]王展祥:《中国产业结构演进与经济增长关系研究》,《当代经济研究》2010 年第 4 期。

[113]韦森:《探寻人类社会经济增长的内在机理与未来道路——评林毅夫教授的新结构经济学理论框架》,《经济学》(季刊)2013 年第 3 期。

[114]吴鞞:《农村金融生态环境的评估及优化——以湖北省为例》,《农业经

济问题》20013 年第 9 期。

[115]文余源:《基于 Markov 链的县域收入分布时空演进分析——以广西为例》,《统计与决策》2007 年第 23 期。

[116]武鹏、金相郁、马丽:《数值分布、空间分布视角下的中国区域经济发展差距(1952—2008)》,《经济科学》2010 年第 5 期。

[117]习近平:《大力发展循环经济,建设资源节约型、环境友好型社会》,《管理世界》2005 年第 7 期。

[118]习近平:《福建省产业结构调整优化研究》,《管理世界》2001 年第 5 期。

[119]徐朝阳、林毅夫:《发展战略与经济增长》,《中国社会科学》2010 年第 3 期。

[120]徐明东、田素华:《转型经济改革与企业投资的资本成本敏感性——基于中国国有工业企业的微观证据》,《管理世界》2013 年第 2 期。

[121]徐现祥、舒元:《中国省(自治区、直辖市)经济增长分布的演进(1978—1998)》,《经济学》(季刊)2004 年第 2 期。

[122]徐现祥、王贤彬、舒元:《地方官员与经济增长——来自中国省长、省委书记交流的证据》,《经济研究》2007 年第 9 期。

[123]许和连、邓玉萍:《外商直接投资导致了中国的环境污染吗?——基于中国省际面板数据的空间计量研究》,《管理世界》2012 年第 2 期。

[124]薛白:《基于产业结构优化的经济增长方式转变——作用机理及其测度》,《管理科学》2009 年第 5 期。

[125]严耕、林震、杨志华:《中国省域生态文明建设评价报告》,社会科学文献出版社 2010 年版。

[126]杨斌:《2000—2006 年中国区域生态效率研究——基于 DEA 方法的实证分析》,《经济地理》2009 年第 7 期。

[127]杨万江:《产业结构战略性调整的数量经济分析》,《数量经济技术经济研究》2001 年第 6 期。

[128]余永定:《发展经济学的重构——评林毅夫〈新结构经济学〉》,《经济学》(季刊)2013 年第 3 期。

[129]袁富华:《长期增长过程的"结构性加速"与"结构性减速":一种解释》,《经济研究》2012 年第 3 期。

[130]袁增伟、毕军:《产业生态学》,科学出版社 2010 年版。

[131]张大儒:《我国政府投资与产业结构合理化的实证分析》,《经济体制改

革》2013 年第 4 期。

[132]张继承、潘新春:《基于 RS/GIS 和 AHP-GPCA 模型的青藏高原生态环境变迁综合评价》,《地球科学与环境学报》2011 年第 4 期。

[133]张军、吴桂英、张吉鹏:《中国省际物质资本存量估算:1952—2000》,《经济研究》2004 年第 10 期。

[134]张军:《"比较优势说"的拓展与局限——读林毅夫新著〈新结构经济学〉》,《经济学》(季刊)2013 年第 3 期。

[135]张平、刘霞辉、王宏淼:《中国经济增长前沿Ⅱ》,中国社会科学出版社 2011 年版。

[136]张曙光、赵农:《市场化及其测度——兼评〈中国经济体制市场化进程研究〉》,《经济研究》2000 年第 10 期。

[137]张曙光:《市场主导与政府诱导——评林毅夫的〈新结构经济学〉》,《经济学》(季刊)2013 年第 3 期。

[138]张同斌、高铁梅:《财税政策激励、高新技术产业发展与产业结构调整》,《经济研究》2012 年第 5 期。

[139]张晏、龚六堂:《分税制改革、财政分权与中国经济增长》,《经济学》(季刊)2005 年第 4 期。

[140]章上峰、许冰、胡祖光:《中国城乡收入分布动态演进及经验检验》,《统计研究》2009 年第 12 期。

[141]赵英、倪月菊:《中国产业政策变动趋势实证研究》,经济管理出版社 2012 年版。

[142]中国经济增长前沿课题组、张平、刘霞辉等:《中国经济长期增长路径、效率与潜在增长水平》,《经济研究》2012 年第 11 期。

[143]钟学义、王丽:《产业结构变动同经济增长的数量关系探讨》,《数量经济技术经济研究》1997 年第 5 期。

[144]周昌林、魏建良:《产业结构水平测度模型与实证分析——以上海、深圳、宁波为例》,《上海经济研究》2007 年第 6 期。

[145]周江燕、白永秀:《中国城乡发展一体化水平的时序变化与地区差异分析》,《中国工业经济》2014 年第 2 期。

[146]周黎安:《中国地方官员的晋升锦标赛模式研究》,《经济研究》2007 年第 7 期。

[147]周先波、盛华梅:《信息化产出弹性的非参数估计分析》,《数量经济技术

经济研究》2008 年第 10 期。

[148]周振华:《产业结构演进的一般动因分析》,《财经科学》1990 年第 3 期。

[149]周振华:《产业结构优化论》,上海人民出版社 1992 年版。

[150]周振华:《产业政策的经济理论系统分析》,中国人民大学出版社 1991
年版。

[151]朱虹、徐琰超、尹恒:《空吸抑或反哺:北京和上海的经济辐射模式比较》,
《世界经济》2012 年第 3 期。

[152]朱建平、陈民恳:《面板数据的聚类分析及其应用》,《统计研究》2007 年
第 4 期。

[153]朱平芳、张征宇、姜国麟:《FDI 与环境规制:基于地方分权视角的实证研
究》,《经济研究》2011 年第 6 期。

[154]邹建华、韩永辉:《引资转型、FDI 质量与区域经济增长——基于珠三角面
板数据的实证分析》,《国际贸易问题》2013 年第 7 期。

[155]邹建华:《产业结构调整和转型升级研究》,羊城晚报出版社 2009 年版。

[156] AAhad M.O., "Human Capital Development in Singapore: An Analysis of
National Policy Perspectives", *Advances in Developing Human Resources*, Vol. 6,
No. 3, 2004.

[157] Abraham C., Cooper W.W., Rhodes E., "Measuring the Efficiency of Decision
Making Units", *European Journal of Operational Research*, Vol. 2, No. 6, 1978.

[158] Acemoglu D., Johnson S., Robinson J.A., "The Colonial Origins of Comparative
Development: An Empirical Investigation", *The American Economic Review*, Vol. 91,
No. 5, 2001.

[159] Aghion P., Dewatripont M., Duet L., *Industrial Policy and Competition*, NBER
Working Paper, 2012.

[160] Allen F., Qian J., Qian M.J., "Law, Finance, and Economic Growth in China",
Journal of Financial Economics, Vol. 77, No. 1, 2005.

[161] Antweiler W., Copeland B.R., Taylor M.S., "Is Free Trade Good for the
Environment?", *American Economic Review*, Vol. 91, No. 4, 2001.

[162] Auty R.M., "Pollution Patterns During the Industrial Transition", *Geographical
Journal*, 1997.

[163] Banker R.D., Charnes A., Cooper W.W., "Some Models for Estimating
Technical and Scale Inefficiencies in Data Envelopment Analysis", *Management Science*,

Vol. 30, No. 9, 1984.

[164] Barbier, Edward B., "The Concept of Susainable Economic Development", Environmental Conservation, Vol. 14, No. 2, 1987.

[165] Barbera A.J., McConnell V.D., "The Impact of Environmental Regulations On Industry Productivity: Direct and Indirect Effects", *Journal of Environmental Economics and Management*, Vol. 18, No. 1, 1990.

[166] Barros C. P., Peypoch N., "Technical Efficiency of Thermoelectric Power Plants", *Energy Economics*, Vol. 30, No. 6, 2008.

[167] Beason R., Weinstein D. E., "Growth, Economies of Scale, and Targeting in Japan(1955-1990)", *The Review of Economics and Statistics*, Vol.78, No.2, 1996.

[168] Berthélemy J.C., Söderling L., "The Role of Capital Accumulation, Adjustment and Structural Change for Economic Take-Off: Empirical Evidence From African Growth Episodes", *World Development*, Vol. 29, No. 2, 2001.

[169] Blundell R., Bond S., "Initial Conditions and Moment Restrictions in Dynamic Panel Data Models", *Journal of Econometrics*, Vol. 87, No. 1, 1998.

[170] Bonzo D.C., Hermosilla A.Y., "Clustering Panel Data via Perturbed Adaptive Simulated Annealing and Genetic Algorithms", *Advances in Complex Systems*, Vol. 5, No. 4, 2002.

[171] Charnes A., Cooper W. W., Rhodes E., "Measuring the Efficiency of Decision Making Units", European Journal of Operational Research, 1978.

[172] Chenery H. B., "Patterns of Industrial Growth", *The American Economic Review*, Vol. 50, No. 4, 1960.

[173] Chenery H. B., Elkington H., Sims C. A., "A Uniform Analysis of Development Patterns", Harvard University, Center for International Affairs, 1970.

[174] Chenery H. B., Robinson S., Syrquin M., *Industrialization and Growth*, New York: Oxford University Press, 1986.

[175] Chenery H.B., Syrquin M., Elkington H., *Patterns of Development*: 1950-1970, New York: Oxford University Press for the World Bank, 1975.

[176] Coelli T., Perelman S., "A Comparison of Parametric and Non-Parametric Distance Functions: With Application to European Railways", *European Journal of Operational Research*, Vol. 117, No. 2, 1999.

[177] Copeland B.R., Taylor M.S., "Trade, Growth, and the Environment", *Journal*

of Economic Literature, Vol. 42, No. 1, 2004.

［178］Dinda S., "Environmental Kuznets Curve Hypothesis: A Survey", *Ecological economics*, Vol. 49, No. 4, 2004.

［179］Dyckhoff H., Allen K., "Measuring Ecological Efficiency with Data Envelopment Analysis", *European Journal of Operational Research*, Vol. 132, No. 2, 2001.

［180］Eichengreen B., Park D., Shin K., "When Fast-Growing Economies Slow Down: International Evidence and Implications for China", *Asian Economic Papers*, Vol. 11, No. 1, 2012.

［181］Emili T. A., Emili G. T., Carmen A., "Sensitivity Analysis of Efficiency and Malmquist Productivity Indices: An Application to Spanish Savings Banks", *European Journal of Operational Research*, Vol. 184, No. 3, 2008.

［182］Essid H., Ouellette P., Vigeant S., "Small is Not that Beautiful After All: Measuring the Scale Efficiency of Tunisian High Schools Using a DEA-bootstrap Method", *Applied Economics*, Vol. 45, No. 9, 2013.

［183］Ezcurra R., "Is there Cross-Country Convergence in Carbon Dioxide Emissions?", *Energy Policy*, Vol. 35, No. 2, 2007.

［184］Fagerberg J., "Technological Progress, Structural Change and Productivity Growth: A Comparative Study", *Structural Change and Economic Dynamics*, Vol. 11, No. 4, 2000.

［185］Foellmi R., Zweimüller J., "Structural Change, Engel's Consumption Cycles and Kaldor's Facts of Economic Growth", *Journal of Monetary Economics*, Vol. 55, No. 7, 2008.

［186］Gregory P., Griffin J.M., "Secular and Cross-Section Industrialization Patterns: Some Further Evidence On the Kuznets-Chenery Controversy", *The Review of Economics and Statistics*, 1974.

［187］Grösche P., "Measuring Residential Energy Efficiency Improvements with DEA", *Journal of Productivity Analysis*, Vol. 31, No. 2, 2009.

［188］Grossman G. M., Helpman E., "Trade, Knowledge Spillovers, and Growth", *European Economic Review*, Vol. 35, No. 2, 1991.

［189］Grossman G.M., Krueger A.B., "Economic Growth and the Environment", *The Quarterly Journal of Economics*, Vol. 110, No. 1, 1995.

［190］Grossman G.M., Krueger A.B., Environmental Impacts of a North American

Free Trade Agreement: *National Bureau of Economic Research*, 1991.

[191] Hadi V.A., Kazemi M.R., Tavassoli K.M., "Undesirable Factors in Efficiency Measurement", *Applied Mathematics and Computation*, Vol. 163, No. 2, 2005.

[192] Halkos G.E., Tzeremes N.G., "Industry Performance Evaluation with the Use of Financial Ratios: An Application of Bootstrapped DEA", *Expert Systems with Applications*, Vol. 39, No. 5, 2012.

[193] Haney A.B., Pollitt M.G., "Efficiency Analysis of Energy Networks: An International Survey of Regulators", *Energy Policy*, Vol. 37, No. 12, 2009.

[194] Hausmann R., Pritchett L., Rodrik D., "Growth Accelerations", *Journal of Economic Growth*, Vol. 10, No. 4, 2005.

[195] Hausmann R., Rodriguez F., Wagner R., Calvo A., Reinhart C.M., Végh C.A., Velasco A., *Growth Collapses*, *Money*, *Crises*, *and Transition Essays in Honor of Guillermo*, Cambridge: MIT Press, 2008.

[196] Hawdon D., "Efficiency, Performance and Regulation of the International Gas Industry—a Bootstrap DEA", *Approach.Energy Policy*, Vol. 31, No. 11, 2003.

[197] He J., Wang H., "Economic Structure, Development Policy and Environmental Quality: An Empirical Analysis of Environmental Kuznets Curves with Chinese Municipal Data", *Ecological Economics*, Vol. 76, 2012.

[198] Henderson D.J., Carroll R.J., Li Q., "Nonparametric Estimation and Testing of Fixed Effects Panel Data Models", *Journal of Econometrics*, Vol. 144, No. 1, 2008.

[199] Holly S., Pesaran M.H., Yamagata T., "The Spatial and Temporal Diffusion of House Prices in the UK", *Journal of Urban Economics*, Vol. 69, No. 1, 2011.

[200] Irmen A., "Extensive and Intensive Growth in a Neoclassical Framework", *Journal of Economic Dynamics and Control*, Vol. 29, No. 8, 2005.

[201] Jänicke M., Binder M., Mönch H., "'Dirty Industries': Patterns of Change in Industrial Countries", *Environmental and resource Economics*, Vol. 9, No. 4, 1997.

[202] Jorgenson D.W., Wilcoxen P.J., "Environmental Regulation and US Economic Growth", *The Rand Journal of Economics*, Vol. 21, No. 1, 1990.

[203] Kapoor M., Kelejian H.H., Prucha I.R., "Panel Data Models with Spatially Correlated Error Components", *Journal of Econometrics*, Vol. 140, No. 1, 2007.

[204] Kelejian H.H., Robinson D.P., "A Suggested Method of Estimation for Spatial Interdependent Models with Autocorrelated Errors, and an Application to a County

Expenditure Model", *Papers in Regional Science*, Vol. 72, No. 3, 1993.

[205] Kneip A., Simar L., Wilson P. W., "Asymptotics and Consistent Bootstraps for DEA Estimators in Nonparametric Frontier Models", *Econometric Theory*, Vol. 24, No. 6, 2008.

[206] Korhonen P. J., Luptacik M., "Eco-Efficiency Analysis of Power Plants: An Extension of Data Envelopment Analysis", *European Journal of Operational Research*, Vol. 154, No. 2, 2004.

[207] Krugman P., "A Model of Innovation, Technology Transfer, and the World Distribution of Income", *Journal of Political Economy*, Vol. 87, No. 2, 1979.

[208] Kuznets S., "National Income and Industrial Structure. Econometrica", *Journal of the Econometric Society*, 1949.

[209] Kuznets S., "Statistics and Economic History", *The Journal of Economic History*, Vol. 1, No. 1, 1941.

[210] Kuznets S., *Economic Growth of Nations: Total Output and Production Structure*, Belknap Press of Harvard University Press, 1971.

[211] Kuznets S., Murphy J. T., *Modern Economic Growth: Rate, Structure, and Spread*, Yale University Press New Haven, 1966.

[212] Kuznets S., Quantitative Aspects of the Economic Growth of Nations: II. Industrial Distribution of National Product and Labor Force, *Economic Development and Cultural Change*, Vol.5, No.54, 1957.

[213] Lan U., Lenzen M., Dietzenbacher E., "Structural Change and the Environment", *Journal of Industrial Ecology*, Vol. 16, No. 4, 2012.

[214] Levinson A., "Environmental Regulations and Manufacturers' Location Choices: Evidence From the Census of Manufactures", *Journal of Public Economics*, Vol. 62, No. 1, 1996.

[215] Lin J. Y., "Is China's Growth Real and Sustainable", *Asian Perspective*, Vol. 28, No. 3, 2004.

[216] Lin Y. F., "Development Strategy, Viability, and Economic Convergence", *Economic Development and Cultural Change*, Vol. 51, No. 2, 2003.

[217] Lin Y. F., Monga C., Veldeet T. D. W., "DPR Debate: Growth Identification and Facilitation: The Role of the State in the Dynamics of Structural Change", *Development Policy Review*, Vol. 29, No. 3, 2011.

［218］Maddison A., "Growth and Slowdown in Advanced Capitalist Economies: Techniques of Quantitative Assessment", *Journal of Economic Literature*, Vol. 25, No. 2, 1987.

［219］Nelson R.R., Pack H., "The Asian Miracle and Modern Growth Theory", *The Journal of Economics*, Vol. 109, No. 457, 1999.

［220］Parzen E., "On Estimation of a Probability Density Function and Mode", *The Annals of Mathematical Statistics*, Vol. 33, No. 3, 1962.

［221］Peneder M., "Structural Change and Aggregate Growth", *Structural Change and Economic Dynamics*, No. 14, 2002.

［222］Porter M.E., Claas Van Der Linde, "Toward a New Conception of the Environment-Competitiveness Relationship", *The Journal of Economic Perspectives*, Vol. 9, No. 4, 1995.

［223］Quah D.T., "Twin Peaks: Growth and Convergence in Models of Distribution Dynamics", *The Economic Journal*, Vol. 106, No. 437, 1996.

［224］Quah D., "Galton's Fallacy and Tests of the Convergence Hypothesis", *The Scandinavian Journal of Economics*, Vol. 95, No. 5, 1993.

［225］Romer P.M., "Increasing Returns and Long-Run Growth", *The Journal of Political Economy*, Vol. 94, No. 5, 1986.

［226］Rosenblatt M., "Remarks on Some Nonparametric Estimates of a Density Function", *The Jounals of Mathematical Statistics*, Vol. 27, No. 3, 1956.

［227］Rostow W.W., "The Historical Analysis of the Terms of Trade", *The Economic History Review*, Vol. 4, No. 1, 1951.

［228］Rostow W.W., "The Stages of Economic Growth", *The Economic History Review*, Vol. 12, No. 1, 1959.

［229］Sacks S.R., "Changes in Industrial Structure in Yugoslavia, 1959–1968", *The Journal of Political Economy*, Vol. 80, No. 3, 1972.

［230］Sanhueza R., Rudnick H., Lagunas H., "DEA Efficiency for the Determination of the Electric Power Distribution Added Value", *IEEE Transactions on Power Systems*, Vol. 19, No. 2, 2004.

［231］Schaltegger S., Sturm A., "ÖkologischeRationalitätAnsatzpunktezurAusgestaltung von ökologieorientierten Managementinstrumenten", *Die Unternehmung*, Vol. 4, No. 90, 1990.

［232］Schmidheiny S., Stigson B., "Eco-Efficiency: Creating More Value with Less

Impact", *World Business Council for Sustainable Development*, 2000.

[233] Silva E. G., Teixeira A. A. C., "Surveying Structural Change: Seminal Contributions and a Bibliometric Account", *Structural Change and Economic Dynamics*, Vol. 19, No. 4, 2008.

[234] Silverman B. W., *Density Estimation for Statistics and Data Analysis*, Chapman & Hall, London-New York, 1986.

[235] Simar L., Vanhems A., Wilson P. W., "Statistical Inference for DEA Estimators of Directional Distances", *European Journal of Operational Research*, Vol. 220, No. 3, 2012.

[236] Simar L., Wilson P. W., "Sensitivity Analysis of Efficiency Scores: How to Bootstrap in Nonparametric Frontier Models", *Management Science*, Vol. 44, No. 1, 1998.

[237] Singh L., "Technological Progress, Structural Change and Productivity Growth in the Manufacturing Sector of South Korea", *World Review of Science, Technology and Sustainable Development*, Vol. 1, No. 1, 2004.

[238] Song M. L., ZhangL. L., Liu W., "Bootstrap-DEA Analysis of BRICS' Energy Efficiency Based On Small Sample Data", *Applied Energy*, Vol. 112, 2013.

[239] Staat M., "Efficiency of Hospitals in Germany: A DEA-bootstrap Approach", *Applied Economics*, Vol. 38, No. 19, 2006.

[240] Syrquin M., Chenery H., "Three Decades of Industrialization", *The World Bank Economic Review*, Vol. 3, No. 2, 1989.

[241] Timmer M. P., Szirmai A., "Productivity Growth in Asian Manufacturing: The Structural Bonus Hypothesis Examined", *Structural Change and Economic Dynamics*, Vol. 11, No. 4, 2000.

[242] Ueno H., "A Long-Term Model of Economic Growth of Japan: 1906-1968", *International Economic Review*, Vol. 13, No. 3, 1972.

[243] Ullah A., Roy N., Nonparametric and Semiparametric Econometrics of Panel Data, *Handbook of Applied Economic Statistics*, 1998.

[244] Wang H., Mamingi N., Laplante B., "Incomplete Enforcement of Pollution Regulation: Bargaining Power of Chinese Factories", *Environmental and Resource Economics*, Vol. 24, No. 3, 2003.

[245] Wced U. N., *Our Common Future: World Commission on Environment and Development*, Oxford University Press, 1987.

[246] Wilson P. W., "Fear: a Software Package for Frontier Efficiency Analysis with R",

Socio-economic Planning Sciences, Vol. 42, No. 4, 2008.

[247] Worthington M. K., "Ecological Agriculture: What It is 和 How It Works", *Agriculture and Environment*, Vol. 6, No. 4, 1981.

[248] Zhang B., Bi J., Fan Z., "Eco-Efficiency Analysis of Industrial System in China: A Data Envelopment Analysis Approach", *Ecological Economics*, Vol. 68, No. 1, 2008.

[249] Zheng J., Bigsten A., Hu A., "Can China's Growth be Sustained? A Productivity Perspective", *World Development*, Vol. 37, No. 4, 2009.